Egy kárpáti ének

Szabadság, szeretet, arany

A Tarnay család története és a Magyar Államkincstár megmentéséért vívott küzdelem

TARNAY ELEMÉR FRIGYES
ÉS
TARNAY KATALIN

Egy kárpáti ének: Szabadság, szeretet, arany

A kárpáti Tarnay család története és a Magyar Államkincstár megmentéséért vívott küzdelem

írta
Tarnay Elemér Frigyes és Tarnay Katalin
(Magyar kiadás)
Copyright © Katherine Tarnay Alapítvány, 2013, 2016. Minden jog fenntartva.

Jelen könyvnek egyetlen része sem sokszorosítható vagy felhasználható, semmilyen formában vagy módon, sem elektronikusan, sem írásban a szerző engedélye nélkül.

ISBN-10:0-9897081-4-4
ISBN-13:978-0-9897081-4-2
(Katherine Tarnay Trust/ Tarnay Katalin Alapítvány)

A könyvet tervezte
Tarnay István
www.freedomlovegold.com

Felelős szerkesztő
Catherine J. Hedge
www.catherinehedge.com

Társszerkesztő
Tóth Attila

Illusztráció
Rékassy Eszter
rekassy66@gmail.com

Belsőépítészet tervezte
Catherine J. Hedge

Ajánlás:

Reméljük, hogy ez a könyv segíti majd a magyar fiatalságot a gyökereik felkeresésében, a nyelvük jelentőségének valódi megértésében, és megbékülést hoz majd a magyarságukhoz való kötődésükben.
Ezért szenteljük ezt a könyvet

az új magyar nemzedéknek.

1. kép: Frici, Kati, kis Frici, István és Máté (Hapsi, Géza)

Szerzők
Tarnay Alajos István - Tervezés, szerkesztés és fordítás
Tarnay Géza Máté - Szerkesztés és kiadás
Tarnay Béla Frigyes - Szerkesztés, archívumok és emlékiratok

Társszerkesztő
Tóth Attila

Felelős szerkesztő
Catherine J. Hedge

Illusztráció
Rékassy Eszter

Tartalomjegyzék

A dunai tokhal: Magyarország egy jelképe	vii
Értékelő bírálatok	viii
Előszó	xi
Megjegyzés az olvasóhoz	xiii
Bevezetés: Válogatás Tarnay E. Frigyes írásaiból	xv
1. fejezet: „A borzalmas valóság, íme itt az utolsó felvonás"	1
Anyánk levelei:" Vitorlázás a háború szélén"	13
2. fejezet: „Mennünk kell."	35
3. fejezet: Hajsza ellenséges területeken át	55
4. fejezet: „Egyetlen gramm arany sem hiányzott"	123
5. fejezet: „Most hála Isten kidobtuk az ágyakat, a saját ruganyaimon fekszem, és azóta nincsen bogár."	141
6. fejezet: „Nem bukhatsz el ebben a csodálatos országban"	161
7. fejezet: „Ezek a kötelékek még a síron túl is kötnek"	199
Függelék	224
Köszönetnyilvánítás	224
Az események időbeli sorrendje	227
Háttér - Családtörténet	231
„Aranyhajsza Magyarországról"	257
Gyászbeszédek Tarnay Katalin halálára, szeretteitől	277
Tárgymutató	287

A dunai tokhal

Magyarország egyik jelképe

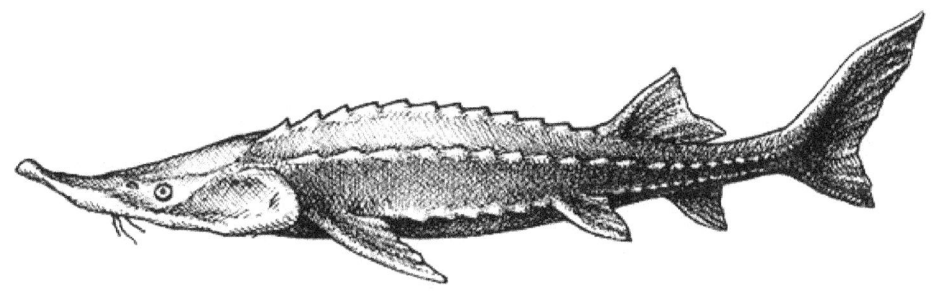

2. kép: A tokhal egy Magyarországot megtestesítő jelkép. Ez egy csodálatos, fenséges hal, egy ősi óriás. Évszázadokon keresztül szolgált eledelül szegények és királyok számára. Formája tökéletes, alig változott az idők folyamán. A kihalás szélén álló faj ismét szaporodásnak indult.

Értékelő bírálatok

A *Budapest Times* újságírójának, William Lowernek a könyvről írt kritikája.

„A Tarnay család történetét el KELL mesélni. Ez egy sokrétű történet: szerelmi, kiemelkedő történelmi jelentőségű, drámai és tragikus egyben, és mivel egy egész nemzet életét befolyásolta, valóban megrendítő."

Jim Dotinak, a kaliforniai Orange megyei Chapman University igazgatójának kritikája a könyvről.

„Nagyon szerettem a Szabadság, szeretet, arany című könyvet. Mivel rajongok a II. világháborús történetekért, ez a történet egy új és nagyon izgalmas fejezetbe engedett betekintést számomra. Közgazdasági érdeklődésem miatt az arany állomány és a banki műveletek részletes bemutatása a háború utáni Magyarországon különösen tanulságos volt. Maga az írás pedig kitűnő! Mind a család, mind pedig a szerkesztő, Catherine Hedge nagyszerű munkát végzett."

3. kép: Apánk ex libris könyvjelzője „A NEMZET TUDOMÁNYA ÉS EREJE"

Előszó

Írta Tarnay István

A huszadik század folyamán Magyarországnak el kellett viselnie a több mint ezeréves történetének leggyökeresebb változásait. Elveszítette a környezetvédelmi gondnokságot a gyönyörű Kárpátmedence, Európa legnagyobb természetes hegyvonulatával övezett területe és vízrendszere fölött. Az I. Világháború következményeként Magyarország történelmi határait és ezen ökorendszer egységének 70 százalékát felszámolta a Trianoni békediktátum 1920 június 4-én. Rövidesen, a II. Világháború alatt a náci megszállás és a háborús bombázások pusztítottak az ország nagy részében, különösen Budapesten. Ezt követte a szovjet kommunista „felszabadítás", majd az 1956-os forradalom gyászos leverése. Ezek hosszú időre megpecsételték a magyarság sorsát.

A világháború utáni szovjet hatalomátvétel meg a 45 év szovjet uralom súlyos következményekkel járt. A hagyományok szándékos szétzüllesztése új kultúrát próbált teremteni, mely megfosztja a népeket az önazonosságuktól. Európa keleti része súlyos környezeti és kulturális veszteséget szenvedett.

Ez a könyv a II. Világháború európai hadszínterére viszi vissza az olvasót.

Akkor a magyar pénzgazdaság fedezete, harminckét tonna arany, valamint a legdrágább nemzeti kincs, Szt. István koronája került veszélybe. Egy hivatalos német megbízott meg a titkos küldöncként szereplő édesapánk, Tarnay Frigyes segítségével a Magyar Nemzeti Bank személyzete megóvta a nemzeti kincseket. Elrejtették ezeket a visszavonuló nácik meg az előrenyomuló szovjet erők elől, és átadták az amerikaiaknak a II. Világháború utolsó napjaiban. Családjainkat ezért aranyrablóknak bélyegezték Magyarországon, tehát menekülnünk kellett. Hazatérni egyenlő lett volna szembenézni a Gulággal vagy a halállal.

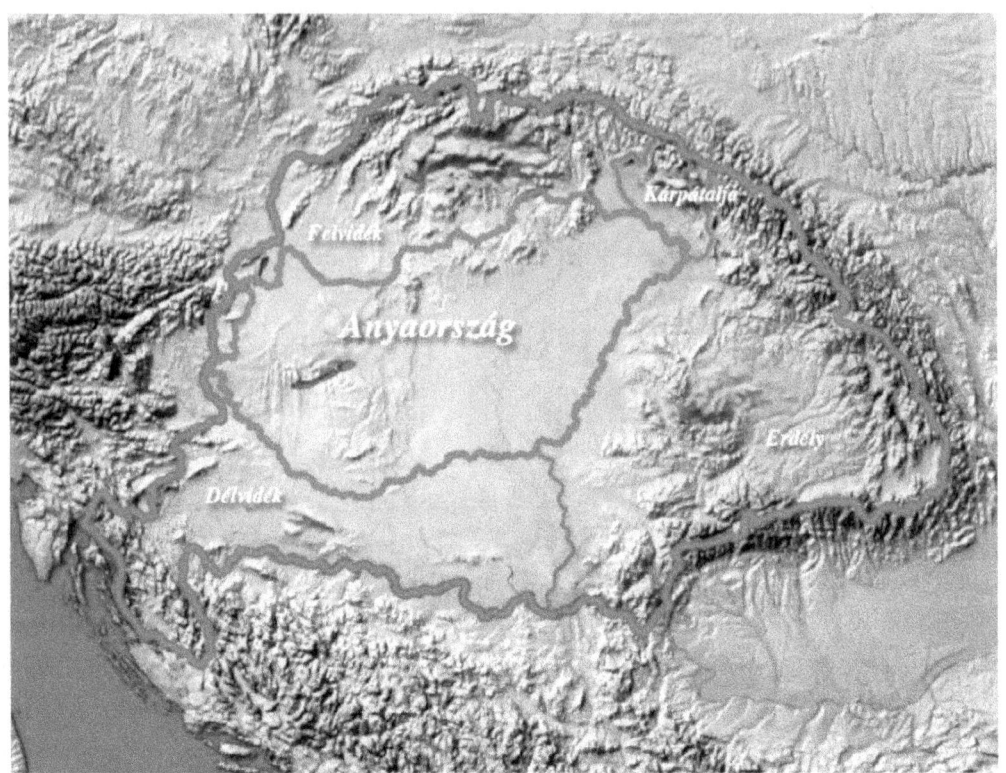

4. kép: Magyarország az I. világháborús trianoni békeszerződés után. A középső terület lett az új Magyarország, amely mindössze 28 százaléka a háború előtti Magyar Királyságnak. (Grafikai változtatások és a felhasználás az alkotó jóváhagyásával) Lerner János. N. old. Magyar Tájak Kárpát - Medence útikönyv. Internet 2013. június - július, <http://www.karpat-medence.hu/>

Tarnay Katalin (Kati) és Frigyes (Frici) hús-vér szereplői voltak ennek az életveszélyes vállalkozásnak. Mint a bank alkalmazottai találkoztak, és magas beosztásba emelkedtek. A háborús események elválasztották őket egymástól. A 19 évig tartó házasságuk alatt családként mindössze öt évig voltak együtt. És nem várható módon éppen ez az elszakítottság szolgáltatta az anyagot a *Szabadság, szeretet, arany* történetéhez. A személyes levelezésük, irataik, fényképeik és naplóik révén a szüleink megosztották az emberi küzdelmeiket meg a családjuk iránti szeretetüket. Ez segítette őket abban, hogy átvészeljék a háborút, és otthont teremtsenek egy új hazában. Példamutató jellemük, értékrendszerük, kultúrájuk és nyelvük mind örökségei egy valódi kárpáti-magyar családnak. Utat mutatnak az új nemzedék számára, hogy felkutassák gyökereiket, felismerjék a nyelvük valódi értékét, és megbékéljenek magyar voltukkal.

[Fordította Tóth Attila]

Megjegyzés az olvasóhoz

Amennyiben nincs külön jelölve, az írások szüleinktől, Tarnay Katitól és Fricitől valók. A dőlt betűs bevezetéseket és képaláírásokat bátyám és jómagam írtuk magyarázatképpen. Emellett a leveleket és egyéb dokumentumokat bekezdésekbe rendeztük az olvashatóság érdekében. Igyekeztünk, hogy a hiteles okmányokat és a kézzel írt leveleket az eredeti fényképmásolatában vagy legépelt alakban, esetleg fordításban adjuk közre. A könyvben a Magyar Nemzeti Bank-ra, mint a Bank-ra, és MNB-re hivatkozunk.

5. kép: Apánk személyigazolvány képe 1932-ből és anyánké 1934-ből, amikor a Magyar Nemzeti Banknál, vagyis az MNB-nél kezdtek dolgozni.

6. kép: Anyánk MNB-s igazolványképe. Itt Puschmannéként írta alá, miután 1938-ban hozzáment apánkhoz (Puschmann). 1942-ben, a német megszállás alatt családunk biztonsági okokból felvette anyánk Tarnay családnevét.

Bevezetés:
Válogatás Tarnay E. Frigyes írásaiból

„Aranyhajsza Magyarországról" (1956)

[Teljes írás a Függelékben]

Mellékelten található az általam írt igaz történet kézirata „Aranyhajsza Magyarországról" címmel. A történetet Leland Stowe „A brit kincsek titkos útja" a Reader's Digest 1955 novemberi számában megjelent írása ihlette, amely tulajdonképpeni történetünk párja, mivel egy hasonló esetet tár fel a tengelyhatalmak részéről a II. világháború alatt. Azonban az én írásom inkább a személyes beszámolója annak a történetnek, amelyben magam is meghatározó szerepet játszottam.

Amikor a történet (Stowe: Titkos út) végére értem, emlékek tömkelege tolult elmémbe; emlékek, amelyek egy kis Délkelet-európai nemzet hasonló kalandját mutatják be, amely során megpróbálták a németek által „bebiztosított"kincseiket az orosz zsákmányolástól megmenteni a leghányatottabb és legkalandosabb körülmények közepette, a Vörös Hadsereg és a német erők harcainak kellős közepén. Ez az ország Magyarország volt. A szóban forgó kincsek értéke természetesen nem érte el a brit kincsek értékét, de egy kis nemzet számára ugyanolyan sokat jelentettek, mint a világ egyik vezető hatalmának a maga kincsei...

1906-ban születtem Magyarországon. A bécsi Világkereskedelmi Főiskolát elvégezve a Magyar Nemzeti Banknál kezdtem el dolgozni 1932-ben a bank Nemzetközi Valuta és Nemzetközi Kereskedelmi Osztályán. 1944-ben, amikor a II. világháború a végéhez közeledett, én a Nemzetközi Kereskedelmi Osztály vezetője voltam. Amikor 1944 októberében az alkotmányos kormányzást elsöpörték a németek, és a helyére egy náci báb kormányt állítottak, benyújtottam lemondásomat az Igazgatótanácsnak. Ezt azonban nem fogadták el, és az új igazgató figyelmeztetett, ha nem maradok továbbra is hivatalban és nem követem az új rendszer utasításait, halálra ítélnek.

A családom orosz megszállás előtti menekülését cikkemben írom le.

~~~

Az MNB földalatti ellenállásának ereje Németországgal szemben

Magyarország tengelyhatalmakhoz való csatlakozása önvédelmi lépés volt annak érdekében, hogy továbbra is fenntartson némi nemű politikai függetlenséget, és megóvja az országot a teljes német hatalomátvételtől. Az MNB 1944. március 19-ig tudta mindezeket az eseményeket elhárítani. Egészen eddig az időpontig az MNB apánk irányításával sikeresen csökkentette és késleltette a „háborús utánpótlást" Németországba. Az MNB olyan deviza- és elszámolási politikát folytatott, amely hátráltatta Németországot, ugyanakkor a Szövetséges erők üzleteit támogatta Magyarországon.

Az MNB Deviza- és Elszámolási Részlegének vezetője apánk volt. Főként Németországra koncentrált, mivel Hitler birodalma nehéz helyzetbe hozta a magyarokat. Apánk kapcsolatban maradt minden olyan országgal, amellyel Magyarország hivatalosan üzletelt. Kulcsfontosságú szerepe volt a Bank politikájának megalkotásában és végrehajtásában, beleértve ezt az ellenállást is. A Birodalommal szembeni ellenállása megakadályozta a háborús utánpótlás Németországba jutását.

1945 nyarán a frankfurti amerikaiak interjút készítettek az aranyat kísérő MNB dolgozókkal. A háború alatti külföldi tranzakciókról is kérdezték őket. Apámat felkérték, hogy írja meg ezt a jelentést angolul az amerikaiak számára.

A Németország ellen irányuló MNB-s „földalatti pénzügyi ellenállás" mutatta Magyarország elkötelezettségét a nyugati szövetségesek felé, és jelentős mértékben segítette őket a Németország ellen vívott háborúban. Sajnos, ezt sohasem ismerték el.

7. kép: Az MNB tárgyalója 1936-ban. Az apánk a felszólalótól balra a harmadik. Ez valószínűleg egy sajtótájékoztató.

A Frankfurtban állomásozó amerikaiak számára készített jelentés 1945-ből

Német-magyar gazdasági tárgyalások 1934 és 1945 között, különös tekintettel a kifizetések elszámolására

Írta

Tarnay E. Frigyes

A német-magyar gazdasági tárgyalások során, a Magyar Nemzeti Bank (a továbbiakban: Bank) folyamatosan a német törekvések elleni álláspontot képviselte. A Bank felismerte, hogy a német törekvések a gazdaság terén politikai irányzatúak voltak, és nem voltak összhangban azokkal a gazdasági elvekkel és jogszabályokkal, amelyeket a Bank követett hagyományos politikája során. A Bank a nyugati angolszász hatalmaknak köszönhette alapítását, és tisztában volt azzal a ténnyel, hogy az első világháborút követően Magyarország kizárólag ezen hatalmak hatásos támogatásával tudta konszolidálni gazdasági életét. Ez a nyugati hatalmakkal folytatott kapcsolat határozta meg a Bank pénzügyi politikájának szellemét, és így világossá vált, hogy előbb vagy utóbb ütközni fog a náci gazdaságpolitikával.

A következőkben bizonyítékot szolgáltatunk arra vonatkozóan, hogy milyen sokféle ellentmondás lépett fel a német törekvések és a bank ellenálló magatartása között a náci Németország Magyarországgal folytatott gazdasági egyeztetései során:

I. Az áruforgalomból származó fizetések elszámolása.

Amikor a Neuer Plan (Új terv) alapján a náci Németország nekiállt a gazdasági kapcsolatait erősíteni a délkelet európai országokkal, hogy ezáltal újra fellendítse az áruforgalmat, a bank törekvése az volt, hogy a szigorú klíringrendszert egy szabadabb fizetési rendszerrel váltsa fel, mely lehetővé tette volna az export és import kiegyensúlyozását, és visszafogta volna a német törekvéseket a gazdaság törvényszerűségei által megszabott kerekeken belülre.

Ez vezetett az első konfliktushoz.

Amikor megbuktak a Bank azon törekvései, hogy csökkentse a Reichsmark (RM) felárát, vagyis a Reichsmark elértéktelenítése megbukott, a Bank tovább folytatta ellenálló magatartását azzal, hogy nem volt hajlandó 15 milliót meghaladó értékben RM-t vásárolni. Ennek a lépésnek az volt a hatása, hogy a magyar exportőrök nem kapták azonnal kézhez a kiszállított áruk ellenértékét, és amennyiben készpénzhez szerettek volna jutni, kénytelenek voltak saját bankjaiktól előleget kérni a követeléseikre.

Az ilyen jellegű ügyletek időigényessége azt eredményezte, hogy az exportőrök kevésbé mutattak hajlandóságot az ilyen jellegű tranzakcióra, valamint bizonyos fokú elértéktelenedéshez is vezetett.

Erejének és győzelmének csúcsán, Németország nem bírta elviselni pénzének elértéktelenedését, és igyekezett ezt mindenhol megszüntetni. 1940 végén a németek azt akarták, hogy Magyarország emelje meg az RM felárát a szabad kereskedelmi forgalom szintjére. A Bank a legerőteljesebben ellenezte ezt a kérést, mivel magát a felvetést egy gazdasági abszurditásnak tartotta, ami felborította volna az áruforgalom egyensúlyát és lehetővé tette volna Németország számára, hogy sokkal olcsóbban tudjon vásárolni, Magyarország kárára. Bár Németország megígérte, hogy Magyarország számára kompenzációt nyújt az ilyen jellegű politika kedvezőtlen hatásaira azáltal, hogy támogatja a Magyarországra irányuló német exportot, a Bank visszautasította ezt a német törekvést.

Ennek következtében már 1941-ben világossá vált, hogy Németország nem tudja fenntartani az áruforgalom fizetési egyensúlyát, és hogy Magyarországtól azt kívánta, hogy hitelezze a kereskedelmi forgalomban felmerülő követeléseket.

A fenti ügyek mind ahhoz vezettek, hogy Magyarország „javára" alakult ki egy klíringegyenleg, aminek hitelezését a németek egyre inkább megkövetelték. 1942 júliusára a Bank már megtagadta a klíringben felmerülő többlet kifizetését, és ezen kívül nem engedte, hogy a kereskedelmi bankok hitelezése meghaladja a 200 millió RM-t. Ezért a Kincstár volt kénytelen vállalni a klíringegyenleg finanszírozását. Azonban a Magyar Kincstár által átvett RM számlák újrafinanszírozását kizárólag a Bank tudta végrehajtani, ezért a Bank minden lehetséges lépést megtett annak érdekében, hogy biztosítsa az RM jövedelmek csökkenését, és hogy ösztönözze a németeket arra, hogy kötvényekkel és egyéb értékpapírokkal fizessenek a magyar exportokért. A Bank ezt a következő módon kívánta megvalósítani:

a. A klíringügyletek során átutalt összegeket a Bank szigorú ellenőrzés alá vetette, mielőtt azokat kifizette volna. Kizárólag az olyan összegeket engedélyezték kifizetésre, amelyek esetében áruk ténylegesen átlépték az ország határát, és ezt a tényt a vámházak igazolták. A Bank nem fogadott el exportokra adott előlegeket a klíring során, mivel ez elősegítette volna a német vásárlásokat az országban. Ezeknek az intézkedéseknek a célja az volt, hogy a német cégek ne Magyarországon szabaduljanak meg a készpénzüktől; mivel a magyar exportőrök előre követelték a fizetést, vagy legalábbis készpénzes szerződéseket kötöttek a szállítmányokra, a németek számára nehézkessé vált a kifizetés teljesítése. A kifizetést megelőző összegellenőrzés egy bizonyos időt követelt meg, ami késedelmet okozott az exportőröknek érkező átutalásokban. A Bankot szinte folyamatosan kritika érte a németektől ezekért a szigorú ellenőrzésekért, mivel a Németországból érkező összegek ellenőrzése a kereskedőket elégedetlenné tette a Németországgal folytatott kereskedelem során, és hátrányos hatással volt a Németországba tartó exportokra.

b. A Bank nem engedélyezte a magyar kereskedelmi bankoknak, hogy német bankoknak vagy cégeknek hiteleket nyújtsanak a Magyarországon történő vásárlásaik céljából. Ennek az volt az eredménye, hogy a német importőröknek, azért hogy pengővel rendelkezzenek a termékek ellenértékének kifizetésekor, már több hónappal azelőtt ki kellett fizetniük a termékek ellenértékét, mielőtt a termékek leszállításra kerültek volna. A Banknak ezt a hozzáállását azért is kritizálták a németek, mivel ez nagy arányokban gátolta a német vásárlásokat.

c. Annak érdekében, hogy Németországon kívül más országokba irányítsa az exportot, a Bank nagy összegeket áldozott az egyéb országokba irányuló magyar termékek exportjának támogatására, és arra, hogy kevésbé legyen vonzó a Németországba irányuló export. Főként a szabad valutával rendelkező országokba irányultak az ilyen törekvések, mint amilyen Svájc és Svédország, illetve az olyan országok, ahonnan értékes árukat lehetett behozni, mint például Szlovákia, Törökország stb. A Bank folyamatosan ellenezte az olyan jellegű termékek exportját Németországba, amelyeket más országokba is el lehetett adni, még akkor is ha ennek érdekében áldozatot kellett hozni; ezenkívül a Bank erősen tiltakozott az olyan termékek behozatala ellen más országokból, amelyeket meg lehetett vásárolni Németországban.

Az 1943. márciusában folytatott tárgyalásokon Magyarországnak sikerült egy olyan kvótát kiharcolnia, amely engedélyezte a más országokba történő szállítást 50 millió RM értékben.

A Bank olyannyira nagy hangsúlyt fektetett arra, hogy más országokba irányítsa az exportot, hogy amikor felmerült az az ötlet, hogy Németország arannyal fizessen a magyar termékekért, a Bank nem ragaszkodott feltétlenül az arannyal való fizetéshez, viszont előtérbe helyezte a német kvóták csökkentését más országok javára.

d. Visszavásárlásra kerültek azok a főleg magyar értékpapírok, amelyek német tulajdonban voltak.

e. A német követelések Magyarországról Németországba való áthelyezésének végrehajtása érdekében a Bank nagy hangsúlyt fektetett arra, hogy a magyar exportokért fennálló német tartozásokat eltávolítsa a klíringegyenlegek csökkentésével és a német tőke behatolás vagy egyéb célokból történő felhalmozódásának meggátolásával. A Bank ezért szigorú nyilvántartást vezetett a Németországból származó importokról, amelyeket a vámházak által kibocsátott importengedélyek alapján vezetett. A nyilvántartás magában foglalta az importált áruk értékét és a klíringre fizetett összegeket is. A késedelembe eső importőröket felszólította a Bank, hogy magyarázzák meg a késedelem okát, és amennyiben az adott indok nem volt kielégítő, az importőrt utasították, hogy tartozását azonnal utalja át Németországba.

f. A Bank a legerősebben azt a német projektet ellenezte, ami a szállítmányokért és háborús szempontból fontosnak tartott szolgáltatásokért (mint például az alvállalkozói szerződéseket - Verlagerungsauftrage) adott összegeket külön választotta volna a klíringtől és ezeket különleges számlákon tartotta volna nyilván. A projekt végrehajtása elősegítette volna a Magyarországon történő, klíringen keresztüli német vásárlásokat és megszüntette volna a bonyolult klíringrendszer szerepét, mint a kifizetések nagy részét megnehezítő szempontot. Ezt a Bank nem kívánta, mivel a „háborús szempontból fontosnak tartott" kifizetések igen jelentősen növelték a klíringegyenleget, és ezért az egyéb, „normális" áruk exportőrjeinek várakozási ideje ennek arányában jóval meghosszabbodott volna. Amennyiben „háborús szempontból fontosnak tartott" exportokat különleges számlára kellett volna könyvelni, a várakozási idő lerövidült volna, ami kedvező hatással lett volna a Németországba irányuló exportokra.

A fent említetteken kívül egyéb szempont is vezetett a Bank ellenálló magatartásához. Ebben az esetben a Bank a klíringegyenleget teljes egészében úgy tekintette, mint Németország kereskedelmi eladósodását, amelyeket kereskedelemi szállítmányokkal kell visszafizetni. A német tartozások ezen természete vitathatóvá vált volna azon rész tekintetében, amely a klíringtől elválasztásra kerül. Onnan látszik, hogy milyen fontos volt a németek számára ennek a projektnek a megvalósítása, hogy Magyarország elfoglalását követően azonnal véghez vitték. Lásd a mellékelt „Finanzierungsabkommen."

II. A kereskedelmi forgalmon kívüli kifizetések.

A háború előrehaladtával Németországnak egyre több és több pénzre volt szüksége Magyarországon különböző befektetése, mint például a Követség költségeire stb. Németország arra törekedett, hogy ezeket a tartozásait a klíringen keresztül rendezze, mivel a Magyarországon lévő német vagyon felhasználásra és letiltásra került egyéb vagy hasonló indokokból, és ezeket nem lehetett felszabadítani. Ebben a kérdésben is erős ellentét mutatkozott a Bank nézőpontja és a német törekvések között, mivel a Bank elve az volt, hogy az ilyen jellegű fizetések nem tartoztak a klíring hatálya alá, és hogy Németországnak a Magyarországon lévő tőkeköveteléseit fel kellene használnia ezekre a célokra. Ennek elérése érdekében a Bank a következő célokra törekedett:

1. A Magyarországon lévő német tőkeállományt nem szabad megnövelni.

2. A klíringegyenleget nem szabad megnövelni ezekkel a fizetésekkel, így az összegek finanszírozása és újrafinanszírozása nem lenne szükségszerű.

A Banknak sikerült megkövetelnie, hogy a német tőkeköveteléseket elsősorban a klíring egyenleg csökkentésére kell felhasználni és másodsorban befektetésekre és egyéb célokra. Ez az előírás azt a célt is szolgálta, hogy meggátolja a német tőke beáramlását Magyarországra.

A tőke kifizetések a Reichsbank folyószámláján (Girokonto) keresztül kerültek rendezésre. Erre a számlára körülbelül 12 millió pengőt fizettek Magyarországon osztalékként, hitel visszafizetésekre, öröklésre stb., és ezt az összeget Magyarország részére fizették ki a hasonló természetű magyar követelések kiegyenlítésére; Németország ezért nem szabadult meg a számla szabad összegeitől. Ezért ragaszkodott a Bank ahhoz, hogy ezek a kifizetések – amennyiben egyáltalán engedélyezve lettek – a folyószámlán keresztül kerüljenek kiegyenlítésre. Mivel a folyószámlán soha nem volt kellő fedezet ezekre a kifizetésekre, szükséges volt egy különleges rendszert biztosítani a Magyarországra érkező összegeknek. Ez természetesen megint csak megnehezítette a németeknek céljaik elérését, és késleltette az ügyek elszámolását. A Bank álláspontját továbbá alátámasztja az alábbi, Bizottságok közötti levélváltás.

Az áruforgalmon kívül, a németek a klíringbe történő fizetést főleg a következő célkitűzések miatt választották:

a. Ezt az ügyet a Bank a lehető legnagyobb ellenszenvvel kezelte. Amikor csak lehetett, a Bank meggátolta a munkások kiszállítását Németországba. Ezenkívül azzal, hogy a Bank megtagadta az „illegális" dolgozók félrerakott pénzeinek átutalását, az ilyen jellegű munkások nagy részét arra kényszerítette, hogy visszajöjjön vagy visszaszökjön Magyarországra.

b. A németek azt szerették volna, hogy a Magyarországon élő német kisebbség „oktatási és kulturális" céljaira jelentős összegeket utalhassanak Magyarországra. Németország elsősorban az iskolák építését és egyéb kulturális célokat jelölte meg, és az ennek megfelelő pénzösszegeket a budapesti „Német Háznak" utalták; azonban a pénzek valóságos felhasználását természetesen nem lehetetett ellenőrizni.

Mivel tisztában voltak a Bank ellenséges magatartásával az ilyen helyzetekben, a németek nem kérték a Bank beleegyezését az ilyen jellegű utalásokhoz, hanem közvetlenül a miniszterelnököt keresték meg, aki meghatározta az átutalandó összegeket. A Bank ezeket a kifizetéseket is a folyószámlán keresztül engedélyezte, de természetesen, mivel mindig pengő hiány volt, az átutalásokat csak részletekben és jelentős késésekkel lehetett teljesíteni. Éppen ezek a nehézségek vezették a németeket rá arra, hogy a klíringen keresztül történjenek ezek az utalások; ez 1943. júliusában sikerült is nekik, amikor is a miniszterelnök utasítására a Bank elfogadta a klíringben lévő fizetéseket.

c. A magyarországi német kisebbségből származó Waffen SS tagok családtagjainak támogatása. Ezt az ügyet a két kormány közötti különleges megállapodás szabályozta, amelynek eredményeként a Bank köteles volt a megállapodások szerint eljárni és elfogadni ezeknek az összegeknek a kifizetését a klíringben. Az átutalandó összeg hozzávetőlegesen 2 millió RM volt havonta, de kétségtelen, hogy a teljes összeg nem került kifizetésre, mivel, mint később kiderült, a Waffen SS felelős tisztje jelentős tartalékokat halmozott fel.

d. Hasonló módon, a két kormány közötti megállapodás szabályozta a klíringen keresztül kifizetett olyan támogatásokat, amelyek a Magyarországon lévő, légitámadással veszélyeztetett német gyerekek ellátását biztosította. A tízezer gyerek költségei havonta 1,2 millió RM összeget jelentettek.

III. Központi klíring

Ebben az ügyben is kemény ellenállást tanúsított a Bank, mivel meg volt győződve, hogy ez a projekt kizárólag a német érdekeket szolgálta, és lehetőséget adott volna a németeknek arra, hogy szabályozzák Magyarország gazdasági kapcsolatait az egyéb országokkal.

Kitüntetések kiemelkedő szolgálatért

Apánk a következő három kiemelkedő díjat kapta közgazdasági munkájáért Svédország és Jugoszlávia kormányaitól 1939-ben. Ugyanezt a szerb Szent Száva Rend kitüntetést kapta meg Helen Keller, aki PhD. fokozatot szerzett, és világszerte ismert volt a vakokkal kapcsolatos munkájáról.

~~~

8. kép: A Szerbiától kapott kitüntetés, amelyet az MNB Deviza és Elszámolási felelőseként végzett kiváló szolgálatért adományoztak apánknak.

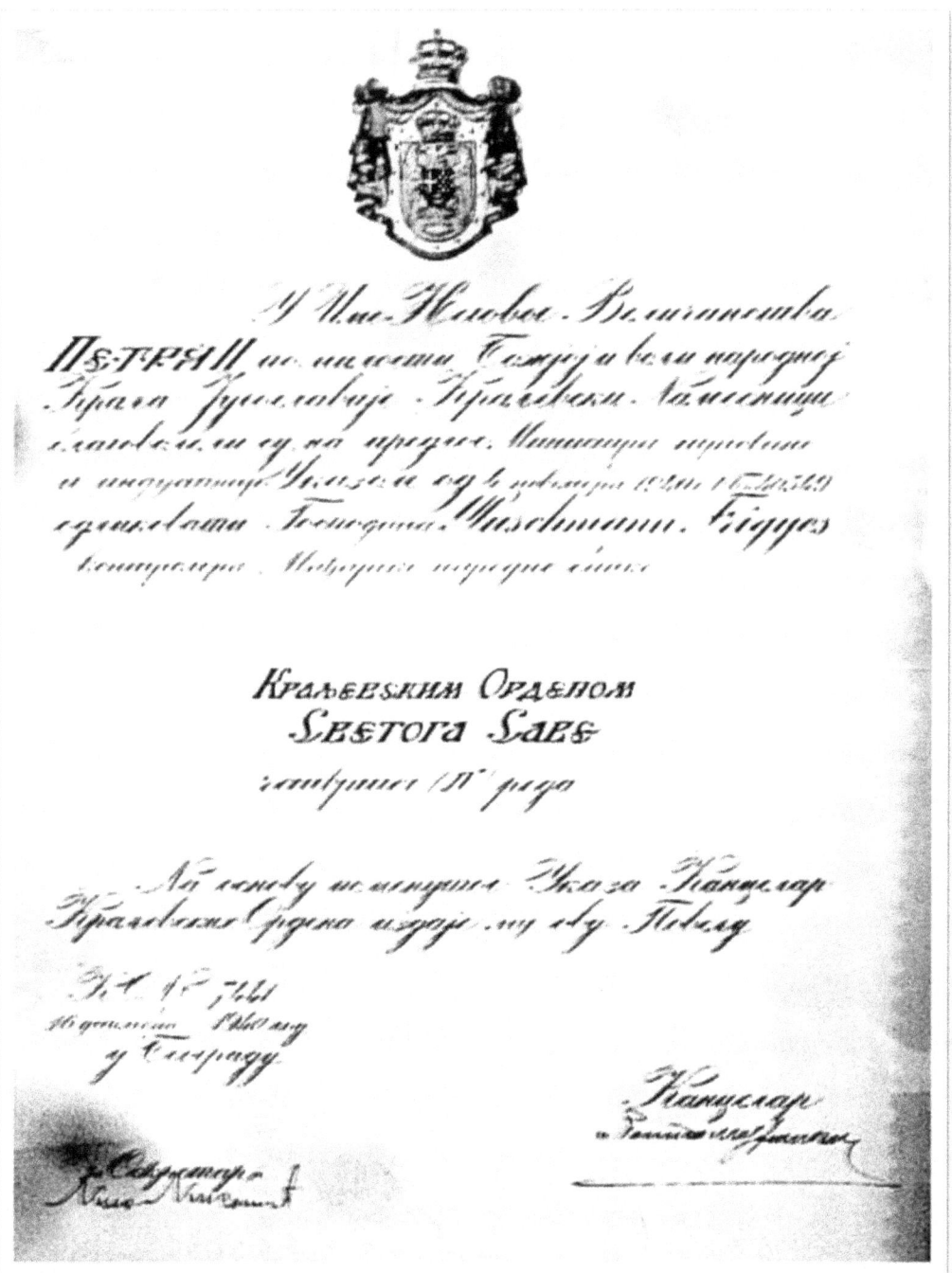

9. kép: Az 1939. október 17-i szerb elismerő oklevél az MNB-nél végzett kiváló szolgálatért.

10. kép: Apánk 1940. január 30-i svéd kitüntetése a kiváló szolgálatért, amelyet az MNB Deviza és Elszámolási felelőseként végzett.

11. kép: Apánk 1940. január 30-i svéd elismerő oklevele a kiváló szolgálatért.

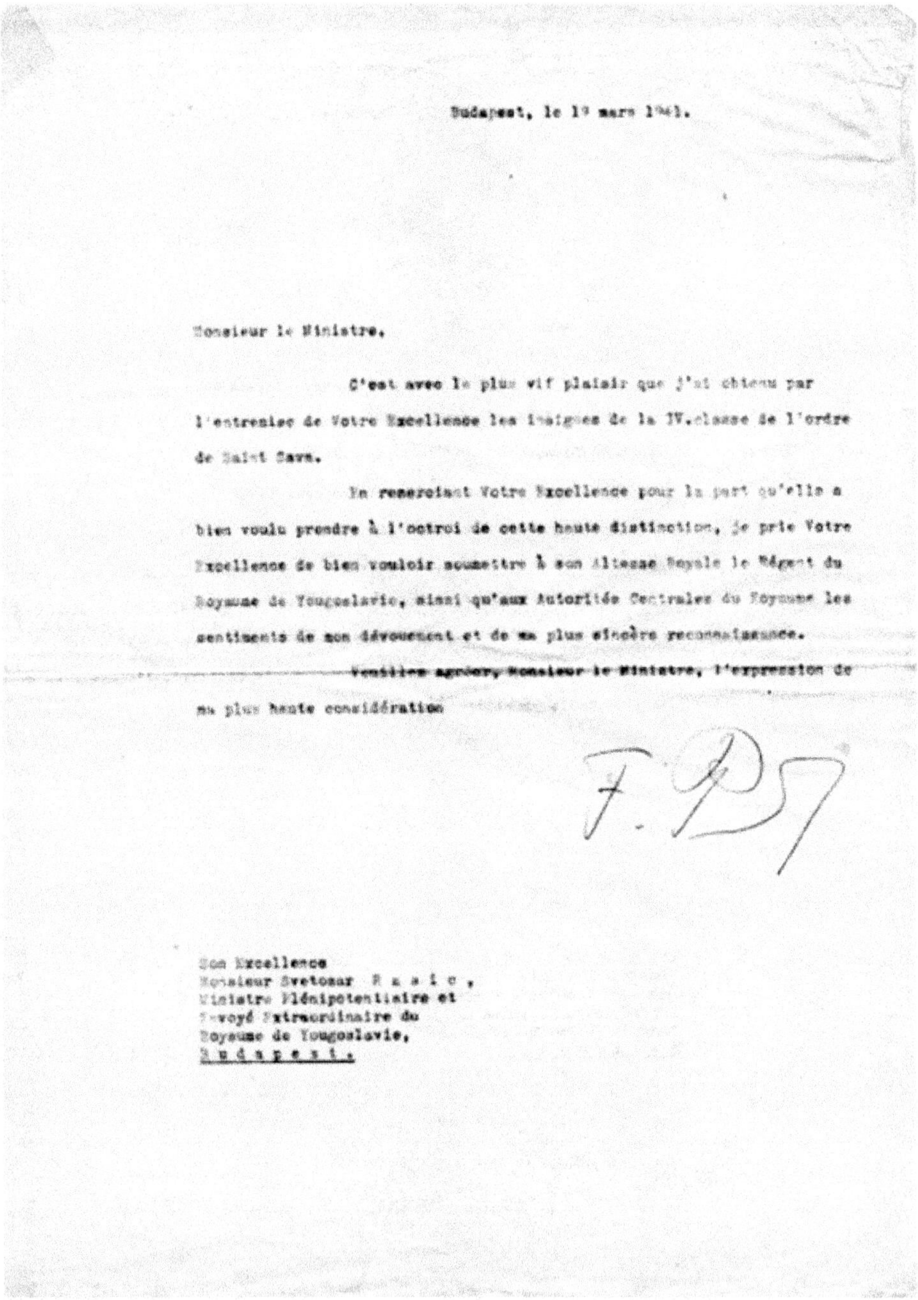

Budapest, le 19 mars 1941.

Monsieur le Ministre,

C'est avec le plus vif plaisir que j'ai obtenu par l'entremise de Votre Excellence les insignes de la IV.classe de l'ordre de Saint Sava.

En remerciant Votre Excellence pour la part qu'elle a bien voulu prendre à l'octroi de cette haute distinction, je prie Votre Excellence de bien vouloir soumettre à son Altesse Royale le Régent du Royaume de Yougoslavie, ainsi qu'aux Autorités Centrales du Royaume les sentiments de mon dévouement et de ma plus sincère reconnaissance.

Veuillez agréer, Monsieur le Ministre, l'expression de ma plus haute considération.

Son Excellence
Monsieur Svetozar Rasic,
Ministre Plénipotentiaire et
Envoyé Extraordinaire du
Royaume de Yougoslavie,
Budapest.

12. kép: Apánk 1941. március 19-i elfogadó levele a Szent Száva Rend adományozásáról (franciául írva)

Budapest, 1941. március 19.

Tisztelt Őexcellenciája, Miniszter Úr!

Nagy megtiszteltetéssel vettem kezembe az Őexcellenciája útján átnyújtott Szent Száva Rend IV. Osztály Keresztjét.

Köszönöm Őexcellenciája minden kitüntetésemre irányuló igyekezetét, és kérem, hogy biztosítsa Őfőméltóságát odaadásomról és legmélyebb hálámról.

Kérem a Miniszter Urat, hogy fogadja megkülönböztetett nagyrabecsülésem kifejezését.

Őexcellenciája
Svetozaar Rasic Úr
Meghatalmazott Miniszter és
Rendkívüli Követ
Jugoszláv Királyság
Budapest

~~~

A Magyar Nemzeti Bank a háború alatt

(Folytatás, Tarnay E. Frigyes)

A Magyar Nemzeti Bank kincseinek védelme érdekében földalatti rejtekhelyeket és tárolókat kezdett építetni 1938-ban, mivel a nemzetközi helyzet nem hagyott sok kétséget afelől, hogy előbb vagy utóbb háború lesz. Ezekben a masszív és modern óvóhelyekben a Bank a szirénák és légi riadók zavarása nélkül tudta folyatni munkáját. Ezeknek a hatalmas rejtekhelyeknek az egyike a Duna nyugati oldalán, a város legrégebbi részén, az úgynevezett Budai Várnegyedben, az Úri utca 72. szám alatt épült. A hegy belsejében rengeteg természetes barlang és üreg található, amelyek már 400 éve, a török háborúk idejétől szolgálnak menedékként és rejtekhelyként. A II. világháború alatt számtalan, a Várnegyedben székelő Kormányhivatal épített ezekben a barlangokban óvóhelyet. Néhányukat nyilvános óvóhelyként használták, és utolsó menedékként szolgáltak az éhező és szörnyű szenvedéseket átélő lakosság számára a Vár hosszúra nyúlt orosz ostroma alatt. A második és még nagyobb óvóhely Magyarország közép-nyugati részén, a Balatonhoz közeli Veszprém városában épült a Jókai utca 31. szám alatt. Modern nyomtató berendezésekkel és minden egyéb olyan eszközzel felszerelték, amely biztosította a Bank háború alatti működését.

J.F Montgomery amerikai nagykövet szavaival élve Magyarország a tengelyhatalmak „vonakodó csatlósa" volt a II. világháború során. Kis országként a két nagy totalitárius ellenség - Németország és a Szovjetunió - közé ékelődve nem sok esélye maradt a háború elkerülésére. Négy éven keresztül megúszta a német megszállást, azonban 1944-ben, amikor Románia megadta magát a Vörös Hadseregnek, Hitler pedig nem akarta Magyarországgal ugyanezt a kockázatot vállalni, ezért 1944. március 19-én lerohanta az országot.

Technikailag Magyarország továbbra is a tengelyhatalmakhoz tartozott, azonban de facto a németek hadifoglya volt, és mint ilyen, egyáltalán nem lelkesedett a Vörös Hadsereg általi felszabadításáért.

A legjobb megoldás Magyarország számára a nyugati hatalmak általi megszállás és felszabadítás lett volna a Balkán-félsziget irányából, azonban a jaltai értekezlet csírájában fojtotta el ezt az ötletet, 100 millió ember (lengyelek, csehek, szlovákok, magyarok, románok, bolgárok és balti államok) valódi felszabadításban bízó reményeivel együtt.

Az MNB vonat megtet utja

13. kép: Az MNB-s vasúti vonal kb. 560 km hosszú volt Budapesttől az ausztriai Spital am Pyhrnig. A Veszprémből Fertőbozba tartó út 3 napig tartott. Éjszaka utaztunk, gyakran megálltunk és cikcakkban haladtunk, hogy kikerüljük az előrenyomuló oroszokat vagy egy esetleges rablást. Fertőbozból a közvetlen út néhány napig tartott az ausztriai Spital am Pyhrnbe. (Viszonyítás: Sopron és Linz között a távolság 180 km) Az útvonalat Rékassy Eszter rajzolta, Térkép forrása:
„Historische Landkarten / Wappen (1880-1898): Österreich-Ungarn - Politische Einteilung." Historical Geographical Encyclopedia of the World 1880-1898. N. old. Www.hicleones.com. Internet 2013. július 27.

1. fejezet

„A borzalmas valóság, hogy íme itt az utolsó felvonás"

Révfülöp
1944. júniusától 1944. december 6-ig

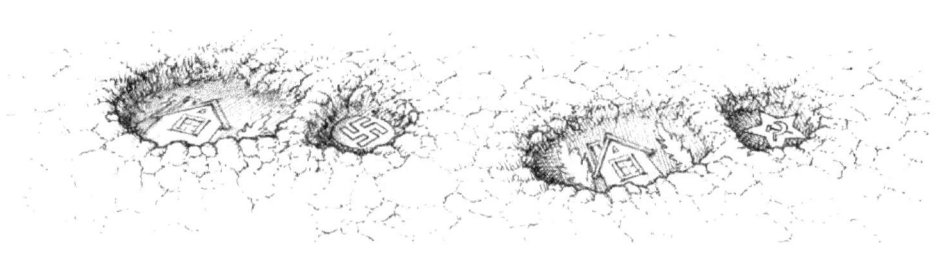

Apánk -- úgy tűnt -- mindig tudja, mikor zajlik valami fontos esemény, amelyet érdemes megörökíteni az utókor számára. 1944. október 15-e Magyarország története során az egyik legjelentősebb nap. Egy igen terjedelmes naplóbejegyzést írt arról a balsorsú napról, amikor a náci Nyilaskeresztes Párt átvette a hatalmat a megszállt Magyarországon.

Magyarországon a háború utolsó hat hónapjában Hitler mindent latba vetett, amije csak maradt, hogy Magyarországot megtartsa az oroszokkal, és azok új szövetségesével, a románokkal szemben.

Mi épp nagyszüleink balatoni nyaralójában Révfülöpön voltunk, amikor apánk meghallotta a híreket a rádióban. Már elköltöztünk Budapestről, mivel Budapest ostroma megkezdődött, és a bombázás különösen erős volt a Várnegyedben, ahol mi is éltünk. Budapest ostroma egyike volt a háború legkegyetlenebb és legvéresebb csatáinak. Amikor ez kiderült, azt is hallottuk, hogy az otthonunkat lebombázták.

~~~

14. kép: Kilátás családunk korábbi otthonából, a Hunyadi János útról. A lépcső neve Jezsuita-lépcső, amely a volt jezsuita kolostor régi helyéhez vezet a Várban (jelenleg Hilton Hotel), a háttérben pedig a Mátyás templom tornyai. (A képet Geher Ferenc készítette)

Horthy Miklós

15. kép: Horthy Miklós áthalad a Lánchídon a Várba tartó útja során (a kép az 1920-as évek végén vagy az 1930-as évek elején készült). Horthy Miklós a Magyar Királyság kormányzója volt az I. világháború alatt és után, továbbá a II. világháború nagy részében is.

Tarnay E. Frigyes naplója, 1944. október 15.
„Egyetlen jel sem mutatott arra, hogy hazánk történelmének talán legvérzivatarosabb napjait éli."

Vasárnap. Mint majdnem minden vasárnapot, ezt is családomnál Révfülöpön, a Balatonon töltöttem. A vasúti közlekedés ugyan már nagyon kényelmetlen s megbízhatatlan volt, de az egynapos kikapcsolódás Budapest nyomasztó háborús hangulatából jól esett, és megpihentette az ember meghajszolt idegeit.

16. kép: Apánk a Dunában lovagol Mosonmagyaróvár mellett az 1920-as évek elején.

Gyönyörű verőfényes őszi nap volt.

A hegyoldalban fekvő szőlőkerttel körülvett villánkban még a balatoni szüret kedves utóhangulata uralkodott, és semmi jel sem mutatott arra, hogy hazánk történelmének talán legvérzivatarosabb napjait éli.

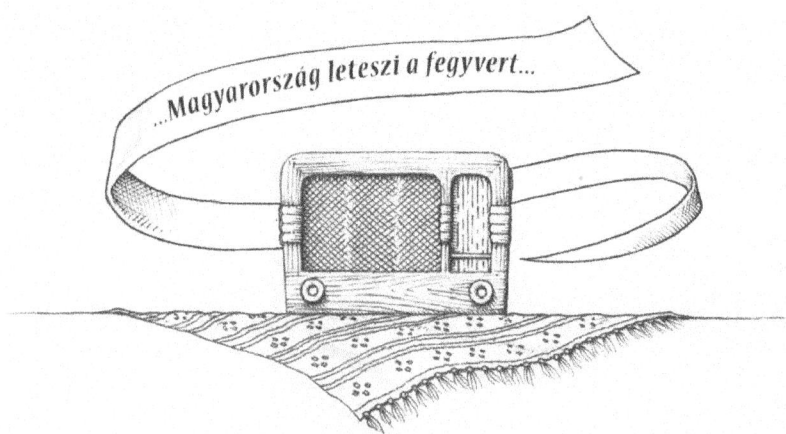

De igen! A rádió... Ez a kis szekrényke nem ismer kíméletet, és mindenhová elviszi a háború szelét. És amikor a vidék békés nyugalmában már-már megfeledkeztünk a háború rémétől, gépies érzéketlen hangon, mintha ez volna a legtermészetesebb dolog a világon, tudomásodra hozza, hogy itt a légiveszély.

Gyűlöltem ezt az eszközt akkor szívem mélyéből, és talán ez volt az oka annak, hogy délben kikapcsoltam, hadd legyen légiveszély, ha fölöttünk lesznek a gépek, úgyis észre fogjuk venni. Ez a vidék úgyis csak átrepülési terület.

Így azután elmulasztottuk Horthy kormányzónak a rádiószózatát, amelyben közli, hogy Magyarország leteszi a fegyvert. Csak amikor kimentem az udvarra, akkor kiabált át a szomszéd vincellér, hogy „itt van ám a béke". Miután tudtam, hogy élénk fantáziájú, túlzásokra hajlamos ember – még azzal is fenyegetőzött, hogy egyszer csudaszép regényt fog írni – különösen akkor, ha egy kis balatoni rizlinggel csúsztatta le a vasárnapi ebédet, azt hittem, hogy tréfál vagy pedig hallott valamit a rádióban, amit azután úgy magyarázott, ahogyan az neki a legjobban tetszett.

Mikor azonban részletesebben kezdett beszélni a rádiószózatról, láttam, hogy mégis csak történhetett valami, és kezdtünk érdeklődni a távolabbi szomszédoknál. Csodálatosképpen senki sem hallgatott a közelünkben rádiót, és csak meglehetősen későn tudtam megállapítani, hogy tulajdonképpen mi történt.

Bár ez a lépés várható volt, az embereket megdermesztette a borzalmas valóság, hogy íme itt az utolsó felvonás: menthetetlenül a vörös rém karjaiba hullottunk. Éppen az következett be, amitől a magyarság a legjobban rettegett, amit már egyszer megpróbált, ami miatt ebbe a háborúba egyáltalán belehajtható volt: ismét a keleti deszpotizmus martaléka lett.

Ezt a nemzetet, amely ezer éven át fényes tanúbizonyságát adta annak, hogy a keresztény Nyugathoz tartozik, és ennek védelmében bőven ontotta vérét, ezt a nemzetet a keresztény Nyugat egy tollvonással odadobta a keleti vörös hóhérnak.

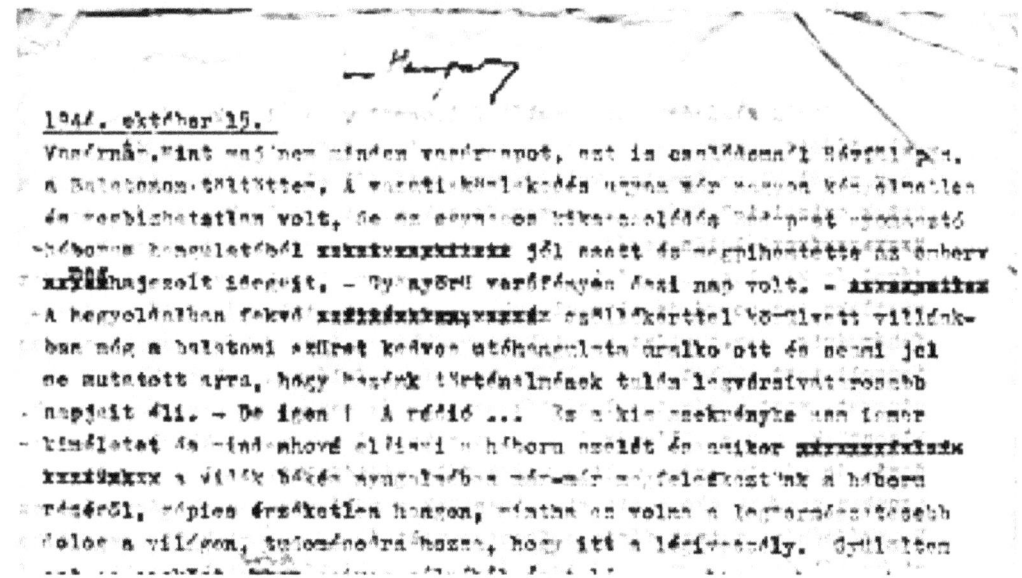

17. kép: Apánk naplójának eleje 1944. október 15. napjáról, amikor a náci Nyilaskeresztes Párt átvette a hatalmat Magyarországon

Önkéntelenül eszembe jut Kozma Andor[1] *Nyergeljetek* című költeménye. Ha akkor nem írja, most bizonyára megírta volna.

Midőn dermedtségemből felocsúdtam, az első kérdés, ami felvetődött bennem, mit kell most csinálnom? Ösztönszerűen éreztem, hogy minél előbb Budapestre kell jutnom, ott dől el sorsunk.

Mit fognak a németek csinálni? Egész simán nem fognak menni a dolgok, ezt éreztem. Délután megérkezett egy térképész százados barátom kocsijával és közölte, hogy ő is Pestre megy, nem akarok-e vele menni. Tüstént csatlakoztam hozzá, és elindultunk a nagy bizonytalanság felé. Székesfehérvárig nem történt semmi különösebb esemény. Fehérváron a katonaság igazoltatott minket és közölték, hogy Pest felé nem folytathatjuk utunkat, mert a németek lezárták az utat, és senkit nem engednek tovább.

Elmentünk egy repülőszázados barátunkhoz; ő sem tudott közelebbit mondani, de már tudomása volt a Vörös-féle rádiófelhívásról, amiből azonban senki sem okosodott ki. Kimentünk repülőszázadosunk sógornőjéhez, N. grófnőhöz, akinek férje a fronton volt, és nem akartuk őt egyedül hagyni kastélyában. Megvacsoráztunk, és utána a rádió köré telepedett az egész társaság. Ha jól emlékszem, megismételték Vörös János nyilatkozatát, azután jött Szálasi proklamációja.

Érdekes volt megfigyelni a társaság tagjainak a reakcióját erre a hírre. A katonák fellélegeztek, különösen térképész barátom volt fanatikus gyűlölője a vörös hatalomnak és híve a harcnak az utolsó csepp vérig.

Később megtudtam, hogy önként kivált a térképészetből, és a harcoló csapatokhoz jelentkezett. Zászlóalját a keszthelyi harcokban teljesen felmorzsolták az oroszok, és ő is ott esett el a haza védelmében. Így kell írnom.

Bár sokan talán bűnnek tekintették és tekintik ma is a harcot akkor az oroszok ellen de ez a fiatalember izzó hazaszeretetével így fogta fel a haza védelmét, és becsületesen, fenntartás nélkül, bátran adta oda életét, két kisgyermeket és feleségét hagyva hátra. Még ma is birtokomban van édesanyjának a levele, melyet továbbítanom kellett volna hozzá, de már nem találtam őt meg.

Mikor egy év múlva írásaim között megtaláltam és elolvastam levelét, nem tudtam megsemmisíteni, mert a fiát és hazáját szerető és féltő magyar anyának gyönyörű megnyilatkozása ez a levél.

A kis grófnő röviden és velősen fejezte ki véleményét: „No itt a tróger-kormány"- megjegyzésével. Szegényke akkor még nem tudta, hogy fiatal férje már halott, ő is elesett az oroszok elleni harcokban. (Mi már tudtuk, de [...])

---

[1] *Kozma Andor (1861-1933Az korszak egyik jól ismert nemzeti konzervatív alakja.*

1944. „Az én kis piros repülőm átrepült a békésen csüngő szőlők felett és leesett"

Írta Tarnay B. Frigyes

Révfülöp a legbékésebb hely, amire emlékszem. Hat éves voltam, amikor elhagytuk, de mindig úgy gondoltam rá, mint arra a helyre, ahol felnőttem. A Balaton mellett elhelyezkedő, a vízig ereszkedő szőlők, az őszibarack, a sárgabarack, a virágzó mandulafák és a szüretre érett szőlők; a hatalmas ablakokkal körülvett, a vízen felkelő napra néző verandás ház még mindig megmelengeti a szívem. Ez még mindig az otthonom. Nagyszüleink háza volt, amelyhez 8 hold föld tartozott. A házat nagymamám ősei a Tótthok építették, és ők ültették a szőlőt is. Nagyapa változtatott néhány dolgon, és hozzátoldott a melléképülethez, sőt a gyümölcsöst is ő ültette.

18. kép: A Tótth (Tarnay) villa, 1908. A villához több mint 6 hektárnyi, többnyire szőlő tartozik. A Tarnay családnak saját, bejegyzett borászata volt. (Városi Archívum, Révfülöp)

19. kép: 1944-ben kilátás a szőlőkre a Balaton felé a Tarnay villából Révfülöpön.

20. kép: A révfülöpi Tarnay pince rizling borának címkéje.

A háború és a városi életben rejlő veszélyek miatt szüleink elvittek minket Budapestről, hogy a várostól 96 km-re Nyugatra éljünk. Az iskolát Budapesten kezdtem, de a dolgok úgy alakultak, hogy átírattak a révfülöpi általános iskolába. Nem emlékszem, hogy hányadik osztályos voltam, de arra igen, hogy a négyes számot sok százszor írtam a palatáblámra.

Apám vonattal vagy autóval járt a városba, de néha budapesti lakásunkban maradt hétköznap, és csak a hétvégén jött vissza...

21. kép: A szüleink 1938-ban a Balatonnál, nagyszüleink révfülöpi villája mellett. Sok hétvégét és nyári szünetet töltöttem itt.

Apa egyik hétvégén hozott nekem egy piros játékrepülőt. A veranda lépcsőjéről lőttük fel, átrepült a szőlő felett, de sajnos olyan szerencsétlenül esett le, hogy nem lehetett megjavítani.

1944. november, Szent István koronájának védelme

(Folytatás, Tarnay E. Frigyes)

1944. novemberében... A majdnem állandó szirénázás és légiriadó miatt a Bank az első óvóhelyre költözött a Várnegyedbe. De nem maradt ott sokáig. Amikor Tolbukhin marsall serege átkelt Délen a Dunán, és a Budapest körbevételét fenyegető veszély a küszöbön állt, a Bank elhatározta, hogy Veszprémbe költözik második és egyben utolsó óvóhelyére.

32 tonna aranytartalékunkat és minden egyéb vagyontárgyat már ott tároltak. Nem csak az értékeinket kellett ott biztonságba helyezni, de a Szépművészeti Múzeum remekműveit, a Történeti Múzeum kincseit és még a nemzet legszakrálisabb relikviáját, az ezeréves Szent Koronát is ott őrizték, amelyet II. Szilveszter pápa ajándékozott Szent István királynak, amiért a pogány magyarok a kereszténységet felvették.

„Nem akartam osztozni a kommunista állam áldásaiban"

(Folytatás, Tarnay E. Frigyes)

A családom orosz megszállás előtti menekülését cikkemben írom le. Nem akartam Magyarországon maradni mert 1.) nem akartam látni, ahogy a feleségemet a vörös katonák halálra erőszakolják, engem pedig száműznek valahova Szibériába; 2.) mindenki, akinek egy kis esze is volt kitalálhatta, hogy a szégyenletes Párizsi Békeszerződés és a szovjet katonai megszállás előbb vagy utóbb Magyarország kommunista országgá való válásához vezet... és nem akartam osztozni egy kommunista állam kínálta áldásokban.

Anyánk levelei:
Vitorlázás a háború szelén

22. kép: Anyánk

Anyánk Kati, gyakran írt apánknak, Fricinek. Ő még mindig Budapesten élt, az MNB-nél dolgozott, és a hétvégeken Révfülöpre látogatott.

Anyánk leveleinek gyűjteménye bemutatja bátorságát és egy olyan asszony kötélidegeit, aki a háború megpróbáltatásait mind elviselte. Ezzel egyidőben továbbra is az MNB-nek dolgozott a távolból. Míg apánk dolgozott, anyánk vigyázott ránk, a három fiúra: Pityire (Kis Frici), aki 6; Istvánra (Steven), aki 4 és Hapsira (Matt), aki 3 éves volt. Anyánk őrizte a családi tűzhely melegét.

Mindig rólunk, a gyerekekről írt. Szeretett velünk lenni. Azt mondta, elfoglaljuk őt, és így arra koncentrálhat, ami igazán fontos még akkor is, ha körülöttünk háború dúl.

~~~

1944. nov. 11. „Én már nem is tudok sírni"

Az emberek mindennapjai a szovjet megszállás alatt mély szomorúságban és bizonytalanságban teltek. Ebben az időben nagynénénk, Zsuzsanna is az MNB-nek dolgozott Budapesten. Anyánk és mi nagyszüleink villájában éltünk a Balaton mellett, Révfülöpön. Anyánk nagyon aggódott, mivel az oroszok lezárták a Budapestet Révfülöppel összekötő utat, így apánk ott rekedt, és nem tudott visszajönni Révfülöpre.

Gonga és Julcsa a család dadái és segítői voltak. Minden család részére egy disznó tartását engedélyezték, a többi a hadsereg katonáinak ellátására szolgált.

~~~

Édes Fricikém, Szép kis képet rajzoltál nekem a háborús Budapestről és gondolhatod, hogy milyen érzéssel vettem tudomásul, hogy ti még maradtok. Különösen az aggaszt, hogy nem mentek a várba, hanem át kell sétálnotok minden nap Pestre, mikor olyan közel lehetnétek.

Én az én félős természetemmel alig tudom elképzelni, hogy ezt hogyan lehet kibírni és bár edzem magam, de mégis egész nap csak arra a sok veszélyre kell gondolnom, amiben Ti éltek.

Szégyellem magam érte, és mindig arra gondolok, még nekem is lehet részem benne ilyen közelről. Szegény mama nagyon el van keseredve, hogy mindezt Zsuzsinak is végig kell élveznie és ő legalább eljöhetett volna közelebb. Egyik percben azért nyugodt, hogy legalább együtt vagytok, a másik percben azon drukkolunk, hogy majd Ti eljöhettek és közben minket vágnak le, úgyhogy nem tudunk találkozni. Mama nagyon kért, hogy erre is gondoljatok. Nem tudom, Zsuzsi mit tervez és mama se tudja, mit tanácsoljon neki. Most már csak azt mondja, még egyszer szeretné Zsuzsit látni.

Ma csak lézengett egész nap szegény, és én már nem is tudok sírni, annyira hessegetem el a szomorú gondolatokat és félek, hogy neki még rosszabb, ha engem bőgni lát.

Marsit én is nagyon irigyeltem, de nagyon fent ült a lovon és ez visszaadta a bizalmamat. Talán egyszer még én is örülhetek, hogy végre összekerülök Veled. – Most sok konkrét írnivalóm van, ha lesz időm, még elmélkedem a sorsunkon. –

Fricikém, ha eljössz Pestről, a sárga paplanodat lehetőleg hozd el, a gyerekeknek kell, nem tudok akkor csak kettőnek meleg takarót adni. Az írásokat alkalommal elküldhetnéd, ha már nem kellenek, nagyon rossz érzés, hogy semmi sincs nálam, amivel igazolni tudnám magamat.

Múltkor egy bolond pillanatomban ruhát kértem Tőled, nehogy megvedd, már csináltam egy másikat és Isten ments, hogy most ilyenre költsünk.

Én a csomagolást gondolatban már elvégeztem, részben kiválogattam a dolgokat. Nem tudom, lehetségesnek tartod-e, hogy ennyit vigyek: 1 láda élelmiszer, a két zsák gyerekholmival, ágynemű összevarrva, a Te bőrkoffered a Te holmiddal és a mama nagy kofferja, ágynemű (huzat), fehérnemű és a Te maradék ruháid és az enyémek. Szeretnék még egy nagy kosarat is vinni, de ez máris soknak tetszik nekem. Viszont azt kell venni, hogy 5 emberre csomagolok és ez lesz minden vagyonunk. Nekem egy fél nap kell a csomagolásra, ha hirtelen tudom meg a terminust. Félek, ennyi csomaggal és négyen illetve öten a szekéren (kísérővel együtt) nem fogunk elférni, vagy olyan lassan megyünk, hogy az árt majd a gyerekeknek és nem bírják. Én szívesen mennék szekéren, de a gyerekekkel ki menjen és ők hogy menjenek? Persze kibírják, ha muszáj, de csomagot nemigen tudok leépíteni, ha minden úgy lesz elrendezve, ahogy eddig tudom.

Eddig azt mondtam, hogy ne végy semmit igénybe, de most, hogy ottmaradtál, az az érzésem, hogy ha tudsz, használj ki minden lehetőséget, amivel a saját ügyeidet megkönnyíted. Azt nem is merem kívánni, csak gondolhatod, hogy mennyire szeretném, ha Te eljönnél velünk odáig és nem is tudom elképzelni, hogy ott egyedül milyen is lesz nekem, ha nem tudok rólad hírt kapni.

Itt is rémes, de legalább itthon vagyok, de idegenben, Tőled is elvágva, azt szinte el se tudom hinni.

Elég gondot okozunk Neked, de erre Te is gondolsz biztosan, és akármilyen gyámoltalan is vagyok, Fricikém, de tudod, hogy mindent megteszek majd a gyerekekért, hogy míg odaérsz, semmi bajuk se legyen. Borzasztóan szeretném a gyerekeket autón szállítani, de nem tudom elképzelni, hogy is megy ez manapság, hiszen egyik napról a másikra változik a helyzet. – Nagyon megnyugtat, hogy Julcsa még Veletek van, csak azon aggódom, hogy ne történjék valami baja.

Papa azt mondta, hogy küldjétek le, ha Gonga nem lenne itt, én is szeretném, de az öregek rövidesen nem tudnak majd cselédet tartani és kosztolni is elég egyet. Papa még most se kapott nyugdíjat. Mamának ma volt a születésnapja, odaadtam neki 1000 P[engő]-t, hogy neki magának legyen pénze, mert az öreg bizony most szűken és bosszankodva méri a pénzt neki. Nagyon gondolkozom, hogy hétfőn vagy kedden levágjuk a mi disznónkat, gyönyörűen hízik, de persze még nincs 100 kg és csak húsnak lenne jó.

Még 2 hét, mire valamit elvihetünk belőle, viszont ha elmegyek, anyám nem tarthatja tovább, mert nekik csak egy jár. Tudom, te se látsz előre, de adsz-e még 1-2 hetet itt nekünk? - Ha tudnál erre hamarosan válaszolni, hogy levágjuk-e, nagyon jó lenne, ha így lenne, mint most, a postán is megkapom a leveledet.

23. kép: 1944 körül a révfülöpi Tarnay villánál. A kis Frici Ödi bácsi ölében ül anyánk és nagyanyánk mellett.

A gyerekek elég jól vannak, Istvánhoz elhívtam az orvost, gégehurutja van, tegnap már láztalan volt, de ma megint agyon ugrálta magát és délben lázas volt. Izgat, hogy már 5-ik napja ágyban fekszik, félek, hogy nehéz lesz levegőhöz szoktatni. Holnap nagyon vigyázok rá, de hát a torka dagadt és az bizony lassan szívódik le. Nagyon aranyos kis beteg, aránylag elég nyugodt, akárcsak Te, úgy szereti az orvosságot és egyedül méri magát lelkiismeretesen. Pityi szegény most elég elhagyatott, nem értünk rá vele foglalkozni, és bizony rossz is, a nyugtalanság is hat rá, ma alig bírtam vele. Holnap beszélek Csonkánéval és ha egyszer vagy kétszer is lemegy hozzá, akkor is szeretném, ha legalább a nyomtatott kis abc-t végig venné vele, hogy olvasni tudjon. Talán könnyebben elfoglalja majd magát. Múltkor olyan szépen és nála ritka kitartással egész délelőtt segített nagypapának a pincében, úgyhogy az öregnek le se kellett hajolni. Úgy látszik, a férfimunka jobban imponál neki.

Bár van egy gyengéje a nők között, a Gizike, tegnap fájt a Gizi feje, és nagy fontoskodva hazaszaladt orvosságért és István vitaminját vitte át neki. Most neki is gyomorrontása van, de azért jól edzett és jól is néz ki. Hapsival ugyan egy se mérkőzhetik, dupla tokája van megint és ma este a nagy asztalnál vacsora után volt már, de mindent megevett, amit látott. Szókincsét főleg az ételekkel szaporítja, a tészta, kompót és hasonló gyönyörűségek csak úgy peregnek a nyelvén.

Marsi/Massi/Messi(?) előadást tartott, hogy milyen hálás Neked és mennyit segítettél neki a lejövetelben. Felajánlotta, hogy mint férfi, bármikor rendelkezésünkre áll. Nem szeretném, ha erre kerülne a sor.

Gondolhatod, milyen szomorú szívvel hallgattam, hogy Te másokon hogy segítesz, önzetlenül, mint mindig. Nagy idealistának kell lennie a feleségednek, hogy hinni tudjon abban, hogy a jó Isten ezt a tulajdonságodat egyszer majd méltányolja.

Igaz, tiszta és becsületes a lelkiismeretünk, de a mai csúnya világban olyan önzőek az emberek, halásznak a zavarosban, és olyan egyedülállónak érzem magam köztük. Azt hiszem, Te is, ezért jó lenne minél hamarabb összekerülni, akkor talán mást is könnyebben elviselnék. Megígérted, hogy idejében eljössz Pestről, ebben az ígéretedben bízom, hogy a másokon való segítést és a kötelességet nem viszed egészen addig, hogy magadnak is árts vele.

Tudod, hogy ismerlek és ez nem szemrehányás akar lenni, de M-val kapcsolatban eszembe jutott a különbség, a könnyelmű ember és az olyan fajta között, mint Te, akinek a munka mindig első volt. Majd elválik, melyik megy többre.

De egy biztos, hogy nem cserélnék és nekem mindig az lesz a jó, ahogy Te gondolod.

Azt hallom, már csak menekítéssel foglalkoztok odabent és így remélem, mint ig[azgató]. h[elyettes]-re Rád is kerül a sor hamarosan. Az itteni tétlenség és buta bizonytalanság talán még rosszabb lenne Neked és tudom, még kevésbé bírnád, különösen így egyszerre. A Dunántúl elvágását én is nagyon logikusnak tartanám az orosz részéről és éppen ezért félek is tőle. Remélem, elnököd is igyekszik ezt megelőzni. Szeretném tudni, mi lesz a könyvtárral, Zsuzsit az utolsó percig ott tartják-e, vagy csak a menekítéshez van rá szükség. Azon izgulok, hogy ő talán mégse akkora úr, hogy autóba üljön és úgy menjen le, és így talán nem maradhattok együtt.

Ne haragudj Kisfiam a sok aggodalomért, nincs más dolgom és ezzel szórakozom. Vigyázzatok magatokra, egymásra nagyon, és ha tudtok, írjatok, és jöjjetek le látogatóba legalább. Én most minden nap írok majd, ha csak pár sort is. Ezt Zoltánnal küldöm, ha ő lejön hamarosan, úgy írj Te is vele.

Mindkettőtöket ölel csókol nagyon nagyon szerető

Katid.
November 11.

24. kép: Anyánk és Zsuzsa néni a Tarnay villa verandájáról nézik a Balatont a szőlők felett Révfülöpön.

~~~

1944. nov. 21., „magával nekünk ez mélyen fáj, hogy talán soha se fogjunk újra látni a hazánkat."

Apánk még mindig Budapesten volt, mi pedig Révfülöpön. Az oroszok egyre közeledtek. A veszprémi helyzet kaotikus volt. A bank dolgozói kétségbeesetten rohangáltak vonat vagonokat keresve, hogy elmeneküljenek még az oroszok érkezése előtt. A légvédelmi szirénák és harci repülők hangja visszhangzott a Balaton felett.

~~~

(Folytatás, Tarnay E. Frigyes)

1944 novemberében Magyarország fővárosában, Budapesten a helyzet kritikussá vált. A Vörös Hadsereg a város szélén állomásozott, és aki úgy érezte, akár villamossal is kiruccanhatott a frontvonalra. Budapestnek hét gyönyörű Dunát átszelő hídja volt. A németek mindet aláaknázták készen arra, hogy felrobbantsák, ha a folyó nyugati oldalára kell visszavonulniuk. Nem voltam nyugodt, amikor munkába menet nap mint nap átkeltem ezen hidak egyikén. Akkor sem éreztem magam jobban, amikor egy reggel az egyik bomba véletlenül felrobbant a legnagyobb forgalom kellős közepette, amikor az utak tele voltak villamosokkal, lovaskocsikkal, automobilokkal és gyalogosok százaival, akik mind a jeges Dunába estek. Az egykor oly vidám és gyönyörű Budapest utcáin fegyvereket, tankokat és mindenféle harci felszerelést állítottak csatarendbe, és éjszakánként puskalövések villogását lehetett látni a frontvonalaknál. Mindennek tetejében minden nap és éjszaka az amerikai légierő gépeinek hangja, a légelhárító fegyverek észvesztő ropogása és a bombák robbanása hallatszott.

~~~

Édes Fricikém, Ma reggel kaptam meg a ruhát és leveledet és a paprikát. Nagyon köszönöm a ruhát, bár nem valami jó anyag, de hát tudom, nem volt időtök és még mindezen felül sok pénzbe is került. Tudod, én olyan skót vagyok, hogy egy ilyen drága holmit ha felveszek, mindig az ára jut eszembe, pedig ismersz, hogy magam nem tudok spórolni. Mindenesetre azért jó lesz és nem olyan finom dolog, amire vigyáznom kell, hordhatom bátran.

Hogy vasárnap nem lehettél itt, ez nagyon rossz volt nekem is, de talán egyszer meglesz a hasznunk, hogy Te ennyit gürcöltél és mindig szerény voltál és arra gondolj csak, ha az ember valamit becsületesen megcsinált és mégse használta ki az előnyeit, ott van a tiszta lelkiismeret és ez mindennél többet ér.

Te se lennél nyugodt, ha mint a Marsinak, itt kellett volna lógnod, vagy akár ha

Veszprémben lennél is, ahol csak egy töredék van, aki fej nélkül nem tud mit csinálni. Így legalább, ha valami komoly dolog van, akkor tudsz róla és jogosan kívánhatsz magadnak valamit. Én is csak ezzel tudom magam vigasztalni, más úgyse sok van mostanában az embernek a reménységen kívül.

A vasárnapi bombázást csak messziről hallottuk, szombat délután volt egy rövid, azt jobban éreztük, mert fölöttünk volt egy légicsata.

Azt írtad, a síléceket leküldted, nem tudom, hogyan képzeled, hogy ezt is elvigyük-e, de ha küldtél már ilyet, a gyerekek ródlijait a padlásról is lejuttathatnád. Ha itt hó esik, az még közlekedésnek is jó lenne. Rád bízom, ahogy gondolod a dolgot. Én mégis úgy határoztam, hogy holnap, szerdán leöljük a disznót. Ha tovább itt maradunk, még mindig jó lesz akár a hús, akár az a kevés zsír, ami lesz belőle, ha elmegyünk hamarosan, akkor eltaláltam. Én abban bízom, hogy ilyeneket nem szoktam eltalálni. Mire lejössz szombaton, éppen lesz friss hurka, kolbász. Ottaváéknál lehet füstölni a közelben, így minden egyszerűen megoldódik.

Papa persze ellene van, de ő minden előkészületet hátráltat, mert fél, hogy elmegyünk. Én viszont attól félek, ha ővele és Nélküled kell az izgalmas időket átélni, azt nemigen szeretném és nem is bírnám.

Most az ebédlőben alszanak, egész jól bevált az új módszer, én így tulajdonképpen két szobában lakom felváltva ahogy fűtenek, de délelőtt az én szobám nem olyan nagyon hideg, hogy valamit itt ne csinálhassak, most is itt írok és egész jó. Mamának is jobb, mert reggel dolgozhat a szobájában és papa nem hívogatja be minduntalan. Csak a holmijukat kell még elrendezni.

Tegnap, hogy Zsuzsi elutazott, ágyból kiszaladtam őt felkölteni, de szerencse, hogy felébresztett a fiam Pityi reggel ½ 5-kor, hogy fogpiszkáló kell neki. Dühös voltam persze, de aztán belenyugodtam, mert éppen ideje volt, hogy Zsuzsi felkeljen. A sok öltözetlen rohanásban jól megfáztam, de ma már valamivel jobb és vigyázok is magamra. A gyerekek tegnap nagy szélben, esőben sétáltak és semmi bajuk nem lett, elég edzettek, ha kicsit köhögnek is, de másnapra már jobb.

A jegyekre vonatkozóan csak azt tudom írni, az ottani beszerzésekhez nem értek, de tekintve, hogy Te is ott vagy még, a Te családod jegyeit ott tarthattad volna, főleg a húsjegyeket, mert itt ennek úgyse vesszük hasznát. A többivel is csak csináljatok, amit akartok, itt majd csak beszerzünk valamit. Ezt a húsjegy ügyet megírom Zsuzsinak, talán ő is így gondolja és visszaküldi. Még egy mellényt akartam Julcsának küldeni, de a sietésben itt maradt, majd Veled elküldöm. Nagyon rendes nő és nemcsak a munkájáért, de a sok eszéért és hűségéért is megérdemel mindent. Nekem csak 1 pár cipőre való talpam van már, a másikat elhasználtam Neked a nyáron, ezt könnyű lenne csomagolni és hasznos, bár Boldban azt mondják, nagy zug[kereskedelem] van bőrtalpban és az se rossz. Ennek a tippnek, hogy egyenesen oda kerülnénk, ránk nézve sok előnye lenne, mert Te ott mégis ismerős vagy, még a sváb nyelvüket is érted.

Ugye titokban mindenki, én is, Te is a maradást reméli, de azért veszettül tervezgetünk a jövőre, és magával nekünk ez mélyen fáj, hogy talán soha se fogjunk újra látni a hazánkat.

Nagyon sok szeretettel ölel csókol

Katid

november 21.

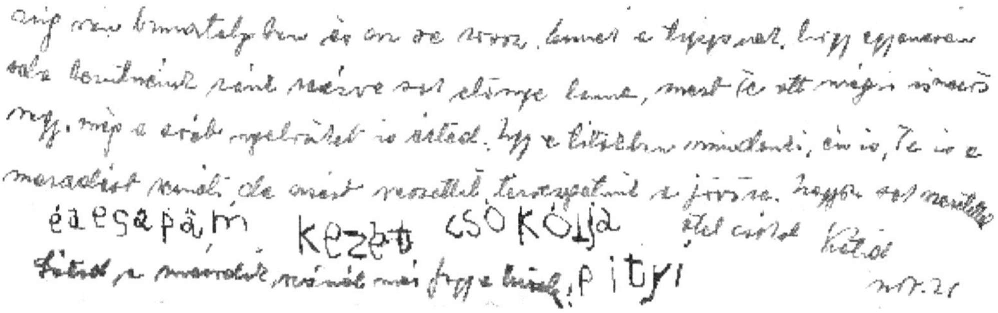

édesapám kezét csókólja pityi
Látod a második szónál már fogy a türelem!

~~~

25. kép: A levél vége a 6 éves kis Frici aláírásával és apjának írt üdvözletével.

1944. nov. 24. „Már belefáradtam az örökös rettegésbe -- Sokat és sötéten beszélgettünk--"

Édes Fricikém, most kaptam meg a cigit Maricától, éppen jókor jött, az utolsó darabokat szívtam, sőt már félnapos pausákat tartottam. Most nem tudom, hogy miért, de sokkal nyugodtabb vagyok, mint azelőtt és ezért sokkal kevesebbet is szívok. Azt hiszem, a hízókúrának érzem az eredményét, egy kicsit felszedtem az utolsó héten.

Semmi különös okom nincs a nagyobb nyugalomra, hacsak az nem, hogy már belefáradtam az örökös rettegésbe.

Ma ugyan Gáléknál is és Maricától is vadul jó híreket hallottam, persze nem a közel, hanem a távol jövőre vonatkozóan. T. Béla tegnap itthon volt, már elvitték őket nyugatra és azt jött megtárgyalni, mit csináljanak.

Sokat és sötéten beszélgettünk tegnap este, hogy átjöttek.

Itt azért nem változott semmi, élünk aúgy, ahogy azelőtt és igyekszem mindent beszerezni, amit csak tudok.

A gyerekek, különösen Pityi cipői és az enyémek szorulnak talpalásra, csacsi voltam, hogy a nyáron az enyémeket nem csináltattam meg. Most már az a suszter bevonult, az itteninek pedig anyagot kellene adni.

Katkót nem tudom, meg tudod-e most találni és főleg van-e rá időd. – Julcsát mama nagyon félti a hidegtől, és esetleg nem tud elég ennivalót kapni; ha hajlandó, talán mégis jó lenne lehozni, mama azt mondja, míg mi itt vagyunk, kibírja ennyi emberrel is és én adok neki meleg ruhát, mert mindenem itt van. Nem tudom, milyen Pesten a helyzet, Te jobban meg tudod ítélni és neki van a legtöbb beleszólása. Nem tudom, tudtál-e neki hócipőt kapni?

Haza már biztos nem mehet, és ha harcok vannak, akkor jobb Pesten, mint otthon náluk. Én családtagnak számítom már őt és amíg meg tudjuk tenni, addig eltartjuk, ha mással nem, koszttal.

István már olyan jól van, hogy holnap még biztonságból fektetem. Pityi holnap kezd tanulni Csekéék és Hilda kislányával hármasban. A társaság nagyon jó és magánúton talán komolyabban veszi. 3 Pengőt kér a nő fejenként óránként, de egyelőre örülök, hogy tanul a gyerek. Várják a levelemet, sietek. Most mégse ölünk, talán jövő héten. Zsuzsiról még semmi hír. Írj Te is, mikor mentek.

A gyerekekkel együtt igen sokszor ölel szerető

Katid
nov. 24.

Kérem Julcsát, nézze meg, otthon van-e varrógépolajam, kapni azt hiszem nem lehet, akkor is csak üveget kell vinni és csak a Singer-féle jó.

~~~

1944. nov. 28. „A sok visszavonuló katona kedvetlen, nincs otthonuk már--- csak sötét és szomorú gondolatok jutnak eszembe.--- "

Édes Fricikém, Megkaptam leveledet, és bár semmi jó nincs benne, mégis megnyugtatott, mert legalább valami hír Rólad. Most már szerencsésen háromfelé vagyunk, csak már Te is legalább Veszprémben lehetnél. Gondolom Laci (Jankovics) lemegy a családjához és az a major egész közel van B-hez, kb. 5 km. Ezt majd vele elintézem, írok Veszprémbe neki, de Neked se rossz közlekedés, hisz más nincs. Talán legközelebb felrakom a biciklidet, hogy ott legyen. Azért szeretnénk mindent odavinni.

Benedek mesélte, hogy tele van lógós katonákkal az út, felkéredzkednek, ittasak és gondolhatod, hogy nem nagy a vagyonbiztonság itt ilyen időben.

Anyámék és Gonga odamennek hozzájuk, ha mi elmentünk és így a holmit is, amit lehet, visznek. – A zsirai kilátás ezek szerint nem nagy, talán Béla tud segíteni, hacsak valami közbe nem jön, de ugye ő nem olyan, hogy maga elfoglalja? Nem is akarom elhinni ezt. De ha ott nincs lehetőség, akkor hova kerülünk, Ancu nem lenne messze, de oda még korai lenne talán, és annyira nem szeretnék Tőled elszakítva lenni. Piriék hova írnak? – A ruha kicsit bosszant, hogy kértem, most már nem segíthetek rajta és talán hasznát is tudom venni, csak a pénz miatt bánt nagyon. Nagyon bánt, hogy Julcsa mégis ott ragadt, Gongának írt ma, hogy nincs télikabátja, és ha ott kell maradni, megfagy, és nagyon vágyik haza, csak még egyszer hazajuthasson. Azt írta, egész nap szaladgál ételért. Tudom, hogy minket nem okol, de engem mégis nagyon bánt, mert olyan hű és jólelkű nő volt és okos is. Mindenesetre próbálj kosztot hozatni arra a pár napra, amíg még ott vagy, hogy agyon ne fárassza magát. Azt gondolom, mégis valahogy elindulhatna talán, hogy legalább együtt legyen az anyjával. De ők nagyon rossz helyen vannak, vigasztald meg ezzel, mert valószínű, hogy csúnya harctérbe kerülnek. Apám mindenáron ide akarja hozni, de P-re majd nem vihetik magukkal. Gondoltam, talán Annus elviheti őt magával, fizetni ugyan nem tudok érte, de Julcsát talán ellátnám ruhával, ágyneművel és azzal rendelkezhetnék. Ő tud varrni, talán nem lenne terhükre. Persze ha elvállalnák. Más kérdés, hogy Julcsa belemegy-e az ilyen kalandos dolgokba, mert innét azután semmi reménye nincs, hogy egyelőre hazajuthat. Ilyen kilátások vannak, mondd el neki úgy, ahogy gondolod, ide mindig jöhet, anyámék megosztják vele, amijük van és én is hagyok itt olyan holmit, amit ő használhat. Ma írok neki külön, beszélj vele, csak azt mondd meg neki, hogy nagyon sokat gondolok rá és meg se tudom hálálni, csak köszönni a hűségét. Nekem nagyon jó, hogy ott maradt, de miatta aggódom, és ha esetleg Lilihez kerül, kérd meg őt, hogy becsüljék meg nagyon. Nincs kedvem, hogy írjak Theának, Lilinek, még Ilonka néninek se, de ha vele beszélnél, mondd meg, hogy sokszor csókolom a kezét.

Mindenkinek megvan a maga gondja, nem ér rá mással törődni. Takácsné is ma határozza el, hogy megy-e vagy marad, férje már nyugaton van és eljött érte, hogy határozzanak. Ha mennek, megpróbálok együtt tartani velük, bár mama azt mondja, nagyon jó lenne, ha Te is jöhetnél, éppen az utak bizonytalansága miatt.

Kedden disznót ölünk, azt hiszem. Katinak ma megmondtam, hogy Te menekülsz Veszprém-be, és ha onnét elvisznek, Veled kell mennem, nem maradhatok anyám nyakán a gyerekekkel. Jól felpakolom majd őt is, legalább itt a szomszédban lesz valaki jóakarónk, vagy akitől hírt tudunk. Nagyon sírt szegényke, különösen Hapsikát siratja, ő volt a kedvenc.

Olyan borzasztó, hogy körülöttünk csak úgy nyüzsög a világ, háború, rémhírek stb. és mi itt még mindig egyedül lakunk.

Még olyan nagy szükség azért nincsen, most is gyönyörű őszi naplementében fűtetlen verandán írom a levelet és bizony egész mást volna kedvem írni ebben a gyönyörű csendes nyugalmas időben, de csak sötét és szomorú gondolatok jutnak eszembe.

Félek a búcsútól, az úttól és az egész jövőtől, de attól is félek, hogy majd a legnagyobb rumliba kerülünk bele, ha túl későn megyünk.

A sok visszavonuló katona kedvetlen, nincs otthonuk már, és sajnos a németek ellen is zúgnak. Vajon ezek mit csinálnak a sok menekült emberrel, számítanak-e rá, tudják-e etetni majd őket? Alisznak nem tudom, szólj-e, ha anyámék elmennek, nem tudják elvinni őt se.

Fricikém, nem gyötörlek tovább aggodalmakkal, egyelőre jól vagyunk, István is javul, remélem egy hét múlva látlak. A maradék bort adjátok a Gödölleiéknek, ha még ott vannak, a ládát jobb, ha náluk hagyjuk, ha maradnak. B-éknek azért mondd meg, hogy mi van az ő pincéjükben. Ha Julis marad, járj ki neki csomó kosztot a bankban, hogy ne éhezzen, és a fát neki add át, hordja inkább a szobájába. Vigyázz rá is, magadra is nagyon.

Nagyon sok szeretettel ölel

Katid.

~~~

1944. november 29. „A rádió most ontja a borzalmakat az oroszokról."

A család még mindig Révfülöpön van. Mindenki csomagol és készül a menekülésre. Ennek ellenére anyánk megpróbált valamit kitalálni, hogy a gyerekeknek mégis legyen karácsonya.

~~~

Édes Fricikém, rettentő késő van már, sokáig kötöttem, de holnap nemigen fogok ráérni és nem is esik jól úgy lefeküdni, hogy neked ne írjak. Ma persze rém rossz a hangulat nálunk, mióta

Pécsett vannak az oroszok, kicsit kezd nagyon közeledni a front. Már a múlt héten, de különösen mióta elmentél, alig foglalkoztam pakolási gondolatokkal, ma azután felrázott a hír és holnap berakom az élelmiszert. Lakónk úgyis felment Pestre, legalább nem zavarok senkit a csomagolással.

Kisebb nagyobb gondjaim közül most az a legnagyobb, hogy el ne késsek, és ha Te írsz vagy jössz, akkor idejében készen legyek. Ne haragudj, hogy múltkori levelemben is kérésekkel terheltelek, ez még az optimizmus hatása volt, ma bezzeg már nem hozakodom elő ilyenekkel.

Innen is elrepült az első fecske.

Takácsék már be vannak csomagolva, tegnap táviratozott az öreg, autót várnak csak és azzal mennek. Holnap leszaladok hozzájuk, hogy megnézzem, hogyan csomagoltak és ha van mit tanulni, hát megszívlelem.

Beajánlottam nekik Maricát, és ha csak lehet, elviszik magukkal Vásárosmiskére, ahol a férje van most jelenleg. Megkapom Takácséktól a tejet, remélem Miklósék küldik azután nekünk, ha ők elmentek. Meg akarom Terust kérni, ha van valami gyerekjátékuk, szívesen átvenném, ők ilyet is lehoztak ide, én úgyse tudok a gyerekeknek mit venni és úgy gondolom, a Mikulást még itt töltjük.

Apám most azzal van elfoglalva, hogy Annust hogyan öltöztesse fel, sajnos álarcot nem hoztam, az Pesten van a karácsonyi holmikkal együtt. Szeretném, ha ez az örömük meglenne még az öregeknek, szegények úgyis nagyon oda vannak, mama elhatározta, ha elmegyünk, marad az ebédlőben, nem bírja a fehér szobát, ahol a gyerekek tanyáztak.

A rádió most ontja a borzalmakat az oroszokról, mama nagyon fél tőlük. Én is rettenetesen sajnálom őket, de semmiféle kiutat nem találok, hogy segíthessek nekik. Azért ha összeszedik az itt maradt holmimat, talán el tudnak belőle éldegélni. Ha itt nem lesz erős hadszíntér, talán a gyerekotthon segít valamit rajtuk, a nyugdíjra úgyse sokáig számíthatnak. Anyám gondol megint arra, hogy Pestre kellett volna mennie, de erről lebeszéltem, azt még kevésbé bírnák anyagilag. Maricának azért majd megmondom ezt mielőtt elmegy a férjéhez, ha esetleg itt maradna ő is, akkor összehozom őt anyámékkal.

Ma beszéltem Csonkánéval, azt mondta, nagyon meg van elégedve Pityivel, tényleg sokat változott a gyerek, mégis az úri gyerekek jó hatással vannak rá. Ma, ahogy hazajött, rögtön leckét írt. Hapsi új szót tanult, rudá = ronda, és ezzel a jelzővel ragozza végig a család összes tagjait, persze a többieknek nagyon tetszik és élvezettel tanítják ilyenekre.

Pityinak már jelezték a Mikulást, és most karácsonyi verset tanít az Istvánnak este, ha eloltom a lámpájukat. Aranyosak voltak, sokat hallgatóztam és szórakoztam rajtuk.

Remélem Kisfiam jól vagy, nagyon várom leveledet és picit remélem, hogy még lejöhetsz „látogatóba" szombaton?

Szörnyű álmos vagyok, nem bírok tovább írni. Nagyon sokszor ölel csókol a gyerekekkel együtt

Katid

Ha tudsz valamit az utazási kilátásokról, írd meg.

Itt küldök egy cédulát, amit Zsuzsi írt fel, hogy Bucitól kéri, azért vitt neki bort, talán Te hamarabb beszélsz vele, add át neki.

<div style="text-align:center">~~~</div>

1944. nov. 29. Ha meglát egy sereg fázós katonát, megitatja őket borral."

Pest romokban volt. A bombázások és Budapest ostroma folytatódott. Apánk a német biztossal, Leopold Schefflerrel volt, aki megbízható információkkal rendelkezett tekintettel arra, hogy közvetlen összeköttetésben állt a németekkel.

Anyánk rá utalt, amikor azt mondta „Boldog vagyok, hogy van valaki, aki megbízható

hírekkel tud szolgálni számodra." Valószínűleg nem írhatta le Scheffler nevét, mert a leveleket közvetítővel küldte.

~~~

Édes Fricikém, Nessivel küldöm ezt a levelet, mostanában olyan szerencsés voltam, mindig vitt Neked valaki személyesen hírt, így hamarabb kapod a levelet. Ma hosszú levelet kaptam Tőled, aminek nagyon meg is örültem, ha nem is jöttél, legalább valamit hallottam Rólad. Örülök, hogy van, akitől jó híreket hallasz. Még így bizonytalanul is jó tudni, hogy hátha még egy ideig itt maradhatok. Tudod ideális volna még így is hidegben és papa idegességével fűszerezve, ha így lehetne.

Ne hidd, hogy nem szeretnék már Veled együtt lenni, de ezzel szemben áll, először is, hogy akkor Pest veszélyben van és esetleg már a mi otthonunk is, másodszor pedig a gyerekek nagyon megéreznék kosztban, nyugalomban és még minden előre nem látott dolgokban, amin így hiába elmélkedünk.

Elég nehéz problémák elé állítja az embert ma az élet, és vigasztalásul igazán csak azt tudja felhozni, hogy vannak mások, akiknek sokkal rosszabb, azt hiszem Nessiék is el vannak keseredve, talán sajnálják, hogy nem ment az Ernő Veszprémbe, de hamar megijedt és leszaladt.

Talán azért is nem vagyok én most olyan nagyon elkeseredve, mert elég hamar megúnok sírni valamin és keresem benne a jót.

Tudod milyen tervezgető vagyok és az ilyenkor hasznos, máskor emlékszel, hogy bosszankodtál rajta, - Már két levelemből kihagytam azt a tippet, hogy beszélj Bornnal a védelem miatt. Marcia hozta fel nekem, hogy miért nem csinálom én is azt. Mindig meg akartam írni, de most olyam rossz írási viszonyok vannak nálunk, hogy a sok rumliban kiment a fejemből. Én is, de főleg mamáék nagyon megörültek neki, papának időnként úgyis félelmi rohamai vannak, ez megnyugtatta nagyon. Ma előadást tartottam az öregnek, hogy mindent lehet akarattal, mint ha sohase hallotta volna, úgy nézett rám. Két nap óta ugyanis egész nap nyafog és panaszkodik, persze semmiért, legfeljebb hogy légó van. Mama minden jajgatására reagál, ezzel rontja el.

Most ajándékozási szenvedélye van, ha meglát egy sereg fázós katonát, megitatja őket borral, már nemsokára ismerik ezt a jó szokását.

Minden jó lenne, csak elég fánk volna. Ma még csak az ebédlőt fűtöttük és d.u. 4 óra van. Én a gyerekekkel a fehér szobában alszom, papa, mama ma hurcolkodtak be az ebédlőbe. Majd holnap délelőtt elválik, hogy milyen ez az új rendszer. Nekem még ott a lehetőség, hogy a kis szobát befűtsem magamnak.

Képzeld hideg fürdőszobában jéghideg vízben mosakszom, csak egy kicsit azt mondogatom magamnak, hogy nincs hideg és máris jó.

István már jól van és mind a hárman nagyon edzettek. Általában csak estefelé van nálunk fűtve. Persze napközben jól felöltöztetem őket. - Pityi tanulása szépen halad, de sajnos a többi mamák, főleg Buci sokallja minden nap lekísérni a gyereket és most csak egy héten háromszor járnak majd. Butaság, mert igazán lehetne iskolaszerűen tanítani. Én megmondtam az okot, hogy azért szeretném, ha az oroszok jönnek úgyse tanul a gyerek és addig legalább végezze el az anyag fontos részét.

Múltkor Cseke elég nyersen beszélt erről velem, de igazán nevetséges volt, azért volt már eleve dühös, mert várnia kellett míg vége az órának. Gondoltam de boldog lennél, ha hivatal helyett szabadságon lennél és a nagy fiadért mehetnél az iskolába. Múltkor az anyós lefogott és kikérdezett, hogy mit csinálunk.

Mondtam hogy oda megyek, ahova helyeznek. Hova? Nyugatra, de hogy? Nem mondta, mindenki marad, és a végén meglóg. Szóval nem hittem neki. Most nagyon unom őket. Látod pletykáztam is egy kicsit, biztosan unod, nem? –

Zsuzsival tegnap jól kibeszéltük magunkat, sokat emlegettük és jól esett egy kicsit hallani a Ti pesti életetekről és emberekről is. Nagyon boldog vagyok, hogy Zsuzsi itt velünk tart, bár talán jobb szerettem volna őt mama mellett, de igaza van, anyám jobban bír az öreggel, ha egyedül van vele. Egy csomó dolgot felírtam neki, azt hittem, általa hamarabb megkapod a megbízásokat. Arra kérlek, tudnál-e a bankból vagy máshonnan ponyvát szerezni az útra. Lehet, hogy már írtam erről, nem tudom. Nagyon sokszor ölel csókol a gyerekekkel együtt szerető

Katid.XI.29

~~~

1944. dec. 1., „Annyira nem tudom el se hinni, pedig az eszem azért rendesen mozog."

Ahogyan az oroszok egyre közeledtek, a városok és falvak lakosságát folyamatosan evakuálták. Az emberek felkészültek a menekülésre. A káosz kellős közepén anyánk levelet ír apánknak, és az egyik fiuk emlékezik erre.

~~~

Édes Fricikém, Most nem tudtam Neked minden nap írni, ezzel a fűtéssel úgy összeszorultunk, csak elveszik az időm, alig találom a helyemet. Sokat lógok ide-oda egész nap.

Mindig új és új gyönyörű elhatározásokkal reggel, de csak múlnak a napok nagyobb eredmény nélkül.

A két pici most náthás, bezártam őket a szobába, talán így hamarabb rendbejönnek. Az élelmiszert szedem most össze, a ruhafélék már annyit voltak pakolva, sokat el is küldtem már, az nem lesz olyan lassú munka.

De azért gondolhatod, ez is olyan vontatottan megy, időnként megijedünk, akkor összerakok valamit, azután megint egy kis szünet, míg újabb ijedség nem jön.

Tegnap Bogláron kidobolták az önkéntes kiürítést a polgári lakosságnak. El tudom képzelni, hogy Somogyot is úgy lerohanják, mint az Alföldet és akkor már igazán itt se lehet lenni.

Tegnap este bizony nagyon megijedtem, azért, hogy esetleg itt hamarabb itt lesz az orosz, mint Pesten és majd nem tudok Veled találkozni.

Ma már egyet aludtam rá és most már jobb, de azért tegnap este felhívtuk Zsuzsit, üzentem neki, ma pedig beszéltem is vele. Főleg papa mama izgul nagyon, mi most már kirepülünk, de most, hogy közelednek az oroszok, ők nagyon félnek itt maradni. Amiatt kicsit én is nyugtalan vagyok. Hogyha Annust elküldik, tulajdonképpen csak 3 tehetetlen öreg marad itt, ismerős nélkül, még jóformán beszerezni se igen tudnak semmit.

Apám most azon siránkozik, miért is nem adta el a bort, és ha volna 10-15.000 pengője, akkor most felmehetne Pestre, ott mégis több magafajta ember van, talán nyugdíjat is kapna könnyebben, mint itt. Anyám azt mondja, megölnék a disznót, megrakodnának élelemmel, és ott lenne Julcsa, aki gondjukat viselné. Én nem mondom, ötletnek nem rossz, itt azért féltem őket, mert sok az ellenségük, főleg az öregnek, de hát egy hónapos pesti ostromot se bírna ki, akkor már itt biztos nem tart annyi ideig. Kláriékhoz csak a legnagyobb bajban mennének el. Tudod, azt hiszem ez olyan természetes érzés, ha mi elmegyünk, ők cél nélkül egyszerre nagyon tehetetlennek érzik magukat. Nekünk se sokkal jobb, de hát ezen segíteni nem tudunk.

Azzal nem merem őket vigasztalni, hogy céljuk legyen, hát próbáljanak meg vigyázni mindenre, hogy ha visszajövünk, legyen mit kezdeni.

Tudod, akkor papa azt képzeli be, hogy azért nem visszük, hogy itt megmentsenek valamit. Végeredményben úgyis ezt fogják csinálni és más céljuk úgyse lehet, mint ez és hogy magukra vigyázzanak. – Nem elmélkedem tovább ezen, Te is tudod, és úgyse használ.

Én olyan furcsán vagyok, amennyire eddig mindent elképzeltem, ami rossz és nehéz lesz.

Most annyira nem tudom el se hinni, pedig az eszem azért rendesen mozog.

Nagyon is megbarátkoztam az elválás gondolatával és egész fásult hülyeségben élek.

Nagyon jól esett volna, ha le tudsz jönni hozzánk megint, de Zsuzsi mondta, hogy nem tudsz most szabadulni. Még nem kaptam Tőled levelet, de remélem, jól vagy, amennyire már mostanában lehet.

Gyáva vagyok, hogy nem megyek fel Hozzád, de féltem itt a gyerekeket egyedül.

Mamáék olyan izgatottak lennének, most már ezt a pár hetet kibírjuk talán, és ha muszáj, többet is. Nagyon szeretnék valami újságot hallani. Azt hiszem azonban, hogy Ti se tudtok sokkal többet és főleg semmi biztosat. – A lakást senki se keresi, de nem is baj, legalább nem telik az idő idegenekkel.

Takácsétól kaptam egy csomó játékot a gyerekeknek, ezt majd meghozza a Mikulás.

– Pityi nagyon jópofa volt tegnap, elfelejtette a verset megtanulni és csak az ágyban jött rá, de persze nem találta meg a könyvében. Mondtam, hogy mondja meg, elfelejtette, akkor nem fog talán nagyon kikapni. „De én mást akarok mondani, hogy ki ne kapjak" mondta és nagyon drukkolt. A legjobb úton halad a stréberség felé, azt hiszem, ez Zoltánka hatása. Ma azután én vittem be, hogy kimosom őt, nagyon izgult és korán akart menni, mikor a tanítónéni még nem is öltözött fel, hogy addigra megtanulja. De találkoztunk Zoltánkával és mire kétszer elmondta a verset, Pityi már tudta is. Nagyon boldog volt a kölyök, de nem bántam, hogy izgult egy kicsit. Már az írott betűket tanulják, ez nem megy olyan könnyen, különösen, hogy össze kell kapcsolni a betűket. A számtanba már egészen belejön és szereti is. A többiek most nagyon csintalanok, hogy egész nap be vannak zárva. Estefelé már csupa folt mindegyik, úgy összeverik rúgják egymást.

Istvánon sokat nevettünk tegnap, széket akart a Pityihez vágni, mire egyet elvettünk tőle, már repült a másik.

Valamiért nagyon dühös volt, mindenkire azt mondta „utálatosz, londa" [utálatos, ronda] mama, Gonga/Gruga(?) Kati, szóval az egész ház, és a végén egyszer csak megszólal „de a Juiszkára nem szabad szemmit mondani, ő csak azt szeleti" [a Juliskára nem szabad semmit mondani, ő csak azt szereti].

Mondd el Julcsának, hogy ő milyen nagy becsben van Istvánnál, ez igazán furcsa, pedig olyan régen nem látta már.

Maricával már régen nem beszéltem, kb. [körülbelül] 3 napja, nem tudom, kapott-e szenet, megjött-e az anyósa. Ma üzenek majd neki, mert unok elmenni hazulról ma, még pakolnom is kell egy sort. Zsuzsival is üzentem, hogy a török kávédarálót hozd majd el Pestről, kis helyen elfér, malátát is kell a gyerekeknek darálnom vele.

Zsuzsi megnyugtatott, hogy biztos fogunk találkozni Veled, ezt én is remélem, különben nem is tudnék hinni semmiben.

Ha együtt leszünk, akkor pedig már nem félek semmitől, legfeljebb egy picit Tőled, de majd újra megszokjuk egymást.

Ha arra gondolok, hogy mind együtt leszünk a gyerekekkel, nem is tudom, hogy mi lehet akkor a rossz. Most, hogy 2 napra lent voltál, jöttem rá, hogy ezért voltam mindig tele panasszal mostanában, mert Te nem voltál mellettem és olyan ágrólszakadtnak éreztem magunkat.

Ha gondolod, hogy anyámék pesti utazásának van értelme és meg lehet valósítani, fuvar és tüzelő szempontjából is, írj róla, ha nem, akkor is,

legalább megnyugodnak, ha úgyis csak az itt maradás van és nem lehet választani. A gyerekekkel együtt sokszor ölel csókol

Katid

Révfülöpről

1944. dec.

1944. dec. 3. „Az oroszok beleszorulnak a vízbe!"

Az oroszok egyre közelebb értek Révfülöphöz. Azzal fenyegettek, hogy körbevesznek minket, elvágva ezzel a Veszprémbe vezető menekülési- és az apánkhoz vezető budapesti utat.

Elérkezett az idő, hogy elhagyjuk Révfülöpöt és Veszprémbe menjünk. Anyánk megmutatta, milyen erős tud lenni. Átvette az irányítást, míg mindenki más kábultan ődöngött. Azt mutatta, hogy bármire képes. Ezt a vasakaratát apám ismerte és azt is tudta, hogy amíg ő távol van, anyám képes kezelni a háború adta helyzetet három gyerekkel és a nagyszülőkkel.

Apánknak a német tiszttel kellett lennie, és tudta, hogy meg tudja menteni az aranyat és a dolgozókat az oroszoktól. Apánk a munkájának elkötelezett híve volt annak ellenére, hogy a náci Nyilaskeresztes Párt hatalom átvételekor október 15-én ki akart lépni.

Anyánk levelét valószínűleg sohasem küldték el, mivel Veszprémbe való december 6-i menekülésünk előtt 3 nappal íródott.

~~~

Kisfiam, most beszélt apám kaposvári menekültekkel, már ott vannak az oroszok, nem gondolod, hogy menjek be Veszprémbe, csomaggal, gyerekekkel, mert majd elvágnak bennünket és mégse tudunk összeérni.

Ti ott Pesten talán később tudjátok meg ezeket a dolgokat, mégis csak bizonytalan érzés a túlsó oldalról nézni a felvonulást, itt a műút, az oroszok elég gyorsan meg is kerülhetnek bennünket.

Én már mennék szívesen, ma pakolok, mint egy gőzgép! ---oroszok beleszorulnak a vízbe --

Mégis jó lenne, ha lejönnél vagy küldenél valamilyen értesítést. A túlsó partot úgyse tartja senki, hiszen beleszorulnak a vízbe és az bizony nem valószínű, hogy engedik magukat. Írj vagy jöjj minél hamarabb.

~~~

A szomorúság csontjainkig hatolt

Írta Tarnay B. Frici

....Egyik nap egy magas SS parancsnok jelent meg az ajtónkban Révfülöpön és közölte (udvariasan, amikor észlelte, hogy folyékonyan beszélünk németül) hogy az autónkat „kölcsön" kell adnunk a német hadsereg részére egy rövid időre. A mai napig emlékszem fényes csizmáira és kifogástalan egyenruhájára.

Elvitték a kabriót ahogy emlékszem, mivel abban az időben a másik autó Budapesten volt a Banknál. Az ígéretet betartották, mivel az autót egy hónappal később igen jó állapotban visszaszolgáltatták; de ahogyan a helyzet rosszabbra fordult, pár hónappal később újból „kölcsönkérték" és ezúttal sohasem adták vissza. Ekkor 1944-et írtunk és nemsokára csomagolnunk kellett az induláshoz. Apánk már a Banknál dolgozott a Kincstár Veszprémbe való költöztetésén. Néha az éjszaka közepén holtfáradtan betoppant és segített csomagolni. Veszprém mindössze pár kilométerre van Révfülöptől.

Elhatároztuk, hogy a családi kincsek egy részét elássuk, leginkább az ezüstöt a melléképület mellé. Anya és Zsuzsi később kiásták, mielőtt Zsuzsi eladta volna a házat; azt hiszem mindnyájan őrzünk egy-egy darabot a készletből. Az ezüst megmaradt, de a kések éle nem rozsdamentes volt, így azok teljesen elrozsdásodtak. A kanalak, kések és villák nyelén mind ott állt a gravírozott T kezdőbetű a Tótthra utalva, mivel az ezüst nagyanyánk családjáé volt.

Azután mindenki csomagolni kezdett. Mindent összepakoltunk Budapestről - ahol még mindig ott volt a holmink nagy része - és mindent Révfülöpről is. Nem tudom hogyan csinálták, de sem én, sem a testvéreim nem voltunk útban. Minden MNB-s család ugyanezt tette; az összes holmit összecsomagolták és felpakolták a vonatra. Készen álltunk, és csak vártuk, hogy mikor, vagy vajon a szovjet kommunisták előrejutnak-e annyira, hogy átvegyék a hatalmat az országunk, az otthonaink és a szabadságunk felett.

Egész nap a rádiót hallgattuk sápadt arccal; ez az, amire a leginkább emlékszem. Hideg volt, a tél már a nyakunkon volt, és a szomorúság a csontjainkig hatolt.

~~~

1944. dec. 5. Elérni sürgős dolgokat--

Ezen MNB utasítás feljegyzését Jankovics László igazgató írta kórházi ágyából Budapesten, ahol éppen betegségből lábadozott. A feljegyzést azután írta, hogy megkapta a Bank dolgozóinak levelét Veszprémből, melyben tájékoztatják az oroszok gyors előretöréséről, mely feltétlenül szükségessé tette a Bank biztonságosabb helyre költöztetését a határon túlra, Ausztriába.

Jankovics fontos feladatokat bízott Fricire, különös tekintettel a német biztossal, Leopold Schefflerrel kapcsolatban. Megbízták, hogy szervezze meg és bonyolítsa le a nemzeti kincsek, a Bank dolgozóinak és családtagjainak evakuálását. Jankovics Fricit jelölte ki a Veszprémből Spital am Phyrnbe való költözés vezetőjeként.

Ez az okmány az egyik legfontosabb a MNB aranykészlete megmentésének bonyodalmas történetében. Ez hivatalosan megalapozta és bizonyítja apánk és Leopold Scheffler szerepét a történtekben.

[Megjegyzés: a számozás megegyezik az eredetivel, a célja ismeretlen. Szerk.]

~~~

Kivonat.

Budapest 12-5 44

az egész vonat Veszprémből

1944   12-8-44 elindult – 50 vagon

Sürgős tennivalók:
1./ Pro memoria elkészítése.
2./ Tornay Edgár és Tarnay Frigyes igh-ek [igazgatóhelyettesek] egymást állandóan informálva és egymással cooperálva tegyék meg a lépéseket, még pedig Tornay Edgár Magyarossy kormánybiztos, Tarnay Frigyes Scheffler útján a német követséggel. A Pro memoriát az elnök úr fogja a Nemzetvezető útján a Külügyminiszter úrhoz juttatni a szükséges diplomáciai lépés megtétele végett, azonban ezt megelőzően is a leggyorsabb tempóval kell az előbb említett két vonalon a tárgyalásokat lefolytatni.
3./ Fazekas igazgató Porer igazgató útján érdeklődjék a szükséges vagonoknak a MÁV útján való előállítási lehetőségéről, ugyanekkor Tarnay Frigyes igh. német vonalon igyekezzék ezt oly módon tárgyalni, hogy a vagonok esetleg már 24 órán belül berakodásra előállíthatók legyenek. ad 5/c A magam részéről a Pénzügyminiszter mellé összekötőnek gondolnám elsősorban Tarnay Frigyes igh.-t és kérem őt, tegye meggondolás tárgyává, nem kellene-e az egész Bankosztályt Sopronba telepíteni.

13./ Salamon főellenőr urat kérem, hogy az első összeállításába feltétlenül vegye fel a menekítendő családtagokat. Tarnay Frigyes igh. legyen szíves megbeszélni Schefflerrel, hogy a családtagokat nem volna-e lehetséges már most azonnal kiküldeni, ebben az esetben Salamon fe. [főellenőr] tűnődjék azon, hogy a szállítás miként lenne lebonyolítható, tehát abból a szempontból is igen sürgős úgy a magyar, mint a német vonalon az első 50 vagonos zárt szerelvény megszerzése.

14./ Tarnay Frigyes gondolkozzék, hogy mily pénznemben kapják ki az áttelepülők illetményeiket.

18./ Kérem Tarnay Frigyes igh.-t, beszélje meg Schefflerrel, miként lehetne biztosítani egy abszolút intézkedési joggal felruházott pártembert mint összekötőt Vorauban. Tekintettel arra, hogy a Gauleiter Hitler alá tartozik, tekintettel arra, hogy 80 km onnan Graz és ott székel, kellene, hogy állandó megbízottja tartózkodjék nálunk, akinek az ellátásáról stb. a Bank gondoskodna.

19./ Tarnay Frigyes igh. beszéljen Schefflerrel, nem lehetne-e részünkre megfelelő szállodát kapni Vorau helyett.

Budapest, 1944. december 5.

Jankovics v. ig. utasításai. Diktálta Budapesten, OTBA szanatóriumban, Tornay igh. Mészáros Zoltán f. és Salamon László fe. jelenlétében.

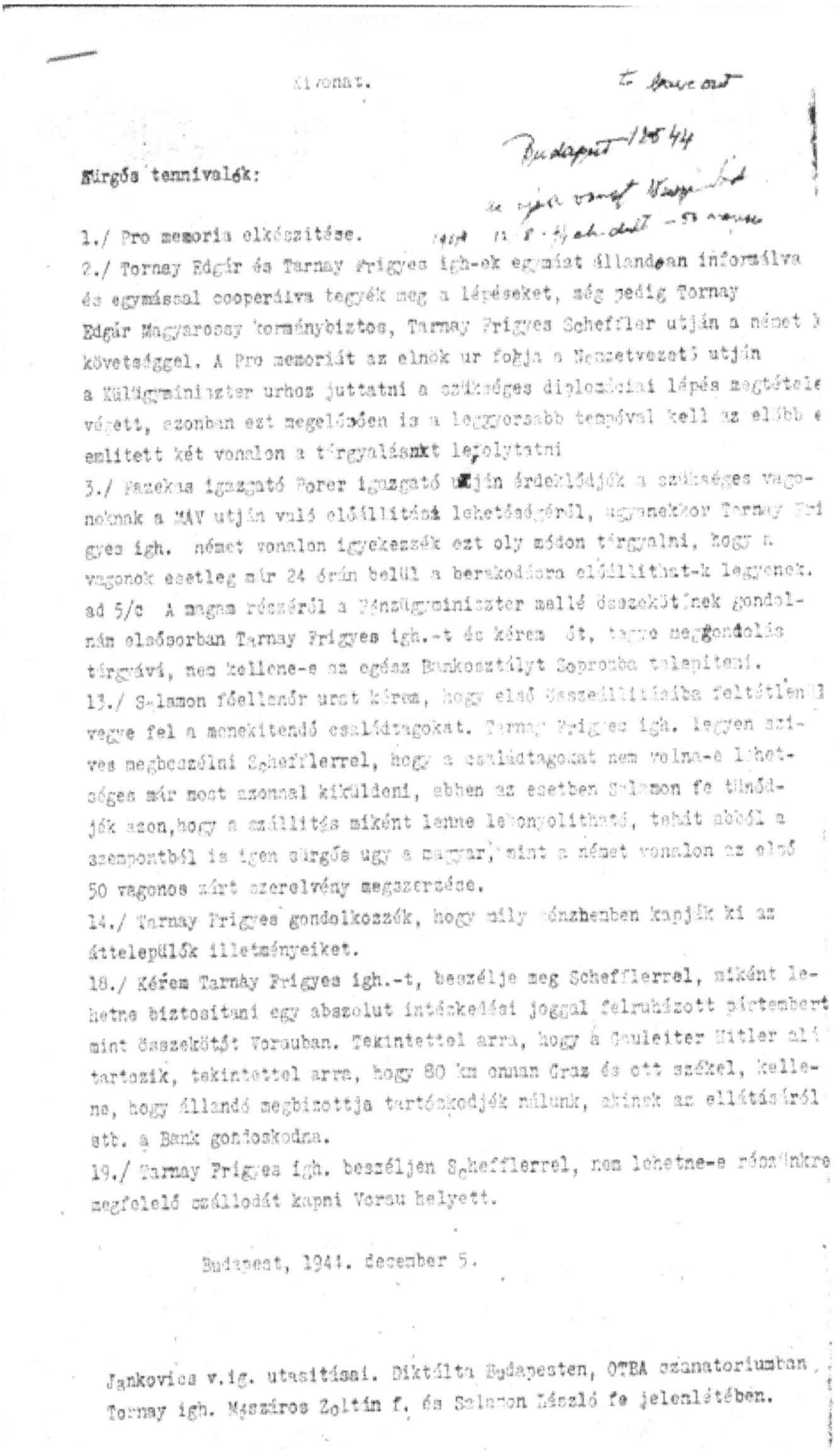

Kivonat.

Sürgős tennivalók:

1./ Pro memoria elkészítése.

2./ Tornay Edgár és Tarnay Frigyes igh-ek egymást állandóan informálva és egymással cooperálva tegyék meg a lépéseket, még pedig Tornay Edgár Magyarossy kormánybiztos, Tarnay Frigyes Scheffler utján a német követséggel. A Pro memoriát az elnök ur fogja a Nemzetvezető utján a Külügyminiszter urhoz juttatni a szükséges diplomáciai lépés megtétele végett, azonban ezt megelőzően is a leggyorsabb tempóval kell az előbb emlitett két vonalon a tárgyalásunkt lefolytatni

3./ Fazekas igazgató Forer igazgató utján érdeklődjék a szükséges vagonoknak a MÁV utján való előállitása lehetőségéről, ugyanekkor Tarnay Frigyes igh. német vonalon igyekezzék ezt oly módon tárgyalni, hogy a vagonok esetleg már 24 órán belül a berakodásra előállithatók legyenek.

ad 5/c A magam részéről a Pénzügyminiszter mellé összekötnek gondolnám elsősorban Tarnay Frigyes igh.-t és kérem őt, tegye megfontolás tárgyává, nem kellene-e az egész Bankosztályt Sopronba telepiteni.

13./ Salamon főellenőr urat kérem, hogy első összeállitásába feltétlenül vegye fel a menekitendő családtagokat. Tarnay Frigyes igh. legyen szives megbeszélni Schefflerrel, hogy a családtagokat nem volna-e lehetséges már most azonnal kiküldeni, ebben az esetben Salamon fe tünődjék azon, hogy a szállitás miként lenne lebonyolithető, tehát abból a szempontból is igen sürgős ugy a magyar, mint a német vonalon az első 50 vagonos zárt szerelvény megszerzése.

14./ Tarnay Frigyes gondolkozzék, hogy mily pénzhenben kapják ki az áttelepülők illetményeiket.

18./ Kérem Tarnay Frigyes igh.-t, beszélje meg Schefflerrel, miként lehetne biztositani egy abszolut intézkedési joggal felruházott pictembert mint összekötőt Vorauban. Tekintettel arra, hogy á Gauleiter Hitler ali tartozik, tekintettel arra, hogy 80 km onnan Graz és ott székel, kellene, hogy állandó megbizottja tartózkodjék nálunk, akinek az ellátásáról stb. a Bank gondoskodna.

19./ Tarnay Frigyes igh. beszéljen Schefflerrel, nem lehetne-e részünkre megfelelő szállodát kapni Vorau helyett.

Budapest, 1944. december 5.

Jankovics v.ig. utasitásai. Diktálta Budapesten, OTBA szanatoriumban, Tornay igh. Mészáros Zoltán f. és Salamon László fe jelenlétében.

26. kép: Jankovics László MNB igazgató eredeti levele

~~~

(Folytatás, Tarnay E. Frigyes)

1944. december 5-én hagytuk el Budapestet egy automobilokból álló konvojt alkotva és megpróbáltunk a főúton Veszprémbe jutni. Nem volt szerencsénk. Az út már le volt zárva, az oroszok fegyveresen őrizték, ezért a mellék- és földutakat kellett használnunk, amelyek tömve voltak menekülőkkel és visszavonuló német egységekkel. A sofőr nehéz tapasztalatokkal lett gazdagabb. Az út igen próbára tette képességeit. Képzeljünk el egy forgalmi dugót a saras földúton, amelyet tankok és nehéz harci járművek túrtak fel, és amely tömve van a járművek legkülönbözőbb fajtáival, a talicskától az ökrös szekéren át Tigris tankokig.

Amikor végre megérkeztünk Veszprémbe, csak néhány napunk volt, hogy új irodáinkba berendezkedjünk. A katonai helyzet olyan veszélyessé vált, hogy a Balaton partjánál lévő falvakban és településeken elhelyezett dolgozói családokat teherautók hordták az óvóhelyünkre, hogy készen álljanak a Bankkal együtt a továbbindulásra, amennyiben az oroszok keresztültörnének a fővároson.

2. fejezet

„Mennünk kell"

Veszprém és Fertőboz
1944. december 6.

Majdnem az összes vasútvonalat német katonai ellenőrzés alá vonták. Leopold Scheffler a német biztos volt az egyetlen, aki tekintélye okán vagonokat igényelhetett a Bank részére. A bank dolgozói éjjel-nappal a vagonokat pakolták és Veszprém leginkább egy olyan tyúkólra hasonlított, amelybe beszabadult egy róka.

Családunk is megérkezett Révfülöpről, és felszállt a Veszprémet december 8-án elhagyó vonatra. Amikor végül a vonat elhagyta Veszprémet, cikcakkban haladt végig a vidéken éjjel, hogy elkerülje az ellenség vizslatását.

~~~

„Feszülten figyeltem a rádióra"
Írta Tarnay B. Frigyes

Emlékszem az utolsó napra; a nappaliban gyűltünk össze és én feszülten figyeltem minden egyes hírmorzsára, amit a rádió bemondott vagy megismételt, amiről biztosan tudom, hogy cseppet sem segített. Kora délelőtt volt és nagypapa végül csak ennyit mondott „mennünk kell". Sápadtan és könnyek között vettünk búcsút nagyszüleinktől. Az MNB-s teherautó értünk jött és felvett mindent, amit csak magunkkal tudtunk vinni. Zsuzsi szintén eljött segíteni, majd később valahogy visszament. Az utak zsúfoltak voltak, nem tudom pontosan miért, de azt hiszem, mindenki az osztrák határ felé tartott. A teherautó árokba csúszott ahogyan próbálta kikerülni a forgalmat, de szerencsére nem állt fejre. A következő amire emlékszem, ahogyan az egyik vagonban ülünk, anyánk pedig a lószőr matracokat az aranyrudakkal teli dobozok tetejére pakolja..

~~~

1944. dec. 6., „Nagyon nehéz szívvel hagytam ott anyámékat."

Édes Fricikém! Itt vagyunk Veszprémben, szerencsésen minden nagyobb baj nélkül érkeztünk meg. Elég komisz volt már Fülöpön, és teljesen útrakészen álltam, hogy indulok, mikor Zsuzsi megérkezett.

Nagyon nehéz szívvel hagytam ott anyámékat, de tudod most még minden él bennem, ami Fülöpön volt, tegnap este búcsúztam el tőlük, mert ma már annyi dolgunk volt, hogy nem értünk rá beszélni.

Megérkezett Annusnak az apja, az öreg Szegedi már ott lakik, ők mind segítettek nekünk csomagot kihordani, kötözni. Úgy tele volt a ház jó emberekkel, hogy kicsit megnyugodtam, pillanatnyilag nincsenek mamáék egyedül. Mama is nagyon csomagol, az öreg éjjel ássa a gödröket és elvégez minden nehéz munkát. Annus kijelentette, hogy addig marad, amíg csak lehet, és úgy egyeztek meg, hogy ha kiürítik Fülöpöt, Annus hazamegy és az apja másnap Pulán keresztül jön Benedekékkel hosszú szekéren mamáékért. Ott addig maradnak, amíg lehet, azután visszamennek, ha tudnak Fülöpre, de hát ez még elég sokszor meg fog változni, azt hiszem.

Igyekeztünk őket és általában mindenkit bőven ellátni pénzzel, öreg Szegedi büszkén hordja a kabátodat és adtam neki egy-egy fehérneműt is. Ő is anyámékkal akar menni, hát nem tudom, hogy oldják majd meg. Most mindenki igyekszik valakihez hozzáragadni, nem tudom, mi lesz ennek a vége.

Fricikém, ma kaptam Julcsától egy kétségbeesett levelet, hogy nem marad tovább ott, nem akar senkihez se tartozni, sem Fanni néniékhez, se Benedekékhez, inkább kimegy az utcára, de nem bírja így.

Fricikém, nekem elsőrendű kötelességem, hogy Juliskáról gondoskodjam és írtam is mindig, hogy hagyjon ott ennivalót magának és a tüzelő is az övé legyen. Nálunk bizony elég komisz világ van, anyámék talán már holnap vagy holnapután mennek.

Három nap óta csak ágyúszót hallani, éjjel-nappal zörögnek az ablakok. Örülnék neki, ha mi már holnap indulnánk, így is elég utolsó perc.

Ha ma Zsuzsi nem jön, én már délutánra fogadtam egy kocsit Puláig, onnan pedig Benedek hozott volna el. Igyekeztem amit lehet elhozni, amit írtál, hogy hozzak, vödör stb. már be is volt csomagolva. Az az érzésem, hogy már csak Vorauban látlak, csak arra kérlek, nagyon vigyázz magadra és el ne késs az utazással. A gyerekekre majd én vigyázok, szerencsére úgy tudom, Zsuzsi is Vorauba van beosztva, így mégis lesz segítségem, mert hiv[atali]. dolog most úgy sincsen. Örülök, hogy hamar indulunk, csak igaz legyen, ha egyszer menni kell, akkor minél hamarabb, hogy ne legyen a gyerekekkel akkora rumli.

Jól vannak nagyon, jól is bírták az utat. Pityi élvezi az újdonságot, de Istvánka egész idő alatt azt mondta, mama, ide ne jöjjünk többet, és este, mikor lefeküdt, a nadmama [nagymama] mellé akart feküdni. Ő az egyetlen, aki tudja és érzi, hogy mi történik vele, mert nem olyan szórakozott mint Pityi. Hapsi is a Katiért kiabált, mikor elaltattam őket.

Édes Kisfiam, nagyon kérlek, intézd el Juliskát, én is írok neki pár sort feleletül, mást nem tudok, mint hogy menjen el mamához lakni, ha független akar lenni. Nem vagyok ideges, még a brómkészletet is apának hagytam.

Tudom, mi vár rám és bátran nézek is elébe, sőt a legnehezebb körülményekre gondolok és talán mégse lesz olyan rossz ott. Ha együtt leszünk, semmi esetre se lehet rossz, az biztos, mert nekem igényem nincs és nyugodt lehetsz, kijövök az emberekkel is.

Ölel csókol nagyon szerető

Katid

Légy szíves lásd el Julcsát valami pénzzel, ha eljössz.

~~~

1944. december 9.
Tarnay E. Frigyes

1944. december 9-én a rossz hír, amely szerint a Vörös Hadsereg elérte a Balatont és kevesebb, mint 25 km-re van a fővárostól hozzánk is elért. Kitört a pánik. Az arany és az egyéb értéktárgyak a pincékben voltak, és egyetlen alkalmas teherautó vagy vasúti kocsi sem állt rendelkezésünkre az elszállításukra. Mindenáron vasúti kocsit kellett szereznünk, ha el akartuk hagyni a veszélyzónát. Minden erőfeszítés, hogy az Állami Vasutaktól és Magyar Vasúti Központtól szerezzünk vagont teljesen reménytelen volt, mivel az összes vasúti vonal a német hadsereg ellenőrzése alatt állt.

Azt kell mondanom, hogy szerencse, hogy a Banknak volt egy, a német kormány által delegált német tisztje, aki felügyelte a banki műveleteket az ország német megszállása óta. Tájékoztattam őt a helyzetről és néhány órán belül megkezdhettünk egy személy- és hét tehervagon megpakolását.

Azon az éjszakán a Bank összes dolgozója lázasan rakodták a kocsikat, hogy olyan gyorsan elhagyják a várost, amilyen gyorsan csak lehet. 32 tonna aranyat 33 millió dollár értékben, 50 kg-ot nyomó fadobozokba rakva három, egyenként 15 tonnát nyomó egyszerű tehervagon padlójára helyeztek el. A kocsik teherbírása 40 ember vagy 6 ló volt, mivel azonban az arany meglehetősen nehéz, még mindig rengeteg hely maradt a 2 őr és családjaik számára, hogy ezen a hihetetlenül értékes padlón lakjanak két hosszú téli hónapon keresztül.

A nőket és a gyerekeket a személyvagonba préselték. A vonat végül éjfélkor hagyta el a várost százmilliónyi dollár értékű rakománnyal, kétségbeesett, síró nőkkel és gyerekekkel azzal az utasítással, hogy olyan közel húzódjanak a nyugati határhoz, amilyen közel csak tudnak, de további utasításig ne lépjék azt át.

~~~

A bizonytalan célállomású úton az értékek biztosítására a Királyi Magyar Csendőrség egyik egységét vezérelték ki. A férfiaknak maradniuk kellett megtölteni a kocsikat, amelyeket az elkövetkezendő napokban vártunk a németektől. Az ország vasúti vagonok szűkében volt, így bármilyennel be kellett érnünk, legyen az nyitott vagy zárt teherkocsi. Példának okáért 100 tonna ezüst kincstári rudat kellett felpakolnunk 7 nyitott tetejű kocsiba, mintha csak szenet szállítanának.

Szerencsére az orosz előrenyomulást megállították és a német ellenhadművelet visszaverte őket Veszprémtől biztonságos távolságba.

Egyik nap még üzleti ügyben vissza szerettem volna menni Budapestre, de úgy 30 kilométer vezetés után 3 orosz harci gép jelent meg az autónk felett és tüzelni kezdtek. Egy pillanat alatt az út mentén lévő csalitosba hajtottam. Az egyik lövedék nem messze tőlem csapódott be, de amikor folyamatosan tüzelve továbbrepültek vettem csak észre, hogy valódi célpontjuk egy kis falu vasútállomásán állomásozó német tankokat szállító vonat volt.

A gépek a vonat felett köröztek folyamatosan tüzelve. Mindezt zavartalanul tették, mivel a németek sem a levegőből, sem a földről nem reagáltak. Egyetlen kocsit vagy tankot sem találtak el, azonban a környékbeli falu több háza is lángra gyulladt a lövedékektől. Minden bizonnyal meglehetősen gyenge pilóták és lövészek voltak. Ez az incidens és a Budapest irányából visszafelé tartó sofőröktől szerzett információim tervem feladására késztettek, így visszatértem Veszprémbe.

A német ellenhadműveletnek köszönhetően elegendő időt nyertünk arra, hogy mindent, amit magunkkal szerettünk volna vinni, elrakjunk. Egymás után körülbelül 80 kocsit rakodtunk meg és kapcsoltunk össze egyetlen vonattá a Fertő-tó és Sopron mellett, a nyugati határnál fekvő Fertőboznak nevezett kis állomáson.

Körülbelül 500 ember élt ezen a vonaton – beleértve a családomat is – a két hideg téli hónap folyamán.

1944. december, a Szellem-vonat

    1944. decemberének elején, amikor az oroszok villámgyorsasággal nyomultak előre, az MNB elhatározta, hogy az összes banki tevékenységet Veszprémből Sopronba helyezi át, ami mindössze néhány kilométerre volt a fertőbozi vasútállomástól, ahol a vonat határátlépésre várakozott.
    Apánk és anyánk a helyzet veszélyessége miatt csak néhány levelet váltott ezen időszak alatt. A vonatnak és az embereknek szinte láthatatlanná kellett válnia....mint egy Szellem-vonatnak. Modern kommunikáció ekkoriban még nem létezett, így a családok elszigetelten éltek. Az állandó légiriadók miatt pedig az erdőben bujkáltak.

~~~

1944. december 10. „Árkokban és bokrokban kellett elrejtőzniük"

Tarnay E. Frigyes

A legnagyobb problémát mégis az jelentette, hogy biztonságos helyet kellett találni ennek az egyszerű tehervagonokban elhelyezett felbecsülhetetlen kincsnek, amely ki volt téve az amerikai légierő mindennapos légitámadásainak. Észre kellett venni, hogy ezeknek a légi támadásoknak a célja a stratégiailag fontos vasúti vonalak, hidak és főutak német utánpótlástól való elvágása volt. Éppen ezért a vasútállomás a lehető legrosszabb hely volt értékeink és családunk elhelyezésére.

Minden egyes légitámadáskor a nőknek és gyerekeknek el kellett hagyniuk a vonatot, és az árkokban és bokrokban elrejtőzniük olyan messze, amennyire csak volt idejük elfutni. A másik ok, amiért olyan gyorsan el kellett hagyni az állomást amilyen gyorsan csak lehetett az volt, hogy az állomásnak csak egy mosdója és egy kútja volt 500 ember részére. A higiéniai körülmények egyszerűen tűrhetetlenné váltak.

Tudtuk, hogy nemsokára valahova Németországba kell továbbmennünk, mivel kétség sem volt afelől, hogy a Vörös Hadsereg hamar el fogja Magyarországot foglalni.

Kitartóan ragaszkodtunk ahhoz az elképzeléshez, hogy a kincsek, a dolgozók és azok családjai egymástól elválaszthatatlanok, és egy oszthatatlan testet alkotnak, amelyben a családok védőfalat alkotnak az arany és a kincsek körül.

Ennek érdekében elsődleges célunk egy olyan hely felkutatása volt, ahol a kincsek és a személyzet családjaikkal karöltve egy közösségként biztonságban letelepedhet és védve van. Ezek után, mielőtt elhagytuk volna az országot, megegyezésre kellett jutnunk a német kormánnyal arról, hogy garantált az, hogy a kincsekkel együtt maradjunk és mozogjunk. Azokat még német területen is mi magunk őrizzük, függetlenségünk és egységünk németországi tartózkodásunk során biztosított legyen.

~~~

1944. december 14. „A mai orosz támadás alatt rettentő bátornak mutatta magát"

Scheffler az életét kockáztatta, mivel ha a nácik rájöttek volna, hogy segített az MNB-nek, letartóztatták volna és minden bizonnyal kivégezték volna árulásért. A Schefflerrel való szoros együttműködést Fricinek is titokban kellett tartania az MNB tisztviselői előtt. Ez elkerülhetetlen volt, nehogy úgy tűnjön, hogy a németekkel összejátszik.

A Frici következő leveléből a Frici és Scheffler közötti szoros szakmai együttműködés világosan kiolvasható. Ez jelentette az arany és a bank dolgozói megmentésének kulcsát. Budapesti üzleti útjaik során közös szálláson voltak. Még nagyszüleink révfülöpi villájában is voltak együtt.

SZABADSÁG, SZERETET, ARANY

A vonat még decemberben elhagyta Veszprémet és a fertőbozi vasútállomáson tartózkodott. Ezalatt Frici Schefflerrel Veszprémből, Budapestről és Sopronból is odautazott. Olyan megállapodásokat kötöttek, amelyek biztosították a vonat útját Spital am Pyhrnbe.

~~~

27. kép: 1925 körül, apánk katonai egyenruhában. Több kitüntetést is kapott a Magyar Honvédségben való kiemelkedő szolgálatáért. Sajnos ezek elvesztek, amikor anyánk amerikai lakását kirabolták.

1944. december 14.

Kis Katám, holnap megy egy teherautó Ladányival és a bankosztállyal Sopronba. Nekem azonban Shefflerrel Budapestre kell utaznom, s így csak később, valószínűleg vasárnap vagy hétfőn fogok Sopronba érkezni. Főleg azért megyünk Pestre, hogy az elnök döntsön afelől, hogy Vorauba menjünk-e vagy valami más helyet keressünk-e a banknak és a családtagoknak.

Jó volna valami rendesebb helyet Nektek biztosítani, mert ez a Vorau nem lesz valami leányálom, főleg azért, mert semmi sincs előkészítve. Itt Shefflernél lakom, mert a szobámból mindent elszállítottak.

Minden rendben volna, csak fehérneműm nincs, semmit se hagytál itt, legalább a Lajoska féle koffert hagytátok volna itt, abban össze volt készítve minden, amire szükségem lett volna. Ha lehet, hagyjatok valamit Sopronban, mert különben egész lehetetlen helyzetben leszek fehérnemű nélkül. Nem tudom, találkozunk e Sopronban, mert könnyen lehet, hogy Ti még odaérkezésem előtt tovább mentek. Én visszajövök még Shefflerrel Veszprémbe, és innen megyünk Sopronba. Ha lehet, útba ejtjük Fülöpöt, szeretném megnézni, mit csinálnak szegény öregek. Hallom Ladányitól, hogy elég jól vagytok elhelyezve. Sajnálom, hogy nem szedtelek le benneteket a vonatról, de a sok gyerekkel s csomaggal az utolsó pillanatban már nem volt lehetséges.

Talán mégis jobb, hogy ott vagytok, mert itt elég közel van a front, és ha egy kicsit meginog, akkor már beáll a közvetlen veszély.

Nagyon szeretnélek már látni benneteket. A gyerekek hogyan viselték az utazást? Most már befejezem, mert Sheffler akar még írni hozzá, és már le is kell feküdnünk, holnap korán kelünk. Zsuzsi cipője talpalatlanul, de megvan. Mindnyájatokat sokszor csókol szeretettel. Fricid

~~~

SZABADSÁG, SZERETET, ARANY

28. kép: Az anyánknak szóló levélhez Leopold Scheffler csatolt egy kis üzenetet. Scheffler rajzolt néhány képet nekünk, a 3 gyereknek egy vitorlásról a Balatonon, egy lapáttal, egy vödörrel és labdával.

[Német oldal]

Veszprém, 1944. XII. 14.

Sehr verehrte gnadige Frau!

Nach einem vergeblichen Versuch, Heute Budapest zu sturmen, werden wir morgen einen zweiter unternachnen.

Sir brauchen keine Angst um ihren Gatten zu haben, er hat sich bei dem heutigen Fliegersturzangriff der Russen, der uns uperrauschte, sehr tapfer gezeigt und sogar eine Tropae mitgegracht.

Mit den besten Grussen bleibe ich.

Ihr ergebener

Leopold Scheffler

~~~

[Magyar fordítás]

Veszprém, December 14, 1944.

Kedves asszonyom!

Sikertelen próbálkozás után, hogy ma bejussunk Budapestre, holnap másodszor is megkíséreljük. Nem kell aggódnia a férje felől, aki az orosz zuhanóbombázó támadás alatt meglepetésünkre igen bátornak bizonyult, és magával hozott egy emléktárgyat is.

Tisztelettel és üdvözlettel::

Leopold Scheffler

~~~

29. kép: Frici Automobil Klubos autója a révfülöpi villánál. Frici és Scheffler valószínűleg az MNB-s autóval közlekedtek. A kis Frici és István az autó körül játszanak. Ez egy DKW F5-ös, elsőkerék-meghajtású, 2 hengeres, 2 ütemű autó volt. A három sebess váltó végsebessége 50 mérföld per óra volt.

1944. december 22., Véres a vár - „Tankkal taposták a tömeget"

Apánk Budapesten tartózkodott, és nem tudta a december 14-i levelét anyánknak eljuttatni. A levelet és a mellékletet a velünk való találkozásig megőrizte, miután ő és Scheffler elmenekült a budapesti ostrom elől.

Apánk el szerette volna mesélni anyánknak budapesti tartózkodásának utolsó napjait, ezt a rendkívül szomorú pillanatot, mielőtt a szovjet előrenyomulás miatt elmenekült volna.

A melléklet vers formájában íródott a Vár ostroma címmel, megörökítve a magyar lakosság kiszolgáltatottságát. Beszorultak a harcoló román és orosz erők, a megszálló német hadsereg közé, akik az ostrom alatt egymással háborúztak.

~~~

U.i.

Később adom csak fel, közbejöttek a temesvári események, a híreket hallgattuk állandóan.

Minden misén értük imádkoznak, harangoznak, emlékeznek, mindenhol fekete zászlók. Biztos elmegy a híre, nem tudjuk még azt sem, mennyi halott van, tankkal taposták a tömeget. Nem kell izgulni, nem terjed át, máshol már nem lesz vérengzés, ennek is vége lesz, nem tarthat soká.

~~~

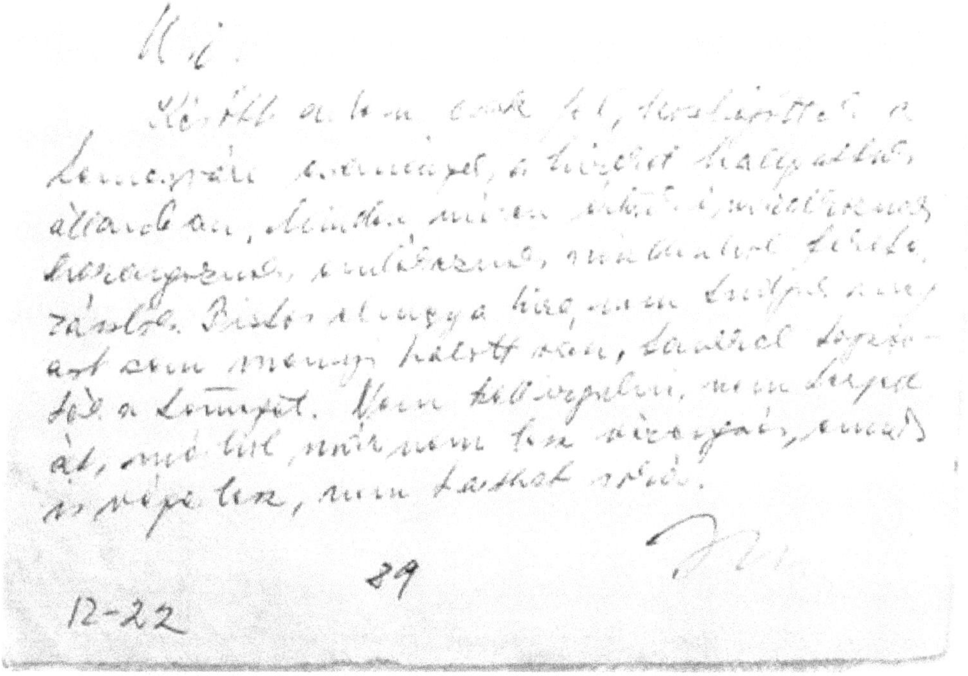

30. kép: 1944. december 22. Ez apánk eredeti, 1944. december 22-én anyánkhoz írt levele. Ekkor épp a Várnegyedben tartózkodott.

31. kép: Apánknak Tarnay István által versbe szedett levele

Fertőboz, Bürökrácia és bátorság

(Folytatás, Tarnay E. Frigyes)

Körülbelül 500 ember élt ezen a vonaton – beleértve a családomat is – a két hideg téli hónap folyamán. A fűtés szinte megoldhatatlan problémát jelentett. A vasúti kocsiban gőzradiátor volt, azonban nem volt gőzmozdony, ami működtetni tudta volna. A vagonok természetesen nem voltak fűtéssel felszerelve. Sürgősen kályhára lett volna szükségünk, de nem volt lehetőség ezeket beszerezni. Az üzletek zárva voltak, és amúgy is üresek voltak.

Ebben a helyzetben, bármennyire is hihetetlen, az oly sokat szidott bürokrácia mentett meg minket. Amikor egyik nap a számunkra kijelölt kocsik megrakodására igyekeztünk az állomásra, a legnagyobb meglepetésünkre az egyiket kályhákkal megtömve találtuk. Olyan típusú tábori kályhákkal, amelyek alkalmasak voltak a vasúti kocsijaink fűtésére. Ennek ellenére jelentettük a helyzetet a vasúti tisztnek és kértük a kocsi kicserélését. Ő azonban figyelmen kívül hagyta az adott körülmények között nyilvánvalóan kicsinyes, és be kell vallanom, nevetséges kérésünket. Azt állította, hogy a rendelkezésére álló adatok szerint az a kocsi üres. Ezért annak üresnek is kell lennie, ezért nem fog nekünk másikat adni.

Látván, hogy csökönyösen ragaszkodik a papírjaihoz, nem tartottuk tovább fel. Bezártuk a vagon ajtajait és továbbküldtük a családjaink után Fertőbozra. A fűtőanyag kérdése is megoldódott.

Az állomás sínjei mellett, ahol a vonat állt, volt egy kis erdő fiatal fákkal. A fák kivágása túl nagy kísértést jelentett a didergő családos férfiaknak, semhogy hagyták volna őket továbbnőni. Amikor a vonat két hónappal később elhagyta az állomást a tulajdonos egyetlen problémája az volt, hogy nem tudta hogyan ültesse újra az erdejét.

~~~

„Sült zöld almák"

Írta Tarnay B. Frigyes

A vonat nagyon lassan haladt előre, úgy tűnt, hogy az idő nagy részében mindig valamiért álltunk valahol. A hangulat unalommal, félelemmel, aggódással és a jövőt illető általános nyugtalansággal volt teli. Nem tudtuk, hogy biztonságban megússzuk-e egyáltalán, és úgy tűnt, hogy valami baleset vagy véletlen létünk mindennapjainak alapja. Még mindig tél volt és hideg. Minden kocsiban volt egy kis fatüzelésű kályha. Hihetetlenül zsúfolt is volt. Mindannyian, minden egyes család egy kis fülkében, az aranyrudakat tartalmazó páncélszekrények tetején lévő matracokon ültünk vagy feküdtünk holmijainkkal körülvéve.

Nem tudom, hogy meddig voltunk úton, de nekem hónapoknak tűnt. Ezen kívül a szomszédainkkal egymás hegyén hátán voltunk. Az emberek néha nehezen jöttek ki egymással, különösen a gyerekeseknek nem volt ez egyszerű. Mi nem tudtunk hol mozogni és ezért egész nap nyugtalanok voltunk. Ráadásul még az ennivaló is kevés volt. Gyakran elhagytuk a vonatotot, hogy a gazdák földjein és gyümölcsöseiben mindent összegyűjtsünk, amit csak tudtunk a túléléshez. Sokszor ettünk sült zöld almát. Egyszerűen csak a kályha tetején sütöttük meg a kocsikban. Mindig éhesek voltunk. Emlékszem, ahogy a kezemet néztem és a csontok kiálltak, mert olyan vékonyak voltunk.

Az egyik kocsi egyszer elveszett, meg kellett találni és visszaszerezni. Egyszer egy új gőzmozdonyt kellett szereznünk. Orosz harci gépek bombáztak minket és rohannunk kellett, hogy elbújjunk az erdőben. A pilóták gyenge lövészek voltak, ahogyan apám visszaemlékszik. A vonatban nagyobb biztonságban lettünk volna, mint odakint. A fák között feküdtünk és hallottuk ahogy golyók süvítettek el mellettünk, amelyek a felettünk lévő fákba csapódtak, anyánk pedig a testével védett minket. Arra tisztán emlékszem, hogy anyám mindig azt tette, amit kellett. Félretette félelmeit és érzéseit. Családja megmentése volt az első.

~~~

1945. január 15., Az egyezség, „ Fiúk, maguk híresek lesznek."

A német biztos Leopold Scheffler utasításokat kapott Berlinből, hogy különítse el az aranyat a Bank személyzetétől és vigye azt Németországba. Frici közreműködésével figyelmen kívül hagyta ezeket az utasításokat. A német biztos kiállt amellett, hogy az MNB tisztviselők ragaszkodtak ahhoz, hogy a Bank értékei és alkalmazottai feletti ellenőrzést fenntartsák az osztrák határátlépés előtt. Scheffler más német tiszteket is meggyőzött arról, hogy írják alá a megállapodást az MNB-vel. Ez megengedte volna a vonatnak a német megszállás alatt lévő Ausztriába való belépést.

~~~

(Folytatás, Tarnay E. Frigyes)

A Bank által létrehozott különleges küldöttség arra tett kísérlete, valamint a mi diplomáciai csatornákon keresztül tett próbálkozásaink, hogy a német kormány találjon számunkra megfelelő helyet megbuktak, és azt az utasítást kaptam, hogy lépjek kapcsolatba a német biztossal, a probléma minél gyorsabb megoldása érdekében.

Mindenképpen gyorsan kellett megoldást találni, mivel egy esetleges gyors orosz előrenyomulás esetén, a németek erőszakkal is elvitték volna az értékeinket Németországba, a dolgozókkal pedig nem törődtek volna. Jelen voltam, amikor a német biztos telefonhívást kapott Berlinből amely során javasolták, hogy az aranyat zárják el a bécsi Reichsbank trezorjaiba, az ezüstöt szállítsák Magdeburgba, a múzeumi kincseket pedig Berlinbe. A személyzet pedig...nos, ők menedékre lelhetnek a Felső-Ausztria tartományban (ebben az időben ezt Felső-Dunának hívták), mint más magyar menekültek. Ez az értékeink feletti teljes kontroll elvesztését jelentette volna.

Szerencsére a német biztos osztotta a szétválaszthatatlanságról vallott elveinket, és figyelmen kívül hagyta ezeket az utasításokat. Amikor letette a telefont, és látta, hogy mennyire feldúltak a berlini „javaslatok", azt mondta, ne aggódjak. Ismét biztosított arról, hogy „találunk valamit a kincseknek, de gyorsan kell cselekednünk." Így is tettünk.

Az volt az ötletünk, hogy az egyik felső-ausztriai kolostort választjuk ki, mivel ebben az időben azokat (a kolostorokat) elkobozták a vallásos rendektől. Információkat szereztünk régi apátságokról, tanulmányoztuk a térképet, majd a Felső-Duna tartomány kormányzójához, (a Gauleiterhez) fordultunk kérésünkkel és javaslatainkkal.

Tudtuk, hogy nem lesz könnyű dolgunk, tekintettel arra, hogy a kormányzó tartományát már elárasztották a menekültek. Értékeink és dolgozóink biztonságba helyezése iránti kérelem csak púp volt a hátán. Mégis, legnagyobb meglepetésünkre nagyon együttműködő volt, és bár nem tudta az általunk választott helyet kijelölni számunkra, biztosított arról, hogy egy elhagyatott kolostorban sokkal jobb helyen leszünk egy Spital am Pyhrn nevű faluban.

Azonnal telefonált is a polgármesternek (Bürgermeisternek). Amikor nem tudta elérni, a telefonos kisasszonynál tudakolózott a kolostorban uralkodó állapotokról. Üzenetet hagyott a polgármesternek, miszerint Magyarország aranyát az ő falujában helyezik el és a következő napon további utasításokat fog kapni. „Fiúk, maguk híresek lesznek", fejezte be a telefonos kisasszonnyal folytatott beszélgetését erős felső-ausztriai akcentusával.

Tehát végül megtudtuk, merre fognak letelepíteni minket. Mivel most már megvolt a végállomás, legégetőbb problémánk, úgy tűnt, legalább egy időre megoldódott. Jobban szerettünk volna egy nyugatabbra eső helyet, azonban a magyar menekültek számára Felső-Ausztria volt kijelölve, és sokkal tovább tartott volna helyet szerezni egy másik tartományban. A kormányzó felhatalmazást adott a polgármesterrel való kapcsolatfelvételre és a faluban való letelepedésünk részleteinek kidolgozására.

Amint aláírtuk a megállapodást a német kormánnyal és új szállásunk a faluban elő lett készítve, a Magyarországon lévő kis vasútállomáson vesztegő vonatunk zöld utat kapott az ausztriai határátlépéshez.

~~~

A megállapodás az MNB és Németország között jött létre, míg a vonat több mint nyolc hétig állomásozott Fertőbozon a tél kellős közepén. Frici Leopold Scheffler német biztossal dolgozott együtt, aki a megállapodást mint a Németországot képviselő Reichsbank igazgatója írta alá. Leopold Scheffler aláírása egyértelműen őt azonosítja a vonatért felelős személyként. A megállapodás biztosította a dolgozók és családjaik egységét, és védőpajzsot alkotva védte az aranyat a náci SS-től.

~~~

Egyezmény 1

A Magyar Nemzeti Bank Németországba való költözéséről

A Német Birodalom Kormánya---a Magyar királyi kormány kérelme alapján--- kijelenti, hogy lehetővé teszi a Magyar Nemzeti Bank Németországban való elhelyezését, annak minden értékével és egyéb készleteivel, valamint személyzetével, beleértve a családtagokat is, mindaddig, amig a háborús események ezt szükségessé teszik. Unána biztosítja a bank Magyarországra való visszatérését.

1. A Magyar Nemzeti Bank költöztetése azon általános szabályok alapján történik, amelyeket a Német Birodalom Kormánya és a Magyar Királyi Kormány által megkötött vagy a jövőben megkötendő egyezmények írnak elő az állami és más jellegű szervezetek költöztetésére, a menekültek befogadására és a bank alkalmazottainak, valamint családtagjaiknak anyagi ellátására vonatkozóan.

2. A Német Birodalom Kormánya kinyilvánítja készségét, hogy lehetőségei szerint segítséget nyújt a Magyar Nemzeti Banknak az értékei elhelyezése és visszaszállítása érdekében.

3. Az értékek és egyéb készletek elszállítása semmilyen formában nem befolyásolja a tulajdonjog kérdését. A Német Birodalom Kormánya tanácsadói szolgálatot nyújt a Magyar Nemzeti Banknak, üzleti ügyeinek lebonyolításához.

Sopron, 1945. január 15.
Pénügyminiszter (aláírás): Dr. Reményi-Schneller
Gazdasági megbízott (aláírás): Boden
Sopron, 12. február 1945 i.A.
(signed) Leopold Scheffler, Reichsbankdirector [2]

1945. január 20., Szigorúan bizalmas

A Németország kormányát képviselő Leopold Scheffler biztos aláírása adta meg a parancsot a Fertőboznál állomásozó vonatnak a magyar-osztrák határátlépéshez. Scheffler elsősorban a Bank személyzetének biztonságát szerette volna garantálni. Szigorúan bizalmas minősítésű üzenetet használt, és segítséget nyújtott a vonatnak ahhoz, hogy az a veszélyes, háborús zónán átsurranva eljusson Spital am Pyhrnbe.

~~~

Sopron. 1945. január 20.
A Német Birodalom magyarországi
teljhatalmú megbízottja
Gazdasági megbízott

> Budapest, IV. Mária-Valéria u.
> (Hotel Carlton) Tel. 188-970

Titkos
ÚTIPARANCS

A Német Birodalom Kormánya és a Magyar Királyi Kormány által aláírt megállapodás alapján a Magyar Nemzeti Bank készleteivel és alkalmazottaival együtt – beleértve a családtagokat is – Spital am Pyhrn-be (Felső-Ausztria) költözik. A vonat a 117.437-s német forgalmi rendszámmal közlekedik Cottely István úrnak, a Nemzeti Bank igazgatójának irányítása alatt. Rakományát magyar csendőrök őrzik.

---

[2] Fordította Páffy Katalin, Cottely István Document Cottely István: A magyar aranytartalék a második világháború viharában. Valóság. 1992/11. pp. 82–97.

A szállítmány a Magyar Nemzeti Bank aranykészleteit is tartalmazza.

Felkérünk minden német és magyar hivatalos szervet, szükség esetén nyújtsanak védelmet és segítséget. Főképpen arra legyenek figyelmemmel, hogy a szállítmány haladéktalanul kerüljön ki a veszélyes zónákból – az esetleges nehézségek ellenére is –, valamint arra, hogy a lehető legrövidebb utat biztosítsák számára.

Az útiparancson lévő pecsét: A Német Birodalom Teljhatalmú Megbízottja. Gazdasági megbízott helyett:

Scheffler, a Reichbank igazgatója[3]

~~~

(Folytatás, Tarnay E. Frigyes)

Amint aláírtuk a megállapodást a német kormánnyal és új szállásunk a faluban elő lett készítve, a kis vasútállomáson vesztegő vonatunk zöld utat kapott az ausztriai határátlépéshez. A vonat bankjegyekkel és élelemmel teli része 1945. január 17-én indult el. Az aranyat, egyéb értékeket, dolgozókat és családjaikat szállító másik vonat szerelvény egy héttel később hagyta el Magyarországot. Az Aranyvonat egyik kocsiját elvesztették az egyik rendező pályaudvarnál a Spital am Pyhrnbe tartó út során. Egyebekben biztonságban megérkeztek. Volt „némi" izgalom az elveszett kocsi miatt, de gyorsan megtalálták, és az pár nappal később csatlakozott a másik szerelvényhez Spital am Pyhrnben.

[1945 januárjának eleje]

Azt az utasítást kaptam, hogy a soproni alirodánkban maradjak a nyugati határnál. Addig maradtam ott, amíg ezt a várost is meg nem szállták az oroszok. Őszintén szólva nem tudom hogy azért, mert az időm nagy részét az iroda épület földszintjén töltöttem, vagy azért, mert a légiriadó idejében figyelmeztetett minket, de a környező erdőkbe vezettem, ahol sokkal nagyobb biztonságban éreztük magunk, mint az egyemeletes irodánk földszintjén. Ha ezeket a kis épületeket közvetlen bombatalálat érte, a pince és a földszint a bent lévő sírjává vált. Mindemellett felváltva kellett fedezékeket és tankcsapdákat ásnom a hófedte fagyott földbe a város körül...

---

[3] ibid.

3. fejezet

Ellenséges vonalak között

Spital Am Pyhrn és Frankfurt
1945 január 22-től 1946. novemberéig

Az osztrák hegyekben fekvő kis falu majd egy évig adott otthont az MNB-nek 1945 januárjától 1945 decemberéig, amikor a Bank visszaköltözött Budapestre. Az élet Spital am Pyhrnben meglehetősen kényelmes volt, figyelembe véve a háború zűrzavarát és a menekült helyzetet. Távol az otthonuktól a Bank személyzete együtt dolgozott a túlélésért és az új élet megteremtéséért. Az arany itt volt biztonságban elrejtve egy régi templom kriptájában.

Spital am Pyhrn a háború után még néhány éven keresztül biztonságos menhely és menekült központ volt a Bank személyzete és családtagjai számára

~~~

(Folytatás, Tarnay E. Frigyes)

Spital am Pyhrn Felső-Ausztria déli részén helyezkedik el az alpesi Pyhrn hágó lábánál egy római időkbe visszanyúló stratégiai és kereskedelmi út mentén. A korai középkorban ezt az utat és a Pyhrn hágót keresztesek és zarándokok használták a Szentföldre menet. Menedéket a jelenlegi falu szélén elhelyezkedő kórházban leltek. Ezért lett a neve Spital, ami németül kórházat jelent. A XII. században egy templomot építettek ide, amely természetesen az évszázadok alatt számtalan felújításon és átépítésen esett át. A XVIII. században újjáépítették a jelenlegi gyönyörű barokk stílusában.

A halottak csontvázainak békés és csendes társasága

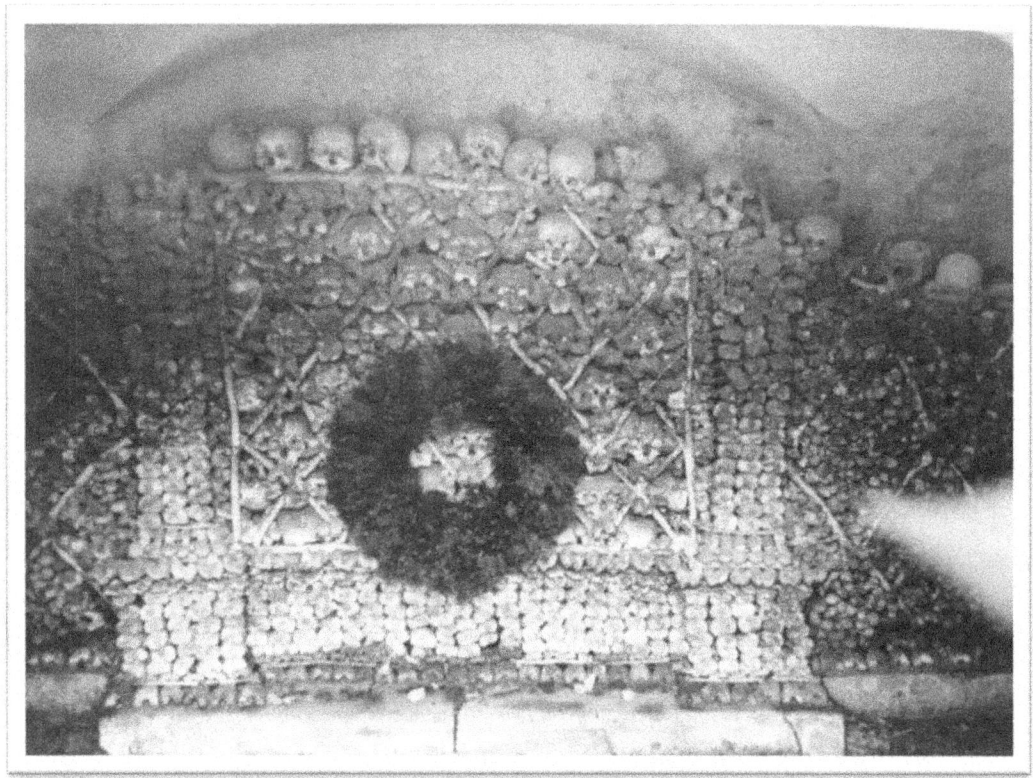

32. kép: 1945, Spital am Phyrn, a kriptába temetett emberek csontjainak és koponyáinak halmaza a templom alatt, ahova az aranyat rejtették.

33. kép: Ennek a templomnak a kriptájába rejtették a kincseket Spital am Pyhrnben.

A templom alagsora egy hatalmas kripta, ahova a falu papjait és elöljáróit temették. Ma már nem használják. Majdnem az összes sír és koporsóknak való kamra üres, a halottak csontjait és koponyáit elmozdították, és a kripta egyik elkülönített, felszentelt termében helyezték el.

34. kép: A kripta templom alatti bejárata. Azért, hogy elrejtsék a bejáratot, tűzifát raktak elé. Az aranyat egy lépcsők melletti négyzet alakú lyukon keresztül jutatták a kriptába, majd befalazták, hogy elrejtsék.

Az aranyat a kriptában helyezték el, és a halottak csontvázainak békés és csendes társaságát élvezte. Bankjegyeket tartalmazó ládákból álló vastag fallal volt elzárva, ami gyenge helyettesítője volt egy páncélozott trezor acél falainak. A többi érték a kolostorba került, ami egy hatalmas régi épület volt rengeteg teremmel és tároló helyiséggel. Ezek a helyiségek és maga a kripta azonban messziről sem volt ideálisnak mondható tárolóhely értékeink és kincseink számára. Rendes körülmények között bármelyik szakértő szörnyülködött volna egy olyan javaslat hallatán, hogy ezeket a rendkívüli értékeket egy sima rozsdás vasajtó mögé rejtsük egy egyszerű lakattal lezárva, mint ahogyan az a kriptában is volt.

35. kép: 1945 áprilisának környékén Jankovics László bankigazgató a csupán két lakattal lezárt vasajtón keresztül a kriptába lép, aminek a kulcsai két banki tisztviselőre voltak bízva.

Nincs páncélozott acél tároló... nincs automata riasztó berendezés... nincs kombinált számos zár... hacsak két egyszerű lakatot nem tekintünk kombinált zárnak. E kezdetleges formájú kombinált zár kulcsainak két tisztviselőre való bízásával azt a hamis tévképzetet dédelgettük, hogy eleget tettünk a Bank biztonsági előírásainak, vagy legalábbis minden tőlünk telhetőt megtettünk.

36. kép: Egy oldal apánk történetéből, az „Aranyhajsza Magyarországról"-ból, amely a templom kriptájának bejáratát mutatja.

37. kép: Egy oldal apánk történetéből, mely a kolostor kertjét mutatja. Jankovics László fehér felöltőben.

38. kép: Egy oldal apánk történetéből a kolostor termeivel, ahol a Bank nyilvántartásokat és értékeket tárolt.

A kriptát majdnem folyamatosan talajvíz borította, amely a bankjegyek nagy részét eláztatta, de természetesen semmilyen kárt nem okozott az aranyban. Annak ellenére, hogy mindent megtettünk, hogy olyan biztonságossá tegyük ezeket a tárolókat amennyire csak tudjuk, e tekintetben nem sokat tudtunk tenni. Leginkább egy 34 férfiból álló csendőrség éberségétől és megbízhatóságától függtünk, akik mindössze egyszerű karabéllyal voltak felfegyverkezve. Egyetlen automata pisztoly sem volt az egész társaságnál, amely éjjel-nappal a kincseket őrizte.

39. kép: A csendőrség három MNB-s tisztviselője, akik az aranyat őrizték. Jankovics László fehér kabátban és egy másik MNB-s vezető a jobb szélen. Spital am Pyhrn, 1945.

A Bank hivatali dolgozószobái a kolostorban voltak. A dolgozók és családjaik szállásai falubeli hotelekben, apartmanokban és magánházakban voltak. Az egyedülálló nők és férfiak külön hálótermet kaptak a kolostorban. A családoknak egyetlen szobájuk volt főzésre, a nappali tevékenységekre, és alvásra. Mégis megkönnyebbülés volt a vagonokban eltöltött zord tábori élethez képest. A férfiaknak fát kellett vágni és aprítani a német hatóságok által kiszabott kvóták szerint. A hivatalosan megszabott kvóták mellett engedélyezték, hogy kimenjünk az erdőbe és az elhullott száraz ágakat összeszedjük.

40. kép: A kolostor kertjének bejárata a templom mellett, ahol a Bank felállította az irodáit.

Az idő előrehaladtával egyre kevesebb volt az élelem. Amíg volt magyarországi tartalékunk, a helyzet nem volt annyira rossz, de amikor az is elfogyott, nagyon nehéz lett. Amikor a háborúnak vége lett, nyomorúságunk még nagyobb lett. Az igazság az, hogy a kiosztott fejadagok nem voltak elegendők az életben maradáshoz, de mégis sok volt az éhhalálhoz. Csak az amerikai élelmiszerellátás mentett meg minket a halálra éhezéstől.

És nem lenne tisztességes ha nem szólnánk néhány szót megemlékezvén az „ismeretlen" magyar lovakról. Ezek a szegény állatok menekültekkel és holmiijaikkal megpakolt szekerek ezreit húzták el Magyarországról. Amikor a háború véget ért, amerikai katonák hátaslovaknak használták őket szórakozásból. Mivel nem volt elég takarmány az ő etetésükre, sem elég étel az embereknek, életük utolsó mozzanata is az emberek megsegítéséről szólt: levágták őket és húsukat szétosztották az éhező menekültek és az osztrák lakosság között.

~~~

1945. február 25., „ Elmenekülnék a világ végére is, de csak Veled megyek innen tovább"

Mi Spitalban éltünk, apám viszont továbbra is Sopronban dolgozott. A Post Hotelben laktunk a Bank magas rangú tisztviselőivel és családjaikkal együtt. Scheffler biztos és családja két ajtóval lakott lentebb tőlünk, amíg át nem költözött a Rohrauer Hof Hotelbe.

A Post Hotel a Bank tevékenységének központi helyét jelentette, a templom mellett a kolostorral szemben helyezkedett el, ahol az irodákat berendezték.

41. kép: Spital am Pyhrn, a Post Hotelben lakott a banki tisztviselők jó része. Két MNB vezető áll elől. A jobboldali Jankovics László.

42. kép: 1945-ben ünnepi vacsorára készülődve, valószínűleg a Post Hotelben

1945. február

Édes Fricikém, Egy csendőr megy, vele küldöm postán ezt a levelet. Ma van Hapsikám nevenapja, nekem is csak délben jutott eszembe, így mással nem tudtam, dupla adag kompóttal ünnepeltük meg a vacsorát. Most már mondhatom, hogy majdnem rendben vagyunk, tegnap egy segítséggel felsúroltam a szobát és be is eresztettem és most egyelőre legalább is enyém a legszebb padló a Postban/Rostban (?). Sárga festéket ugyan nem küldtél a viaszhoz, így a gyerekek vízfestékét fosztottam ki, de mégse elég színes. Nagy rumli volt, mindenünk a folyosóra volt kirakva, és sajnos nem száradt elég jól, úgyhogy lehetne szebb is, de így is látszik, hogy nem maszatol annyira, mint azelőtt. Furcsa egy napom volt, mezítláb, piszkosan takarítottam, mikor megjelent 6-kor Tornayné és kérdezte, hogy nem megyek-e le vacsorázni. Kisült, hogy hivatalos vacsora van a polgármester tiszteletére, amire már meg kellett volna, hogy hívjanak, de Edgár elfelejtette, azért küldte a feleségét megmondani. Gondolhatod, hogy hullafáradt voltam a sok cipeléstől, súrolástól, de még sokkal dühösebb voltam, és annál inkább elmentem.

Régen rohantam ennyit, 7-kor még rakodtunk és keféltünk a nővel és 8-kor megmosdva, kipucolva ültem a vacsoránál, még az ágyak is el voltak itthon készítve. Meg is mondtam egypár embernek, hogy csak azért jöttem le, mert későn hívtak, hiszen Sz. Kati már délben mosakodott és szépítkezett. Ott ültem szalmán ½ 12-ig és egész jó kedvem volt, bevallom inkább a súrolástól, mint a társaságtól. Igaz, nagyon érdekes volt társaságban látni a Postot/Rostot (?), ahol mindenkit csak jóformán pongyolában ismerek. Utána még egy jó órát szórakoztunk Zsuzsival.

A polgármestert a sógornő kísérte el, mind a ketten rettentő helyes emberek, bár nem beszéltem velük, de vacs.[ora] után szűkebb körre szorult össze a társaság és ott énekelgettünk (én is) és beszélgettünk. Nekem a fő élvezet volt, hogy tiszta voltam és ülhettem és gyerekzajtól mentes, szervírozott meleg vacsorát ehettem, egy pár potya cigivel egybekötve. Amint látod, jól érezzük magunkat Spitalban.

Tegnap Emil mellett ültem a végén és igyekeztem valamit megtudni, hogy mikor jössz, de nem sikerült semmi hírt kapni Rólad. Állítólag hamarosan megy futár, azzal küldök levelet megint.

43. kép: Anyánk, Kati a révfülöpi villánál 1936 környékén

Tőle tudom, hogy Schefflernek a Rohrauerhofban lesz egy szép szobája, rögtön meg akartam nézni, de még laknak benne.

A tisztasággal egyidejűleg a gyerekektől is megszabadultam, Pityi iskolába, István óvodába jár. Biber Andrásné tanítja, le akart beszélni, hogy még korán van, de nem hagytam magam, viszont prímán tanít, legalábbis az első óra után úgy látom, hogy sokkal magasabb nívójú a Spitali iskola a Fülöpinél.

Pityi rettentő ambícióval indult, reggeli nélkül, fésületlenül rohan el és sokkal gyorsabban és valamivel kevesebb biztatással írja a leckét mint otthon. Egyelőre a Cottelyék nyelvét (olasz) beszéli, mert a gyerekekkel ródliznak, és úgy látszik, a nagyobbikat utánozza beszédben. Őrült sokat nevetünk rajta. Nagyon komolyodik, önállósodik, gondolhatod, ha már én is meg vagyok vele elégedve. István óvodája már kevésbé jó, de nem merem a németekhez küldeni, félek, itt megharagusznak.

[…] én szedtem és barka is rengeteg. Még messze van a húsvét, nem fogom addig bírni, ha nem látlak. - Voltál-e Pozsonyban? Mi újság anyámékkal? A héten nem jutottunk hozzá, hogy lakást keressünk, a jövő héten készülünk Zsuzsival. Csak azon drukkolok, hogy tudjanak elég csomagot hozni, hogy kényelmük legyen. Talán hoznak maguknak bort is, ez most kezd itt nagy kincs lenni, köztünk legalábbis. Tegnap örömmel mesélték nekem, hogy Te vettél 14 hl-t. [hektolitert]. Fricikém még nem kértem Tőled semmit, de most mégis kérek. Magyar levélbélyegeket, Victoria sárgát a beeresztőhöz, …viaszt a keféléshez és sok sok gombot ruhára. A Mátyás király utcában vettem a gumikabátokat, ott sok gomb volt egy N/U… Frigyes nevű üzletben. A pamutok színéhez, amiket küldtél pl. [például] kellene 10 filléres nagyságú és kisebb gomb is. Minden vágyam egy olyan ruha, mint a polgármester úré, tudod, olyan agancsgombok voltak rajta. Ha kapnál zöld szövetet, mama meg tudná csinálni.

---- Látod, én, az otthonülő, milyen gyorsan megszoknék itt, ha Te is velem lennél. Elmenekülnék a világ végére is, de csak Veled megyek innen tovább. Ez az utolsó alkalom, hogy lerázni engedtem magam. –

Zsuzsi már nagyon dühös, így hát lefekszem én is, tekintve, hogy mindjárt 3 óra. A gyerekeknek hozzál ecsetet, vízfestéket, színes ceruzát és Pityinek rengeteg iskolafüzetet, akármilyet, ha vonalasat nem kapsz. Ragasztó, színes papír is jó lenne.

Ölel csókol sok sok szeretettel

Katid

~~~

1945. március 30., "Az emberem elment."

(Folytatás, Tarnay E. Frigyes)

Budapest 1945. februári elesése után, az oroszok egy új és sikeres offenzívát indítottak, egyre közelebb és közelebb kerülve az ország nyugati határához. 1945. március 30., Nagypéntek, Magyarország utolsó részeit is bevette a Vörös Hadsereg. *Consummatum Est....*

Sopron orosz megtámadása derült égből villámcsapásként ért minket. Irodánk kiürítése 80 km-nyi rémült rohanás volt az ausztriai Reichenau falujába a keleti Alpok magaslatainál, ahol azt hittük, szusszanhatunk egyet, majd irány tovább a főhadiszállás. Hamar rájöttünk, hogy nem futottunk elég messzire.

Az oroszok nem várt tempóban közeledtek. Mivel a főhadiszállásról a megmentésünkre küldött teherautót a német hadsereg elkobozta, ott kellett hagynunk a lerobbant teherautót, amely tömve volt magyar pénzzel, üzleti információkkal és minden személyes tárgyunkkal. A tisztviselők és családjaik gyalog, autóstoppal menekültek Spital am Pyhrnbe, 200 000 dollárt érő valutával a zsebükben...

Ausztria orosz megszállását a németek megállították néhány hétre a keleti Alpokban. Ez volt a német hadsereg utolsó valamire való ellenállása. A harcok során napról napra nőtt a veszély, hogy az oroszok még azelőtt elkapnak minket, hogy az amerikaiak elérnék a falunkat. Volt néhány kísérlet a kincsek nyugatabbra, biztonságosabb helyre való elköltöztetésére, de a kormányzó, aki egyben a terület teljhatalmú parancsnoka is volt, a tartomány elhagyásának leghalványabb ötletét is elutasította. *"Abhauen gibt's net"* (nincs szökés) volt a rövid és határozott válasz kezdeményezéseinkre.

Április második felében a helyzet kritikussá vált. Nyilvánvaló volt, hogy a Hitler által az elkövetkezendő legalább ezer évre létrehozott Harmadik Birodalom vége és összeomlása csupán néhány nap kérdése.

A Pyhrn hágón és a Spital am Pyhrnen keresztül haladó út meglehetősen zsúfolt lett. Visszavonuló német egységek és menekültek vonultak át a falun és indultak Nyugatnak. Az utakon csíkos ruhás rabok, a koncentrációs- és munkatáborokból zsidók hosszú sorait vezették.

Soha nem felejtem annak a zsidó embernek a pillantását az egyik sorban, aki közvetlenül az ablakunk előtt állt meg. Rám nézett és az ujjával a szájára mutatott, jelezve, hogy éhes. Felkaptam egy kis kenyeret és lesiettem a második emeletről az utcára, de a sor már továbbment és az emberem elment. Csak a sor végét láttam, az őröket, amint siettették a betegeket és a gyengéket, akiket társaik támogattak, vagy talicskán toltak.

Salzburg, 1945. május 4., "Keresztül kell jutnom a német vonalakon"

Csak néhány hét volt hátra a háború végéig. Eseménydús hét zajlott Spitalban, ahol a Szövetségesek, az oroszok és a németek azon ügyeskedtek, hogy ki tudja jobban kihasználni a háború végét. Az oroszok 5, az amerikaiak több mint 110 kilométerre voltak Salzburgtól. A németek pedig szétszóródva még mindenhol jelen voltak

~~~

(Folytatás, Tarnay E. Frigyes)

A nyugtalanság az utakon jelezte az oroszok gyors előrenyomulását, a helyzet pedig egyre kaotikusabbá vált. A környéken mindenki tudott a templom kriptájában elrejtett aranyról. Féltünk a tömegek támadásától, a hadseregen kívüli csapatoktól, szökött bűnözők bandáitól, akik az utolsó viharos napokat kihasználva kifosztanák a kolostort és a kriptáját. A másik veszély az lett volna, ha az oroszok az amerikaiak előtt megszállták volna a falut, amellyel minden a Vörös Hadsereg kezére jutott volna. Vagyis a nagy kérdés az volt, hogy ki ér előbb a faluba és az aranyhoz? Az oroszok vagy az amerikaiak? Cselekednünk kellett.

A személyzet egy csoportja úgy döntött, hogy amilyen gyorsan csak lehet, felveszi a kapcsolatot az amerikai hadsereggel. Két futárt küldtünk Kirchdorfba, amely csupán 40 km-re Északra feküdt Spitaltól. Utasítottak, hogy maradjunk a városban, amíg megérkeznek az amerikaiak. Ezután pedig adjunk át egy levelet, amelyben tájékoztatjuk az amerikai erőket az aktuális tartózkodási helyünkről, sürgős védelmet kérve kincseink számára.

Önként jelentkeztem a salzburgi útra, hogy ott megpróbáljak kapcsolatba lépni az amerikai erőkkel. Ez tulajdonképpen azt jelentette, hogy valahogy keresztül kellett jutnom a német vonalakon. Az ellenőrzési pontokon autóval való áthaladás érdekében szükségem volt iratokra a német hatóságoktól. Terveimet elmondtam a német biztosnak, és arra kértem, szerezze meg a szükséges papírokat az egyik kollégámnak, a sofőrnek és nekem.

Bár egy németnek ez összeesküvésre való felbujtásnak (hazaárulás) tűnhetett, személyesen ismertem annyira, hogy tudjam, nem jelent fel minket, és nem utasítja vissza utolsó kérésünket. Igazam volt! Egyetértett, és a következő nap megkaptam az iratokat.

Az iratokban feltüntetett utazás céljaként megadott tárgyalás a német követséggel, természetesen hamis volt, de a papírok rendben voltak. A német katonai rendőrség majdnem minden városban megállította az autónkat és ellenőrizte a papírjainkat.

Nem volt túl jó érzés arra gondolni, hogy ha megmotoznak és elolvassák az amerikaiaknak írt levelet, ott helyben kivégeznek minket hazaárulásért. De szerencsénk volt, és biztonságban kijutottunk Salzburg külvárosába. Itt megtaláltuk a Német Rendőrség által lezárt utat.

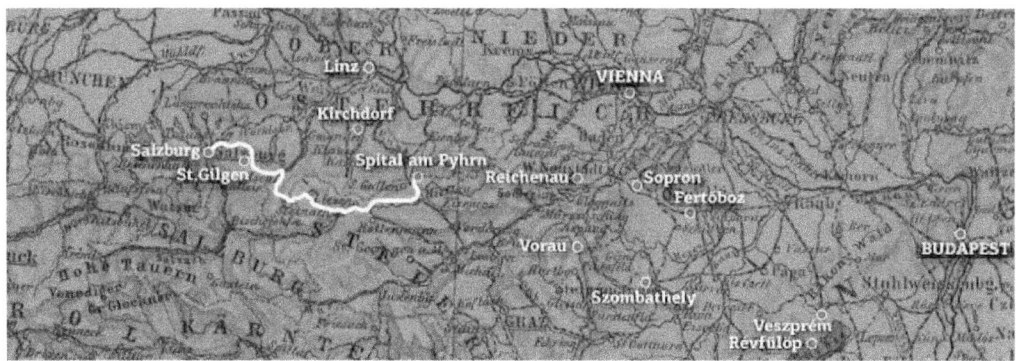

44. kép: Frici útvonala Spital am Pyhrnből az amerikai hadsereg állomáshelyéig Salzburgba (Salzburg és Linz között a távolság 109 km) Az útvonalat Rékassy Eszter rajzolta, Térkép forrása: „Historische Landkarten / Wappen (1880-1898): Österreich-Ungarn - Politische Einteilung." *Historical Geographical Encyclopedia of the World 1880-1898.* N. old. *Www.hicleones.com.* Internet 2013. július 27.

~~~

Tarnay naplója, „ Az SS-tisztek gyanakodva méregettek bennünket,..."

A következőkben apánk személyes naplóját közöljük, amit a német területeken átvezető 109 km hosszú útján írt, amelyet azért tett meg, hogy felvegye a kapcsolatot az amerikaiakkal Salzburgban. Küldetését egy német biztos Leopold Scheffler levelének segítségével teljesítette, amellyel átjutott a német ellenőrzési pontokon.

~~~

1945. május 4.

Regel 7 óra körül indultunk,/Tuboly, Sipos és én/ a nagy Steyrral. Útlevelünkön, amelyet a Reichsverteidogungskommisar állított ki, az úti cél Salzburg volt, ahol a magyarországi német követtel kell tárgyalnunk. Ezzel a papírral mindenütt simán átjutottunk. St. Gilgenben Tuboly öccsénél egy kis pihenőt tartottunk, és érdeklődtünk a hedihelyzet felől.

A hírek szerint az amerikai csapatok közvetlenül a város előtt állnak, és a várost valószínűleg harc nélkül adják át. St Gilgenben azonbon az SS ellenállásra készült, és a Salzburg felé vezető utat több helyen tényleg aláaknázták, mikor St. Gilgenből továbbmentünk Salzburg felé.

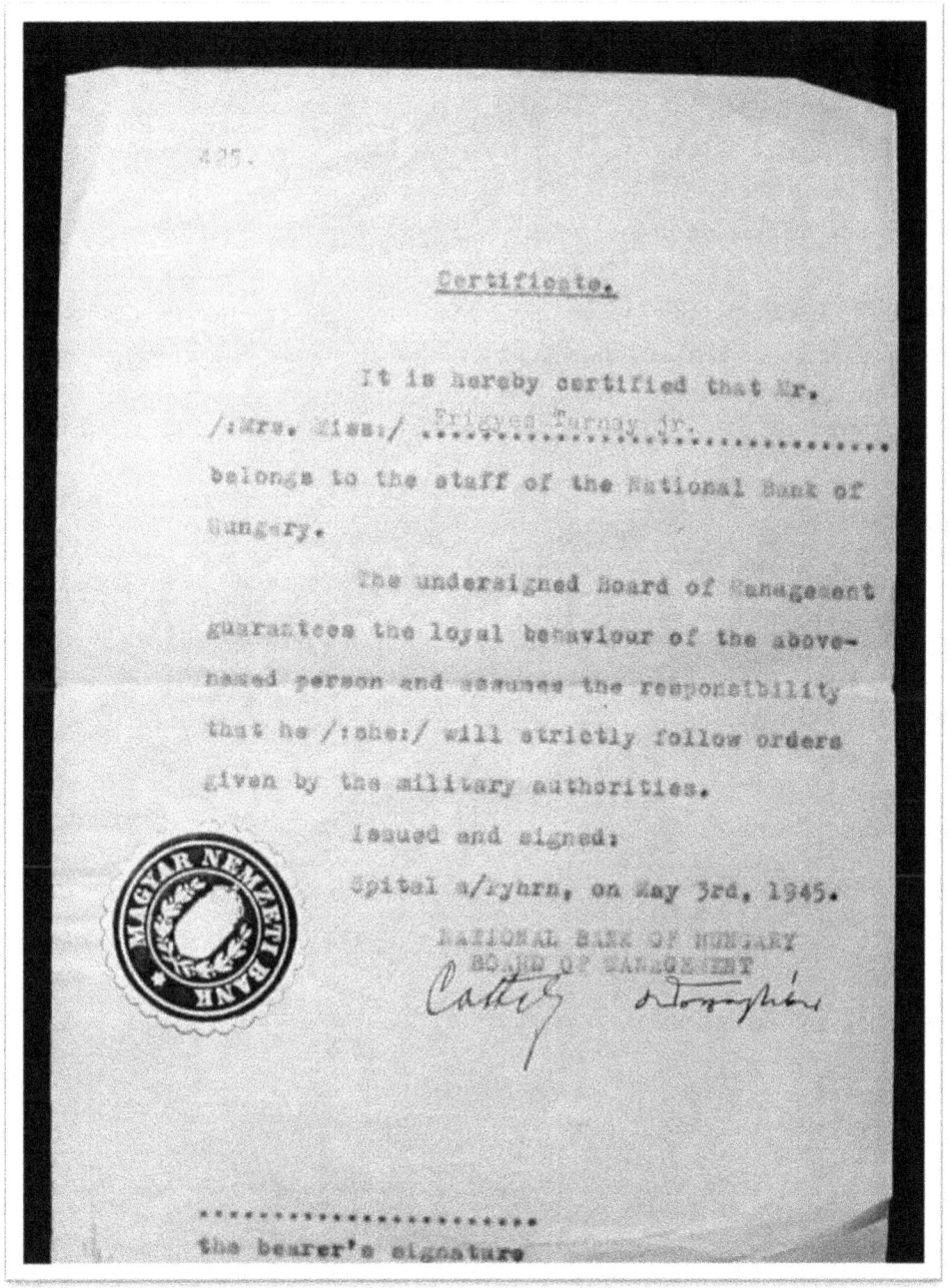

45. kép: A Cottely és Torzsay-Biber által kiállított igazolás, amely szerint apánk az MNB

állományába tartozik. Apánk magával vitte ezt az igazolást, amikor felvette a kapcsolatot az amerikaiakkal.

Érdeklődésünkre közölték, hogy jó lesz legkésőbb egy órán belül visszatérni, ha vissza akarunk jönni, mert később esetleg már robbantani fogják az utat. 2-3 kilométerrel a város előtt egy vendéglő előtt SS-tisztek ültek.

Náluk is érdeklődtünk, hogy be lehet-e menni a városba. Azt felelték, talán még bejutunk, a város átadása most folyik.

Miután nagyon kezdtek érdeklődni, hogy mit keresük Salzburgban, és gyanakodva méregettek bennünket, a német követre hivatkozva gyorsan beszálltunk a kocsiba, és továbbhajtottunk a város felé. ½ 13 órakor a város határában a német rendőrség megállított, és nem engedett be a városba.

Valami helyet kerestünk, ahol meghúzódhatnék. Egy vasutas házába költöztem be. Tubolyt és Sipost a kocsival visszaküldtem, hogy az aknazárokon még keresztül jussanak. Igyekeztem minél előbb a városba jutni, de ez csak 16 óra körül volt lehetséges, amikor az első amerikai páncélos a ház előtt vezető úton megjelent.

A legénységgel szóba elegyedtem. Barátságosak voltak, és rögtön adtak Chesterfield cigarettát.

46. kép: Az eredeti, 1945-ös Chesterfield cigaretta csomag, amit az amerikai tank legénységétől kapott apánk; (47. kép)

Bementem a városba, de a hadosztályparancsokkal az érintkezést még nem tudtam felvenni. A város osztrák színekkel és fehér zászlókkal van fellobogózva, de a lakosság ezt nem spontán lelkesedésből, hanem rádió-felszólításra csinálja.

A lakosság apatikus, és csak annak örül, hogy a háborúnak vége.

Eddig csak gépesített alakulatok vonultak be a városba. A katonák mind fiatalok és frissek, jól tápláltak. Szívesen beszélgetnek, de rettenetes amerikai kiejtéssel, amit nagyon nehezen lehet megérteni. Már kezdem azért megszokni, és a lakásomtól mintegy 200 m-re álló páncélos legénységével el szoktam beszélgetni. Érdeklődési körük nagyon szűk. Hogy hol vanak, nem is nagyon érdekli őket, és sokan azt sem tudják, hogy Ausztriában harcolnak. Viszont jókedvűek mindig. Nagyon nehéz megállapítani magatartásukból, hogy tiszttel, altiszttel v. van-e dolga az embernek, mert semmi feszesség sincs az érintkezésükben egymás között.

1945. május 5.

Bár kihirdették, hogy a polgári lakosság csak d.e. 11-től d.u.1-ig tartózkodhatik az utcán, már reggel 9 órakor útra keltem a város felé, hogy megkeressek valami parancsnokságot. Az utcák tényleg majdnem üresek voltak, és csak amerikai autók szaladgáltak és álltak a városban. Senki se törődött velem, és zavartalanul baktattam be a városba.

Bementem a Reichsbankba megérdeklődni, hogy velük mi van, és nem tudnék-e rajtuk keresztül érintkezni valami parancsnoksággal. Hansemenn ig. fogadott, és elmondta, hogy nem tudnak semmit, az üzem szünetel, és ők sem jutottak még érintkezésbe semmiféle parancsnoksággal.

Ezután elmentem a rendőrségre, hátha ott tudok valamit csinálni a titkos szolgálat emberével. Útközben megláttam, hogy a városházán ki van írva: Military Government. Gondoltam, ez jó lesz nekem ám; felmentem. Egy amerikai katona először kituszkolt, hogy kint várjak, de két perc múlva újra bementem, és egy tolmácsféle osztrák férfinak adtam át a levelet.

Ő átadta a mellette álló amerikai katonának. Ez elég nagy érdeklődéssel olvasta a levelet, és megkeresett egy másik – úgy látszik – tisztet, és annak adta át. Ez is elolvasta, és rögtön kijelentette, hogy rendben van, és menjünk, mutassam meg, hogy hol vagyunk.

Mondtam, hogy 140 km-re vagyunk innen, és az a terület még nincs megszállva, és ezért azt kérem, hogy jelentse a levél tartalmát felsőbb parancsnokságának, vagy vezessen engem oda.

Azt válaszolta, hogy hagyjam nála a levelet, azt továbbítani fogja. A sürgönyöket azonban nem továbbíthatja, mert erre nincs lehetőség. Ennek dacára a sürgönyöket is átadtam neki.

Az a benyomásom, hogy a levelet tényleg továbbítani fogja, de nem voltam egészen nyugodt afelől, hogy elég gyorsan fogja-e ezt megtenni. Ezért továbbmentem a rendőrségre, és megkerestem a rendőrfőnököt.

A régi – úgy látszik – már elment, a helyettesével azonban tudtam beszélni. Elmondtam neki, hogy mit akarok. Megértette, és holnap 11 órára kérte, hogy újra jöjjek vissza hozzá, addig beszél a titkos rendőrség emberével, és összehoz vele.

Kértem, hogy adjanak valami igazolványt, hogy itt tartózkodhatom vagy hogy visszamehetek Spitalba, de azt mondta, hogy ezt csak holnap intézhetjük el a titkos szolgálat emberével.

Utána el akartam menni a Német Vöröskereszthez, hogy megtudjam, van-e a Nemzetközi Vöröskeresztnek itt megbízottja, de üresen találtam az irodákat.

1945. május 6.

Vasárnap 11 órakor tényleg jelenkeztem a rendőrfőnöknél. Már az új főnök /Grasslmayer/ fogadott és közölte, hogy legjobb volna, ha a titkosszolgálat emberéhez, Cowles-ez fordulnék. Aki a városházán található. Oda is mentem.

Cowles elolvasta a levelet és kijelentette, hogy ő ugyan nem illetékes, mert ő a katonai biztonság őre, de miután hozzá fordultam, a felelősség rajta van, és intézkedni fog. Rögtön lemásolta sajátkezűleg a levelet, és autóba vágva magát, elrobogott. Ezekután megnyugodva hazavándoroltam.

Délután mind több és több katonát lehetett a lakásom környékén látni, tojást és lekvárt akartak vásárolni. Hagenné mesélte, hogy a ház ajtajára ráírták: Res. No. 6, de ő azt letörörte. Páncélos barátaim eltűntek. Úgy látszik, gyalogság váltotta fel őket. Délelőtt az SS tüzelt az amerikai katonákra, két amerikai meghalt, egy megsebesült.

Spital am Pyhrn, May 2nd, 1945.

To the

USA Military Authorities,

<u>Salzburg.</u>

The bearer porter of this letter Mr. Frederic Tarnay deputy manager is entrusted by the Board of Management of the National Bank of Hungary to present this letter to the USA Military Authorities.

The above-named gentleman is identified by this letter.

The National Bank of Hungary states that in consequence of military events the Bank *bei Kirchdorf* is now to be found in Spital am Pyhrn /:Oberösterreich:/ with all its values /:total gold reserves:/ and <u>employees 600</u> in number inclusively their families.

The values are guarded by Hungarian Royal Police.

The Board of Management requests protection for the Bank's values and employees.

The Board of Management asks the military authorities – in case of possibility – to transmit the telegrams presented by the named gentleman.

Yours very truly
NATIONAL BANK OF HUNGARY
BOARD OF MANAGEMENT.

over 100.000.000 swiss francs
about 30 million dollars in gold

5th May 45. A copy of this letter was received by me and transmitted to G-2 2nd Div US army
Leonard R. Cowles
2nd Lt. Erdcic Det.

48. kép: Apánk MNB-s levele, amit az amerikai katonáknak vitt Salzburgba. Leonard R. Cowles alhadnagy. Az amerikai hadsereg megkapta a levelet.

Az

Amerikai Egyesült Államok Katonai Hatóságának

Salzburg

Jelen levél kézbesítőjét, Tarnay Frigyes helyettes igazgatót, a Magyar Nemzeti Bank Igazgatótanácsa jelölte ki a levél Amerikai Egyesült Államok Katonai Hatóságának való átadására.

Fent nevezett úr azonosítására jelen levél szolgál.

A Magyar Nemzeti Bank kijelenti, hogy katonai műveletekből kifolyólag, a Bank jelenleg Spital am Pyhrnben (Felső-Ausztria, Kirchdorf) található minden értékével, összes aranytartalékával, továbbá dolgozóival és azok családjával – összesen 600 fővel.

Az értékeket a Magyar Királyi Csendőrség őrzi.

Az Igazgatótanács védelmet kér a Bank értékeinek és alkalmazottainak biztosítására.

Az Igazgatótanács kéri a katonai hatóságokat- amennyiben lehetséges -, hogy a fent nevezett úr által átadott levelet továbbítsák.

Tisztelettel

MAGYAR NEMZETI BANK
IGAZGATÓTANÁCS

(Kézzel írt jegyzetek)
több mint 100.000.000 svájci frank
Körülbelül 30 millió dollár aranyban

(Leonard R. Cowles alhadnagy kézzel írt megjegyzése)
1945. május 5-én jelen levél másolatát átvettem és továbbítottam az amerikai hadsereg G-2 3. hadosztályának

Leonard R. Cowles
Kémelhárító Hadtest, 3. Hadosztály,
Alhadnagy.

~~~

Az úton nagy a forgalom, megy tovább az előnyomulás. Este 6 órakor a házba amerikai katonák nyomultak be, és kijelentették, hogy amíg ők ott vannak, senki sem alhatik vagy tartózkodhatik a házban. A szobámba belépő amerikai katonák közül az egyik a finn késemre rögtön kijelentette, hogy „this knife is mine" és zsebrevágta.

Bilgeri csizmámat is megnézték, megkérdezték, hogy Ausztriában vannak-e, és hogy német vagyok-e. Mikor megmondtam, hogy Ausztriában vannak és magyar vagyok, békén hagyták a holmimat és megengedték, hogy mindent elvigyek a szobámból.

A szénapajtába húzódtunk Hágenékkal, mert a városba már nem lehetett bemenni. Szegény Hagenék is igyekeztek menteni, amit tudtak, lassan azonban mindenüket átkutatták, és ami élemiszert találtak, főleg friss tojást és húst, azt mind megették.

Kérdeztem tőlük, hogy miért teszik ezt, amire a válasz az volt, hogy a németek ugyanezt csinálták Franciaországban, és azért nem tűrnek meg senkit a házban, mert Németországban a századukból egy éjszaka 20 embert gyilkoltak le a házbeliek. Én igyekeztem velük beszélgetni, egy kicsit restellték a viselkedésüket, de a többség mégis csak hozzányúlt a holmikhoz. Azt hiszem, Hagenéknak nem sok holmijuk marad, mire elköltöznek.

Éjszakára őrt állítottak a szénapajta elé, ahol aludtunk, annyira féltek az orvtámadástól. Folyton azt kérdezték, hogy Hagenék fia nem volt-e SS, nincs-e fegyver vagy fényképezőgép a házban.

1945. május 7.

Délelőtt bementem a Reichsbankba, és megkértem Hansemannt, hogy adjon szállást. A cselédszobáját redelkezésemre bocsátotta. Délután a dögnehéz hátizsákkal és kofferral bekutyagoltam /3 km/ új lakásomba.

Délelőtt még bementem Cowleshez megkérdezni, mit csinált a levéllel. A levelet táviratilag továbbította és ezt a -----

A ---érkar—L

~~~

Tarnay E. Frigyes Aranyhajsza című történetéből

A következők Frici emlékei a fenti eseményekről egy későbbi időpontban lejegyezve az ő 1956-os „Aranyhajsza" történetében.

~~~

Itt megtaláltuk a Német Rendőrség által lezárt utat. Azt mondták, hogy a várost átadták az amerikaiaknak és a kisváros elfoglalása már folyamatban van. Ez jó hír volt számomra. Azt gondoltam, mindössze itt kell maradnom és várnom kell az első amerikai tank felbukkanására. Az autót visszaküldtem a kollégámmal, és egy nehéz hátizsákkal a hátamon az út mellett maradtam és figyeltem.

Végül két óra várakozás után egy amerikai tank tűnt fel és megállt előttem. A legénység nagyon barátságos volt, és amikor meghallották, hogy kicsit beszélek angolul, elsőként adtak egy csomag amerikai cigarettát (Chesterfield), amit már nagyon régóta nem láttam. Viccelődtek és nagyon boldognak tűntek.

Számomra ez volt a legfurcsább. Nem is tudom, mióta nem láttam boldog arcokat. Nálunk mindenki tele volt aggodalommal és unalommal, mindenki fáradtnak és agyonhajszoltnak tűnt. Ezek a fiúk jól tápláltnak, vidámnak, kipihentnek és mindig mókára késznek tűntek.

A legénység tanácsára a városba mentem, hogy felkeressem az Amerikai Katonai Kormányt. Bár a katonai hangosbemondó autó kijárási tilalmat hírdetett a lakosság részére, körbejártam a belvárost de nem találtam semmilyen katonai hatósági központot, ezért visszatértem a külvárosban lévő szobámba.

A következő reggelen német orvlövészek tüzeltek a tank legénységére és megsebesítettek egy katonát. Ez az incidens nem akadályozott meg abban, hogy ismét a belvárosba menjek és a Katonai Kormányt keressem.

Végül a városházán megtaláltam és sikeresen átadtam a levelemet egy amerikai tisztnek. Elolvasta, és azonnal hajlandó lett volna a kincsekhez menni, azonban amikor megmondtam, hogy a falu 109 km-re található és még mindig német megszállás alatt van, csalódottnak és érdektelennek tűnt. A levelet a zsebébe tette, és egy másik kérelmezőhöz fordult. Ez nem volt túl biztató hozzáállás, és elhatároztam, hogy találok valakit, aki több érdeklődést mutat a levelem iránt.

Az Amerikai Kémelhárító Hadtesthez fordultam, és megmutattam a levelem másolatát egy fiatal amerikai alhadnagynak. Amikor végigolvasta, kijelentette, hogy nincs hatásköre az efféle ügyek intézésére, mégis, mivel hozzá fordultam ezzel a fontosnak tűnő levéllel, felelősnek érzi magát és gondoskodni fog az ügyről.

Válaszolva a kérdéseire, elmondtam neki kincseink becsült értékét és a falu pontos elhelyezkedését. Készített néhány jegyzetet, az írógépén lemásolta a levelet és kirohant az irodából egy „Holnap jöjjön vissza" kijelentéssel. Másnap tájékoztatott, hogy a levelet és jelentését továbbították az amerikai hadsereg G-2 3. hadosztályának részére, majd ezt az én kérésemre a levélre írva is megerősítette.

Nagy kő esett le a szívemről, amikor elhagytam az irodát. A küldetésem így végrehajtottam és minden tőlem telhetőt megtettem a részemről. Most már minden az amerikai hadseregen múlott.

Addig mégsem tudtam teljesen megnyugodni, amíg meg nem tudtam, hogy Spital am Pyhrnt át nem vették az amerikaiak. Azonnal vissza akartam térni, de a civilek nem hagyhatták el a várost, és semmilyen kommunikációs csatorna nem állt a lakosság rendelkezésére. Bár a háborúnak vége volt, mindenhol háborús helyzet uralkodott.

~~~

49. kép: Egy amerikai terepjáró „jeep" halad el a Post Hotel előtt az amerikaiak Spital am Pyhrn 1945. május 7-i elfoglalásakor

Két héttel később a Bank autót küldött értem, az amerikai hadsereg különleges engedélyével ellátva. Jó volt újra látni a családomat és a barátaimat. Csak azután hallottam mi minden történt távollétem alatt, és hogy az amerikaiak bevonulása előtti utolsó napokban mennyire veszélyes helyzet alakult ki.

A Salzburgba való indulásomat követő napon egy három tisztből álló német katonai bizottság lépett a Bankba, és az igazgatósággal akartak beszélni. A küldöttség vezetője a 6. Német Hadsereg delegációjaként igazolta magát, és azt mondta, a feladata a Bank kincseinek a biztonságba helyezése mielőtt az amerikaiak bevonulnak. Ellenvetéseinkre azt válaszolta, hogy a kincseket addig kell megmenteni, amíg erre a legkisebb esélyt is látnak. Ennek ellenére nem engedtünk, és a biztos azt mondta, jelenteni fogja felettesének, majd elhagyta a Bankot.

A következő napon a tartomány kormányzója telefonált, és a szándékainkról érdeklődött. Az Igazgató azt mondta, maradni szeretnénk ott, ahol vagyunk, és majd mindent át szeretnénk adni az amerikaiak részére. Az Igazgatót arra kérte, hogy keresse fel a szomszédos faluban. Ott tájékoztatta, hogy szándékainkkal egyetért, de attól tart, hogy a Bankot félkatonai német alakulatok kifosztják. Szerette volna egy erős német egységgel őriztetni, amelyet egy megbízható német tiszt vezetett volna. A parancsnoknak meghagyta volna, hogy csakis az amerikaiaknak adhatja meg magát.

Ennek megfelelően néhány órán belül egy 25 katonából és 5 tisztből álló német egység automata pisztolyokkal felfegyverkezve csatlakozott csendőreinkhez és körbevették a templomot és a kolostort. A parancsnok megmutatta a kormányzó írásos parancsát, amely összhangban volt azzal, amit megígért, így nem volt kétségünk a Kormányzó szándékait illetően.

A következő nap, 1945. május 7. napja, forró nap volt. A helyzet kaotikus volt, senki nem tudta mi történik vagy mi fog történni a következő néhány órában. Az a szóbeszéd járta, hogy a szűk völgyben német ellenállás készülődik, utakat és hidakat fognak robbantani. Mivel a földrajzi adottságok kitűnőek voltak az ellenálláshoz, attól féltünk, hogy a németek késleltetik a falu amerikai elfoglalását és az utolsó pillanatban elveszítjük kincseinket.

A 6. Német Hadsereg küldöttjei visszatértek és tájékoztattak, hogy a parancsnok ragaszkodik az arany biztonságos helyre való szállításához és ezért 6 vasúti kocsit bocsátott rendelkezésünkre. Tájékoztattuk őket a kormányzó parancsáról és szóltunk a német őrség parancsnokának. Ő megmutatta a kormányzó írásos parancsát és a küldöttség vezetőjének azt mondta bizalmasan szeretne vele beszélni.

Amikor elmentek, a küldöttség vezetője az arany elszállításáról kezdte győzködni az igazgatót. Biztosította, hogy ő már mindent megszervezett: az aranyat egy olyan helyre szállítanák, ahol senki sem találja meg. Vigyázna rá és csak az Igazgató és ő tudna a rejtekhely hollétéről.

Meglehetősen zavaros ajánlat volt, de persze az Igazgató nem utasíthatta vissza. A helyzetet a visszatérő őrség parancsnok mentette meg aki kijelentette, hogy a kormányzó parancsának megfelelően a kincsnek ott kell maradnia, ahol van. Ezután a küldöttség sietve távozott.

Azt gyanítottuk, hogy a kormányzót megpróbálták rávenni utasításainak megváltoztatására. Az Igazgató megpróbálta elérni a Kormányzót, de sajnos sikertelenül, ezért egy tiltakozó levelet írt neki. Épphogy befejezte, amikor a szirénák hangja szólalt meg az utcákon és az első amerikai tankok végigvonultak a falun.

Megmenekültünk. Kis különbséggel az amerikai hadsereg nyerte meg a versenyt az oroszokkal szemben, akik elfoglalták a falutól mindössze 5 km-re lévő Pyhrn hágót.

Az amerikaiak lefegyverezték a német egységet. A magyar csendőrök fegyvereit meghagyták és beleegyeztek, hogy ők őrizzék a Bankot, ahogyan azt azelőtt is tették. Néhány hétig erősítést adtak a magyar egység mellé, de később csak a Magyar Királyi Csendőrség őrizte a Bankot a háború végét követő 4 évig.

Így történt, hogy bár a királyságot már régen eltörölték Magyarországon, a Magyar „Királyi" Csendőrség egy kis egysége továbbra is létezett és magyar tulajdont őrzött egy idegen ország hegyei között.

~~~

SZABADSÁG, SZERETET, ARANY

Kincseink felfedezése szenzációt keltett és a „The Stars and Stripes" nevű újság a „Magyarország aranytartalékát egy alpesi faluban találta meg a 80. hadosztály" címmel közölte. Közvetlenül azután, hogy a falut elfoglalták az amerikaiak, még Patton ezredes is, a 3. ezred parancsnoka is megtekintette a helyet és kincseinket.

Ezután elrendelték, hogy a Bank adja át az aranyat az amerikai hadseregnek. Elvitték a templom kriptájából, és három amerikai katonai teherautót töltöttek meg vele. Két tank kíséretében az értékes rakományt Frankfurt am Mainba vitték, és a Reichsbank trezorjaiban helyezték el, amely abban az időben az amerikai erők pénzügyi részlegének főhadiszállása volt. Tehát az arany 5 hónapnyi furcsábbnál furcsább helyre való mozgatása után végül a kripta mélyéből a sokkal biztonságosabb banki trezorba került.

Négy tisztviselő (köztük jómagam) az amerikai főhadiszálláson Frankfurt am Mainban azon dolgozott, hogy minden, az amerikai hatóságok által szükségesnek tartott információt átadjon. Frankfurt am Main 600 km-re van Spital am Pyhrntől. Ebben az időben nem létezett semmilyen kommunikáció, még posta sem működött Németország és Ausztria között. Éppen ezért néhány hónapig semmit sem tudtunk családjainkról.

Az elfoglalt területek határai még nem voltak véglegesek, és az a szóbeszéd járta, hogy az amerikai terület egy részét átadják az oroszoknak. Biztosak szerettünk volna lenni, hogy semmi ilyesmi nem történhet családjainkkal Spital am Pyhrnben, ezért érdeklődtünk a dologról az illetékes amerikai főhadiszálláson (bárcsak ne tettük volna). Egy amerikai őrnagy válaszolt kérdéseinkre, ami életem egyik legaggodalmasabb helyzetébe sodort: Spital am Pyhrnt két héten belül átadják az oroszoknak.

Nem emlékszünk hogyan jutottunk ki az irodából, de azt tudom, hogy rendkívül sápadtnak és kétségbeesettnek tűnhettünk. Szerencsére ez a kétségbeesett állapot csak néhány napig tartott és felhőtlen örömbe csapott át amikor egy amerikai alezredes tájékoztatott minket, hogy Spital am Pyhrnt a brit területekhez fogják csatolni.

Habár ez sem volt igaz, legalább elhittük. Az igazság az volt, hogy a falu mindvégig amerikai fennhatóság alatt volt, csak ez a két amerikai tiszt nem tudta, hogy három Spital létezik Ausztriában; az egyikük Spital am Semmeringre gondolt az orosz zónában, a másik Spital am Draura a brit zónában és mindkettő figyelmen kívül hagyta Spital am Pyhrnt a saját zónájában.

Ha ez a két úr bármikor olvasná ezeket a sorokat, ezúton szeretném őket biztosítani, hogy tökéletesen tudatában voltunk jó szándékuknak és tudtuk, hogy csak segíteni szerettek volna.

~~~

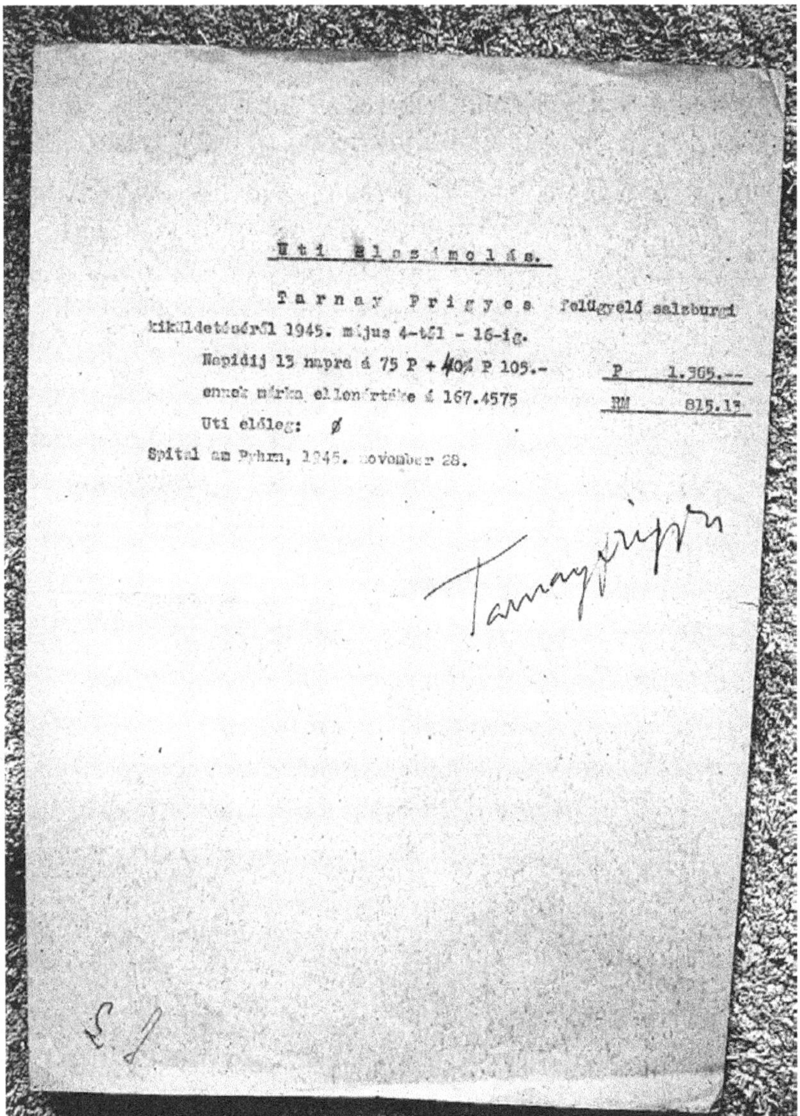

Uti Elszámolás.

Tarnay Frigyes felügyelő salzburgi kiküldetéséről 1945. május 4-től - 16-ig.

Napidij 13 napra á 75 P + 40% P 105.- P 1.365.--

ennek márka ellenértéke á 167.4575 RM 815.13

Uti előleg: Ø

Spital am Pyhrn, 1945. november 28.

Tarnay Frigyes

50. kép: Apánk salzburgi útjának MNB-hez benyújtott költség igazoló lapja. A pénznem német birodalmi márka.

SZABADSÁG, SZERETET, ARANY

1945. május 8., A háború véget ért

A II. világháború Európában 1945. május 8-án ért véget. Az aranytartalék és a nemzeti kincsek az amerikaiaknál biztonságban voltak. Most minden erőfeszítésünk a háború utáni működés rendezésére irányult.

A Spital am Pyhrnben lévő banki tisztviselők próbálták kitalálni, mit tegyenek az MNB szervezetével most, hogy az aranyat az amerikaiak biztosították. A szervezeten belül különböző csoportok alakultak ki. Az egyik vissza akart menni Magyarországra, a másik Svájcban vagy Ausztriában akarta felállítani a Bankot, hogy megvédjék az aranyat az „eltűnéstől" az orosz és kommunista rendszer alatt.

A Bank dolgozóinak az MNB nélküli túlélésre kellett koncentrálniuk. A Bank újra felállított szervezetét az 1944-es nyilas hatalom átvétel előtti időknek megfelelően, és az MNB igazgatójának Torzsay-Bibert választották. Az MNB Deviza- és Elszámolási Részleg vezetőjének ismét apámat jelölték, bár az adott helyzetben ennek nem sok jelentősége volt. A pozíciója segítette amerikai kapcsolatait az arany Frankfurtba szállításakor.

~~~

51. kép: Spital am Pyhrn központja 1945-ben egy ünnepség alatt (valószínűleg a II. világháború végén). A vezetők elöl ülnek, míg valaki az emelvényen áll.

52. kép: 1945, Gyülekezés a Spital am Pyhrn-i ünnepségre. A kép jobb oldalán egy együttes zenél.

~~~

Spital am Pyhrn, 1945. május 15., „Nagymama énekelteti őket"

Torzsay-Biber kiváló igazgatónak bizonyult, de a Bank vezetői nem értettek egyet bizonyos kérdéseket illetően. Két csoportra szakadtak: az egyik vissza akart menni Budapestre, a másik pedig Magyarország határain kívülről akarta irányítani a Bankot.

~~~

Anyánk levele apánkhoz Frankfurtba

[a levél 8 oldala hiányzik]

„amit itt elutazáskor is acceptálnak az amerikaiak. – A régi Spital-i nóta szerint ha én egyszer takarítani akarok és rendet szeretnék csinálni, akkor biztos közbejön valami, most is ha anyámék kimentek volna, az volt az érzésem, hogy nekem kell innét elmenni. Úgy látszik, így lesz, bár még biztosat nem tudunk. – Igyekszem megfelelni mindennek, ami előttem van és lehetőleg nyugodtan várni a dolgokat. – Még egyszer kénytelen vagyok visszatérni a banki dolgokra, eszembe jutott valami.

Holnap Gyula (Torzsay-Biber) Gossensnével négyszemközt beszél. Lehet, hogy privát ügyei vannak, ez a jobbik eset, de lehet, hogy azért akar beszélni, hogy az itteni helyzetet lefesse.

Ha megtudod ezt, hogy így volt, kérlek, hogy simíts rajta Gossens-ék előtt, mert akárhogy is van, de Gyula nem népszerű, mert nem is keresi ezt, és ma már oly izgatottak az emberek, hogy egy veszekedés köztük botránnyá fajulhat.

Most végre írok a gyerekekről. Szépek, egészségesek és jók is, csak Pityin látszik meg a nagypapa-féle utánzás kicsit, de már sokkal kevesebb a hatása, mint Fülöpön volt. A legédesebb most a Hapsi, egész bele fogsz bolondulni, rengeteget dumál és nagyon mókás eredeti pofa.

István most őt kezdi utánozni. Mama énekelteti őket, ezt nagyon szeretik és minden este teljes a hamis kórus. Hapsi énekel elöl és üti a taktust.

Összegyűri a párnáját, ez a csibag-biga [csigabiga], felemel a villával egy darab krumplit, ami lóg egy kicsit és kijelenti „horgász ént"(?), az evése általában színház, valósággal pofázik és amilyen igazi Tarnay, szereti, ha nevetnek rajta, míg István ilyenkor dühbe jön. Hapsiról most regényt lehetne írni, de nem érek rá.

István sokat bajlódik a gyomrával, ezért akaratos is, de tudod, hogy rá nem tudok haragudni. Pityi kezd köszönni, illedelmes, jó lenne bizony őt már őszre iskolába adni. [A levél többi része hiányzik.]

~~~

1945. május 22., Stars and Stripes, Az amerikaiak „megtalálták" az aranyat

Emiatt a valótlan történet miatt bélyegezték az MNB dolgozóit aranyrablóknak és tiltották ki őket saját országukból.

~~~

Hungary's Gold Cache Found In Alpine Village by 80th Div.

WITH 80th DIV. IN AUSTRIA, May 21.—State treasures of Hungary, including the total gold reserve behind all Hungarian currency in circulation, have been discovered by 80th Div. men.

The hoard, guarded by 200 Hungarian gendarmes and more than 500 financial experts, clerks, bookkeepers and other employees, is valued at more than $160,000,000.

High in the Austrian Alps in the ancient village of Spital am Pyhrn, the searchers, led by M Sgt. William J. De Hussar, of Chicago, found 4,000,000,000 pengos ($130,-000,000 at the present rate of exchange), $30,000,000 in gold and complete sets of plates for the printing of all paper currency.

Also in the hideout were over 1,000,000 German reichsmarks, some $200,000 in currency of other countries, including $159,000 in American money; six cases of Hungarian art treasures, including historical 14th-century illuminated manuscripts belonging to ancient Magyar kings, and 20 cases containing jewels and other valuables once the property of the royal Hungarian court.

Shortly before the arrival of the 80th Div. units, Gestapo agents attempted to remove the treasures but patriotic Hungarians sabotaged the effort.

53. Ábra: „Magyarország aranytartalékát egy alpesi faluban találta meg a 80. hadosztály." Stars and Stripes, Párizsi kiadás, 1945. május 22., szerk.: 5. Nyomt. (Kongresszusi Könyvtár, Bölcsészet- és Társadalomtudományi Részleg szívessége folytán)

~~~

Az amerikai katonai hírlevél, a <u>Stars and Stripes</u> párizsi kiadása, Tarnay E. Frigyes átiratában.

Magyarország elrejtett aranyát a 80. hadosztály találta meg egy alpesi faluban.

Május 21-én, a 80. hadosztállyal.

Magyarország államkincseit, beleértve a forgalomban lévő valutája fedezeteként szolgáló teljes aranytartalékot, a 80. hadosztály katonái fedezték fel.

A kincs, amelyet 200 magyar csendőr és több, mint 500 pénzügyi szakember, hivatalnok, könyvelő, és más dolgozó őrzött több, mint 160 millió dollárt ér.

Az osztrák Alpokban, Spital am Pyhrn ősi falujában, a chicagoi William J. de Hussar főtörzsőrmester vezetésével 4 milliárd pengőt/130 000 000 dollárt - jelen árfolyamon 30 000 000 dollár - érő aranyat és valuta nyomtatására alkalmas nyomólemezkészletet találtak.

A rejtekhelyen ezen kívül még 1 000 000 német birodalmi márkát, 200 000 dollárt érő más valutát - 159 000-et amerikai dollárban -, 6 doboz magyar művészeti kincset beleértve a XIV. századból való illusztrált kéziratokat, amelyek ősi magyar királyoké voltak és 20 dobozt tele ékszerekkel és egyéb értékekkel, amelyek egykor a magyar királyi családé voltak.

Nem sokkal a 8. hadosztály érkezése előtt Gestapo ügynökök megpróbálták a kincseket eltulajdonítani, de a hazafias magyarok ezt meghiúsították.

Tarnay F. 20. old.

~~~

54. kép: 1945, a templom alagsora. Ebben egy hatalmas kripta található, ahová a falu papjait és elöljáróit temették el. Itt rejtegették 4 hónapon keresztül Magyarország arany tartalékait. A képen áradás és betörés nyomai is jól láthatóak. Az amerikaiak azért törték be, mert azt hitték, hogy a Bank aranyat és egyéb értéket rejteget bennük.

~~~

1945. június 7., A francia kapcsolat

Két héttel az arany megmentése után, az amerikaiak az aranyat a német bank frankfurti széfjeibe vitték. A szállítást egy tankokkal kísért francia katonai szállító egység végezte.

Ezt a levelet anyánk fordította franciáról magyarra, mint az MNB elnökének titkárnője. Ez egy amerikai Szövetséges ellenőrzés alatt álló Francia Szövetséges Szállítási Vállalat volt. A frankfurti MNB küldöttség vezetője apánk volt az előző MNB igazgatóval, Stephen Cottelyvel együtt

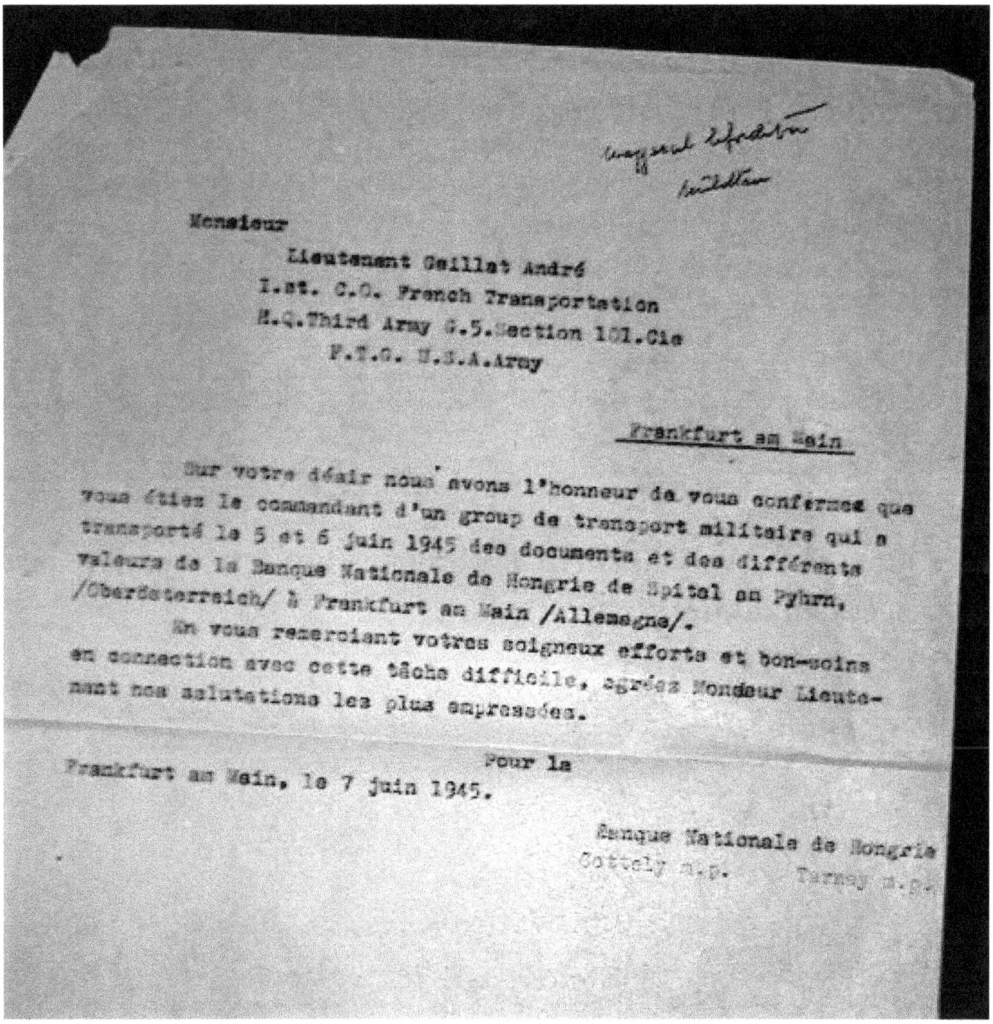

Monsieur

Lieutenant Gaillat André
I.st. C.O. French Transportation
H.Q.Third Army G.5.Section 101.Cie
F.T.G. U.S.A.Army

Frankfurt am Main

Sur votre désir nous avons l'honneur de vous conferme que vous étiez le commandant d'un group de transport militaire qui a transporté le 5 et 6 juin 1945 des documents et des différents valeurs de la Banque Nationale de Hongrie de Spitol an Pyhrn, /Oberösterreich/ à Frankfurt am Main /Allemagne/.

En vous remerciant votres soigneux efforts et bon-soins en connection avec cette tâche difficile, agréez Mondeur Lieutenant nos salutations les plus empressées.

Pour la

Frankfurt am Main, le 7 juin 1945.

Banque Nationale de Hongrie
Cottely m.p. Tarnay m.p.

55. kép: Felhatalmazó levél az MNB-s papírok Frankfurtba való szállításához

André Gaillat hadnagy
I.st.c.o. Francia Szállítmányozás
H.Cr. Third Army G.5. Section 1O1. Cie
F.T.C. U.S.A. Army.

                                          Frankfurt am Main.

Az MNB nagyon szerencsés, hogy az MNB aranyának, hivatalos iratainak és a nemzeti kincseinek szállítását a francia katonai szállítási csoport hajtotta végre az Ön irányításával a németországi Frankfurtba, az alsó-ausztriai Spital am Pyhrn-ből 1945. június 5. és 6. napján.

Őszinte hálánkat fejezzük ki ezért az Ön által vállalt nehéz feladatért és azért a megkülönböztetett figyelemért, amelyet felénk tanúsít ezzel a rendkívüli feladattal kapcsolatban. Engedje meg, hogy kifejezzük legmélyebb hálánkat erőfeszítéseiért.

Frankfurt am Main, 1945. június 7.

                                          Magyar Nemzeti Bank
                                          Cottely s.k.; Tarnay s.k.

~~~

1945. július 1., „A Bank nem kívánhatja, hogy hónapokig távol éljünk a családunktól"

Azok a tisztviselők, apánkkal együtt, akik Frankfurtban segítettek az arany leltározásában, családjaiktól el voltak választva. Nagyon nehezen viselték a körülményeket, mivel Ausztria és Németország között nem volt rendes kommunikációs csatorna a küldöncöt kivéve.
Ezt apánk írta anyánknak Spitalba. Küldönc továbbította.

~~~

Frici hozta Frankfurtból
                                  Gossensékkal küldte
„A helyzet most úgy alakult, hogy még legalább egy hónapig itt kell maradnunk, de azt hiszem, ez jóval több lesz. Ezért szeretném, ha titeket is ide tudnálak hozni. Torzsaytól egy teherautót kérünk, hogy azon eljöhessetek.

A Bank nem kívánhatja, hogy hónapokig távol éljünk a családunktól, és a magam szempontjából is inkább vagyok itt, mint Spitalban a nagy közösségben. – Nehéz probléma Mamáék és Zsuzsi kérdése.

Nem tudom még, hogyan tudunk itt lakást szerezni, és ha mi innen esetleg Svájcba jutunk, nem fogom tudni őket magammal vinni. Zsuzsi egyedül nem volna probléma, mert egy személlyel több v.[agy] kevesebb nem számít és keresőképes.

Gossens-nek légy szíves majd átadni a vadászpuskámat és a pisztolyomat, megkértem őt, hogy vegye őrizetbe. Az élelmiszereket Friedrichéktől ne felejtsd el lehozatni és a Maar lányok holmiját is, mert azt útközben majd leadhatjuk Straßwalchenben.

Boci[4] küldje el amerikai barátja címét, innét lesz lehetőség üzenetet küldeni."

Sokszor csókol
VII. 1.Frankfurt am Main
　　　　　　　　　　　　Frici

~~~

1945. aug. 1., „Ezt a levelet is szélnek eresztem, talán elér Hozzád"

A levél tükrözi mindazt a nehézséget, amit a Bank dolgozóinak ki kellett állnia a kommunikáció hiánya és a családjuktól való távollét miatt. Anyánk kétségbeesetten szerette volna látni apánkat Frankfurtban, de kommunikáció és úti okmány nélkül ez kivitelezhetetlen volt.

~~~

Édes Fricikém! Hiába vártunk, és nem tudom elképzelni, miért nem jöttök. Tegnap jöttem vissza Kirchdorfból, elindultunk utánatok, de nem kaptunk engedélyt, pedig nagyon sok mindent szerettem volna megbeszélni.

Ezt a levelet is szélnek eresztem, talán elér Hozzád.

Különben jól vagyunk, ezzel az utazási kísérlettel kiadtam mérgemet, most megint könnyebb.

A gyerekek nagyon jól vannak, rengeteget fejlődtek, úgy fáj a szívem, hogy nem láthatod őket, különösen Hapsi változott sokat.

Hapsi a főkedvence mindenkinek, élvezi az életet, főleg az evést, nagymamától énekelni tanul és kedvenc nótája a vajaskenyérről szól. Általában, míg leülnek az asztalhoz és míg tálalunk, addig süvöltenek az étel után. Pityi komoly jó barát tud lenni, ha akar.

---

[4] *„Boci", a Jankovics László igazgató lánya volt. Ebben az időben tizenhat éves volt és levelet szeretett volna írni annak az amerikai katonának, akivel Spital am Pyhrnben találkozott.*

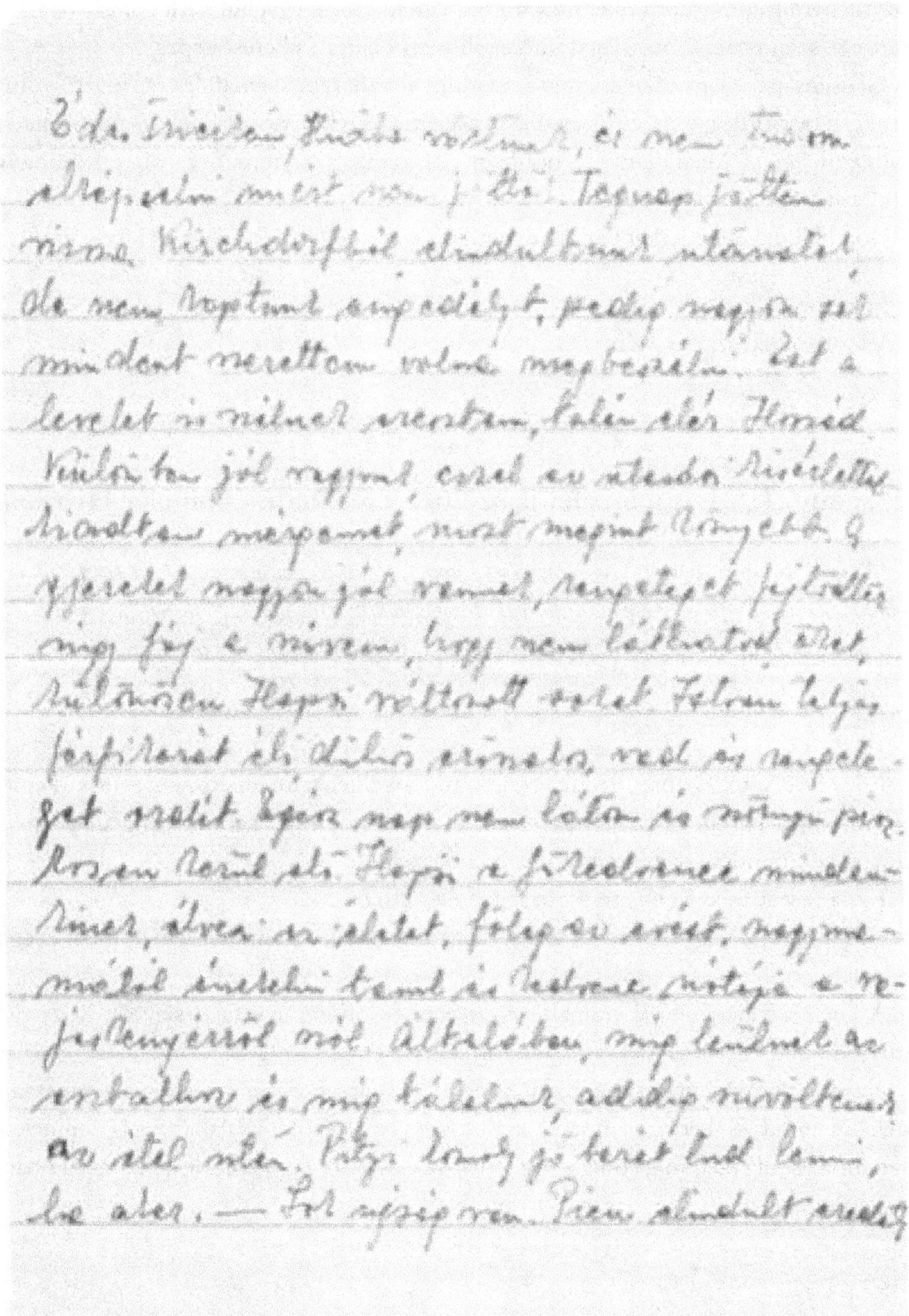

56. kép: Anyánk levele Spitalból apánkhoz Frankfurtba

Grete és Cica még Strasswalchenben vannak, Grete mint tolmács működik, lehet, hogy eljönnek a ruhájukért. Ancuék Zell a[m] See mellett vannak, csak pár sort kaptam tőlük. Mamáék végre révbe jutottak, elég rendes helyen laknak, csomó hibával, de ki lehet bírni, mert elég nagy. Mi is kicsit megnyugodtunk azóta és rendesebben élünk így egyedül. Nagyon hiányzol, sok bosszúság árt Mamáéknak, nekünk is sok holmink elveszett, többek között az öreg Gundtnernél levő csomagok közül is az egyik.

Szeretnék néha megbeszélni valamit, de azután magam döntök, majd szidsz érte, ha megjössz. Sokat aggódom az ellátásodon, de újabb hír híján csak remélem, hogy megjavult.

Egy biztos, hogy többet soha sem eresztelek el egyedül.

A viszonyok itt még mindig nem változtak, éppen úgy unatkozunk, mint azelőtt, csak sajnos már a nyárnak itt vége és ezzel majd rosszabb lesz. Nagyon várok valami értesítést, addig is a gyerekekkel együtt ölel csókol

Katid

1945. december 1.

~~~

1945. augusztus 4., Ellenségnek tekintve

Ezt a levelet apánk írta Frankfurtból az MNB igazgatójának Torzsay-Bibernek Spitalba.

Frici megtudta az amerikaiaktól, hogy egy kémelhárító tiszt előléptetést és kitüntetést kapott az arany felfedezéséért. Innen ered az aranyrablás története. A bank dolgozóit bűnözőkként megbélyegezték és a továbbiakban nem térhettek vissza hazájukba. Azt a néhányat, aki vette a bátorságot és hazatért, börtönbe vetették, meghaltak, vagy koldusként élték le az életüket, mivel nem jutottak munkához.

A végén néhány MNB-s tisztviselő apánkat Schefflerrel együtt a Bank elleni összejátszással vádolta, ezért korán Innsbruckba kellett költöznünk Spitalból.

~~~

57. kép: 1945, apánk középen három amerikaival. Azon MNB-s csoport vezetője volt, akik az aranyat leltározták. (Tarnay E. Frigyes személyes irataiból.)

Torzsay-Biber vezetése alatt a Bank kaotikus állapotnak örvendett. Jankovics hazaárulásért Torzsay-Bibert bebörtönöztette. Ez is mutatja azt a szélsőséget, amit Jankovics hajlandó volt a Bank megmentéséért vállalni. Amikor apám ezt a levelet írta, nem tudta, hogy Bibert bebörtönözték.

Jankovics annak a csoportnak a vezetője volt, amelyik az MNB-t vissza akarta vinni Magyarországra, míg Torzsay-Biber azon csoporté, amelynek apám is tagja volt, és amely azt szerette volna, ha a Bank Ausztriában vagy Svájcban működik tovább. Torzsay-Biber úgy gondolta, hogy az oroszok és a kommunisták elrabolnák az aranyat, a dolgozókat pedig bebörtönöznék vagy kivégeznék az arany elrablásáért.

Jankovics végül maga is erre a következtetésre jutott, és mivel féltette az életét, ő sem tért vissza Magyarországra. Sao Pauloba, Barzíliába vándorolt ki, ahol munkát vállalt és a családjának Budapestre küldte haza a megkeresett pénzt. Jankovics soha nem látta újra családját. Elhagyta a feleségét, két lányát és két unokáját. Lánya Rozi (Boci) volt családja utolsó megmaradt tagja, aki 2011 júniusában hunyt el.

~~~

SZABADSÁG, SZERETET, ARANY

Jankovics Rozi (Boci)emlékére

58. kép: Az „utolsó János" koccintás, István és Boci - az Ausztriában, Spital am Pyhrnben töltött idők emlékére. Budapest, 2010. Karácsonya. Boci 2011. június 11-én halt meg.

~~~

Frankfurt, 1945. augusztus 4., Tarnay Frigyes Spital am Pyhrnbe, Torzsay-Biber elnöknek írt levelének egy részlete

Nagyon vártam jöveteledre, úgy látszik, valami közbejöhetett, mert az avizált időpont már régen elmúlt és még nem érkeztél meg. Sajnos a mi utazásunkat is lefújták. Utolsó reményünk az volt, hogy legalább valamelyikünket hazaengednek pénzért, mert már komoly pénzzavarban voltunk, de most kiutaltak előleget részünkre a Reichsbanknál. Fejenként 1.000 márkát vettünk fel 2 részletben. Azzal bíztattak, hogy hamarosan úgyis hazaküldenek, csak meg kell várnunk, amíg egy bizottság átnézi az aranykészletet. Azt hittük, hogy jön egy bizottság, és az velünk együtt számba veszi az aranyládákat.

Úgy látszik azonban, hogy máris számbaveszik az aranyat, a mi bevonásunk nélkül, mert egy civil amerikánus elkérte tőlünk az aranykönyveket, azután visszajött néhányszor kérdezni valamit, amiből azt látjuk, hogy vizsgálják az aranyládáinkat. Később az érmeládákra vonatkozó feljegyzéseket is kérték.

Egy hete újabb feladatot adtak. Lejött hozzánk egy Lathrop nevű uniformisos, de tisztviselői statusban levő úr /azért mondom, hogy „úr", mert az első amerikai ebben a társaságban, aki bemutatkozott és kezet fogott velünk./

Megkért, hogy csináljunk egy jelentést a német clearingforgalomról. Másnap ugyanezt kérte még svájci, svéd és török viszonylatban, ezeknél különösen az érdekelte, hogy nem vásároltunk-e Németország részére anyagokat ezekben az országokban.

Ezen el fogunk játszadozni jó néhány hétig. Lehet, hogy szükség lesz anyagra Spitalból, és talán sikerül ezen a címen néhány napra eljutni hozzátok. - Egyébként [?] tekintenek, de van különbség a kezelésben a németekkel szemben. Mostanában mindig hoznak be egy csomó németet teherautóval dolgozni a bankba d.e. 10 óra felé. Ezeknek kb. d.u. 4 óráig egyfolytában dolgozniok kell, azután visszaviszik őket, de előzőleg az egész társaságot megmotozzák. Köztük van egy ismerős is, Ministerialdirigent Martini, a Teichswirtschafts-ministeriumból. Mi ezzel szemben szabadon járunk-kelünk, teljesen önállóan dolgozunk /a németek felügyelet mellett dolgoznak/.

Tegnap a Teichsbank volt elnökét, Puhlt is láttam. Őt külön kísérte egy nem fegyveres katona. Megtudtam, hogy Berlinből hozták el, és az a szándékuk, hogy közreműködésével valami Jegyintézet félét építsenek fel München központtal. Puhlt Funk 6 hónappal az összeomlás előtt felfüggesztette, és úgy látszik, ez erősen a javára szól, különben is mindenki tudta, hogy nem náci. Soha ilyen jó színben nem volt, és először nem is voltam biztos, hogy ő az, alig ismertem rá. -

Nekünk is az a benyomásunk, hogy általában azt hiszik ezek az amirikánusok, hogy mi elszöktünk, kiloptuk az aranyat az országból, és eldugtuk a hegyek közé.

Ezt alátámasztották valószínűleg azoknak a katonáknak a jelentései, akik érdemeket akarván maguknak szerezni, úgy állították be a dolgot, mintha ők „találták" volna meg az aranyat valami rejtekhelyen, ahol egy csomó náci ült rajta. Megtudtam pl. hogy Huszár 5 pontot és egy kitüntetést kapott a mi felfedezésünkért. Azt ajánlanám Neked, hogy ahol csak lehet, kolportálni kell, hogy mi nem bújtunk el, hanem Spitalban nyilvánosan működtünk, és magunk közöltük az amerikai hatóságokkal, hogy hol vagyunk. A Bank tradicióihoz hű tisztviselőgárda ragadta magához újra a vezetést, és ennek a gárdának az ellenállása hiúsította meg azt, hogy egy kisebb csoport, élükön az elnökkel, máshova hurcolja az aranyat.

Utólagos jóváhagyásoddal mi készítettünk is egy ilyen helyreigazító jellegű feljegyzést, és ezt elküldtük Kelemen Jóska bátyjának, aki azt a legjobb úton eljuttatta Brucehoz, arra kérve őt a nevedben, hogy legyen segítségünkre ennek a tévhitnek és következményeinek az eloszlatásában. Erről másolatot sajnos nem tudok küldeni, mert az idő rövidsége miatt a kéziratot küldtük el Gossensék útján. Már választ is kaptunk, hogy továbbították, és küldenek majd másolatot.

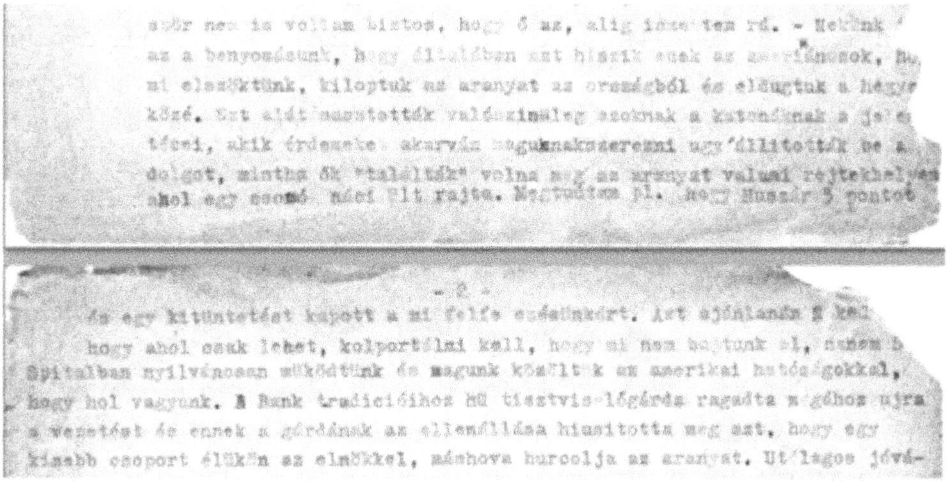

59. kép: Tarnay Frici Frankfurtból írt levele Torzsay-Bibernek az amerikai fogsága idején

A napokban felkeresett minket egy őrnagy és kérdezte, hogy nem tudjuk-e, hogy hol van Quandt és egy Szántó Sándor nevű úr. Budapestről amerikai tisztek kérték meg őt, hogy állapítsa meg, hol vannak ezek az urak. Megmondtuk neki a két utolsó ismert nyomot /Thann és Hals/ és megkértük, hogy ha megtudja, közölje velünk is. - Egy másik őrnagy meg aziránt érdeklődött, hogy hányan vagyunk Spitalban, mennyi élelmünk van, hány autónk van és különösképpen azt állította, hogy az angol zónában vagyunk, ezt sajnos meg kellett cáfolnunk. –

A Nemzetközi Vöröskeresztnél is voltam. Marty-val, a delegáció vezetőjével nem tudtam beszélni, mert nem volt itt, de a helyettese közölte, hogy nem tudnak segítségünkre lenni. Genf megkapta a levelünket és közölte, hogy kérdéseinkkel közvetlenül az amerikaiakhoz kell fordulnunk. Svájcba való kimenetelünkre vonatkozó kérésünket a svájci konzulátus útján a svájci kormány elé kellene terjesztenünk. Élemezési kérdésben sem állhatnak rendelkezésünkre, mert csak táborok ellátásának és gondozásának a kérdésével szabad foglalkozniok.

A helyettes bevallotta, hogy nagyon nehéz a helyzetük, mert az amerikaiak nagyon szűk térre szorítják őket, és örülnek, hogy megtűrik őket. Igy pl. előírták, hogy ellenséges állambelieket nem szabad támogatniok, csak svájci állampolgárt alkalmazhatnak, és más állambelieket el kell bocsátaniok /még angolokat is/. Ausztriában is van már megbízottjuk, Salzburgban, Dr. Mayer Moro személyében, de ezt Te már bizonyára tudod.

A mi belgiumi kivándorlásunk kérdését Gossensék úgyis ismertetik. Köszönöm, hogy felvettél a listára. - Köszönöm továbbá, hogy családjaink ideszállítását pártolod és annak érdekében fáradozol. Mellékelten küldöm a SHAEF levelének hitelesített másolatát, amelyben nem emel kifogást családjaink idehozatala ellen. Azt hiszem, ez meg fogja könnyíteni az engedélyek megszerzését.

Egyébként egészségesek vagyunk, de le vagyunk soványodva és gyengülve. A sok mosléktól, amit össze kellett falnunk egy étkezésre legalább 3 vendéglőben egy csúnya bélgyulladást kaptam, és be kellett feküdnöm egy magánklinikára, 6 nap alatt talpra állítottak, és azóta Vajkóczyval és Kelemennel ott étkezünk, mert legalább tisztán és rendesen főznek, ha nem is adnak többet, mint amennyi a jegyekre jár.

~~~

A fekete piacon lehet valahogy pótolni a hiányt, de ehhez sok pénz kell. Elfogyván a pénzünk, nagyon kérlek, küldjél Gossensékkel legalább 10,000 márkát, mert ki tudja, mikor van ismét alkalom a küldésre. - A tiszti szállóból már kitettek, mert Tranzitszálló lévén, csak néhány napig lett volna szabad ott maradnnk, és mi 2 hónapot töltöttünk benne. Most albérleti szobákat utaltak ki nekünk. Mindegyikünk külön lakik, nem messze egymástól. A mellékelt cédulán közlöm a címüket. Nagyon jó szobákat kaptunk, és örülünk a cserének. - Kocsinkat nem használhatjuk mert közlekedési engedélyét bevonták, nem nagyon bánom, mert úgyis ellenőrizték volna a használatát, viszont ha engedélye van, akkor ők is használták volna, és végül is egészen kisajátították volna maguknak. Soffőrünket most átengedtük Goossenséknak, mert kirúgták a belga soffőrüket. Nagyszerű dolga van, most amerikai koszton él, és hamarosan amerikai egyenruhába is bújtatják.

VIII.3. péntek.

Ma nagyon felkavarta kedélyünket a hír, hogy Spital angol zónába került. Kamarek, aki – mint megtudtuk – tisztviselői státusban van ny. ezredesi ranggal, de az egész Finance Control Excentive-nak a főnöke meglátogatott ma minket, és nagyon barátságosan érdeklődött, hogy mi lesz a családjainkkal, el akarjuk-e őket hozni. Azt mondtuk, hogy persze, és mindent elkövetünk, hogy elhozassuk őket. Nehéz lesz, mondja ő, mert Ausztria már önálló ország, külön Control Commissionnal és - Spital angol zóna lett, nagyott nevetett, és otthagyott minket tátott szájjal a meglepetéstől. Most persze nem tudjuk, nem hoz-e ez változást a mi helyzetünkben itt és nem küldenek-e visa hamarosan Spitalba. Tehát érdemes-e elhozni a családot ide. Holnap ezt meg akarjuk kérdezni Kamarektől, de attól félek, hogy nem tud még választ adni. Vajjon az angolok nem tartank-e igényt arra, hogy az egész bankot az elvitt arannyal együtt ellenőrzésük alatt tartsák? Erre talán fel is lehetne bíztatni őket. Az elvitt könyveket és anyagot is visszakérhetik, hiszen azok nélkül nem tudunk nekik anyagot szolgáltatni. Azt hiszem, be kell várnunk a fejleményeket, amíg ebben a kérdésben véglegesen dönteni tudunk. – A bankbeli állapotok nagyon sajnálatosak, K. Jóska és C. Pista is nagyon elítélik az ellenpárt működését, és minden részvétünk a Tied ebben a nehéz helyzetben. Nagyon sajnáljuk, hogy nem lehetünk melletted és nem tudunk támogatni Téged. - Remélem, hogy az angolokkal jó cserét csináltatok, és már nagyon várom vissza Gossenséket az új hírekkel. Nagyon kérlek, hogy tájékoztass minket az új helyzetről, és adjál utasításokat, hogy mihez tartsuk magunkat.

Egy magántermészetű kérésem van még Hozzád, segíts valahogyan a családomon, hogy ne kelljen 7 embernek egy szobában szorongania. Attól félek, hogy feleségem teljesen le fog törni ilyen körülméyek között. Előre is köszönöm jóindulatodat. – Mindnyájunk nevében szívélyesen üdvözöl, stb.

Tarnay, Kronberger Str. 49. Bei Kittel

Kelemen, Teuterweg 98. bai Keller

Cottely, Eppsteiner Str. 5. Bei Schmitt.

Vajkóczy, Dronberger Str. 14.

Nagy-György, Ferencz, Ffiedrich Str. 17/a

U.i.

Most beszéltünk Kamarekkal és megkérdeztük tőle, hogy meddig tartanak itt minket, mert intézkednünk kellene családjaink idehozatala felől. Nem tudott határozott választ adni. Nem szándékozik véglegig itt tartani minket, de nem tudja megmondani az időtartamot. Megkérdeztük tőle azt is, hogy az idehozott anyagot /könyvek és egyéb/ itt tartják-e vagy később, ha nincs szükség rá, visszaküldik-e Spitalba. Nem tudom volt a válasz, a döntések feljebb történnek. Úgy is feltettük a kérdést, hogy ha itt végeznénk, haza kell-e mennünk Spitálba, vagy pedig itt maradhatuk-e, ha akarunk. Erre sem tudott válaszolni. Tanácsot sem adhat, mert akkor felelősnek érezné magát, tehát nekünk kell eldöntenünk, hogy elhozzuk-e a családot. - Nehéz kérdés, mert a békeszerződések tárgyalásának közeli dátuma még változásokat idézhet elő helyzetünkben, mert kétségtelen, hogy anyagra lesz szükségük, és kérdés, hol akarják ezt feldolgozni. Tekintettel arra, hogy a fontos anyag itt van, úgy gondolom, jobb volna a családot idehozni. Ha ezzel egyetértesz, nagyon kérlek, küldd el őket.

A mellékelt SHAEF[5] levél alapján azt hiszem, az engedélyeket meg lehet szerezni. Gossenséknek is adtam egy példányt a hitelesített másolatokból. A benzinnel talán úgy lehetne spórolni, hogy a teherkocsi itt marad, és nem teszi meg vissza az utat. Ha olyan

---

[5] **SHAEF** - A Szövetséges Expedíciós Csapatok Központi Főhadiszállása egy amerikai, brit és francia erőkből álló szövetség volt, amely a Szövetséges erők tevékenységének tervezéséért és végrehajtásáért volt felelős a németekkel szemben Nyugat-Európa területén.

papírja van, hogy Spital angol zónába tartozik, biztos nem történik baja, erről gondoskodnánk. Ha szükségetek lenne a kocsira, vissza lehet mindig rendelni, erre meg lesz mód katonai vonalon. – Ha sikerül őket útnak indítanod, kérlek továbbá, hogy lásd el őket valami élelemmel, ami rájuk esnék és néhány hónapra való pénzzel. Előre is köszönve jóindulatodat és fáradozásodat, abban a reményben, valahogy hamarosan mégis találkozni fogunk, ölel, Stb.

VIII. 4. 1945
Tarnay Frigyes

60. kép: 1945. augusztus 7. Utazásra jogosító okmány Tarnay Frigyes részére Frankfurt és környékére, az arany-leltár időtartamára.

SZABADSÁG, SZERETET, ARANY

~~~

A szerkesztő megjegyzése:

Az amerikaiak Quandtot keresték, egy magyart, aki a Magyar Hadsereg tagja volt és akit az amerikaiak a háború végén börtönbe vetettek. Külföldi kereskedelmi tapasztalataival, angol, magyar és más idegen nyelvek ismeretével az amerikaiak szolgálatukba állították, és 1945 végén az MNB elnökévé nevezték ki. Ő váltotta fel Torzsay-Bibert, akit börtönbe vetettek, mivel nem működött együtt a budapesti vörös MNB-vel. Quandt az MNB Budapestre való költözésével lemondott, és saját vállalkozásba kezdett Magyarországon kívül.

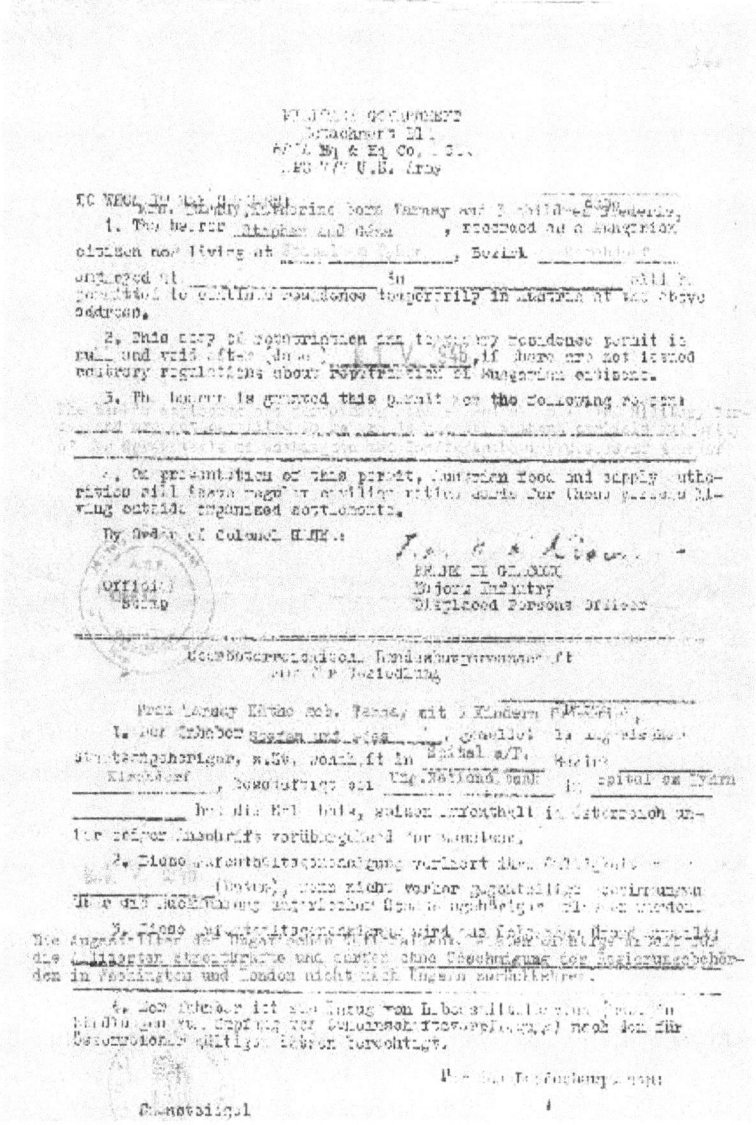

61. kép: 1945. május 5., Ez megakadályozta anyánkat és minket, gyerekeket a Magyarországra való visszatérésben, mivel apánk az amerikaiakkal dolgozott Frankfurtban.

1945. aug. 24. Az esti „füstben töltött találkozások" a mi Post hotelbeli lakásunkon

Spitalban a Bank dolgozói egy lélegzetvételnyi nyugalomhoz jutottak a háború végén. Ezt a levelet anyánk több napon keresztül írta. Szüleink megkülönböztetett helyzetet élveztek Spitalban. Apánk, anyánk és Zsuzsa néni a Banknak dolgozott. Apánk magas pozíciójából adódóan Leopold Scheffler német biztos összekötő tisztje lett. Anyánk az MNB elnökének és kabinetjének a titkárnője volt.

Találkozóik révén szereztek a dolgozók információkat és így segítve az MNB vezetőség és a 600 dolgozó és családjuk közötti kommunikációt Spitalban. Anyánk és testvére Zsuzsi nagy becsben tartott tanácsadók voltak, mert oly sokat tudtak arról, hogy mi történik. Ezek a cigaretta füsttel teli találkozók a hotel szobánkban zajlottak.

~~~

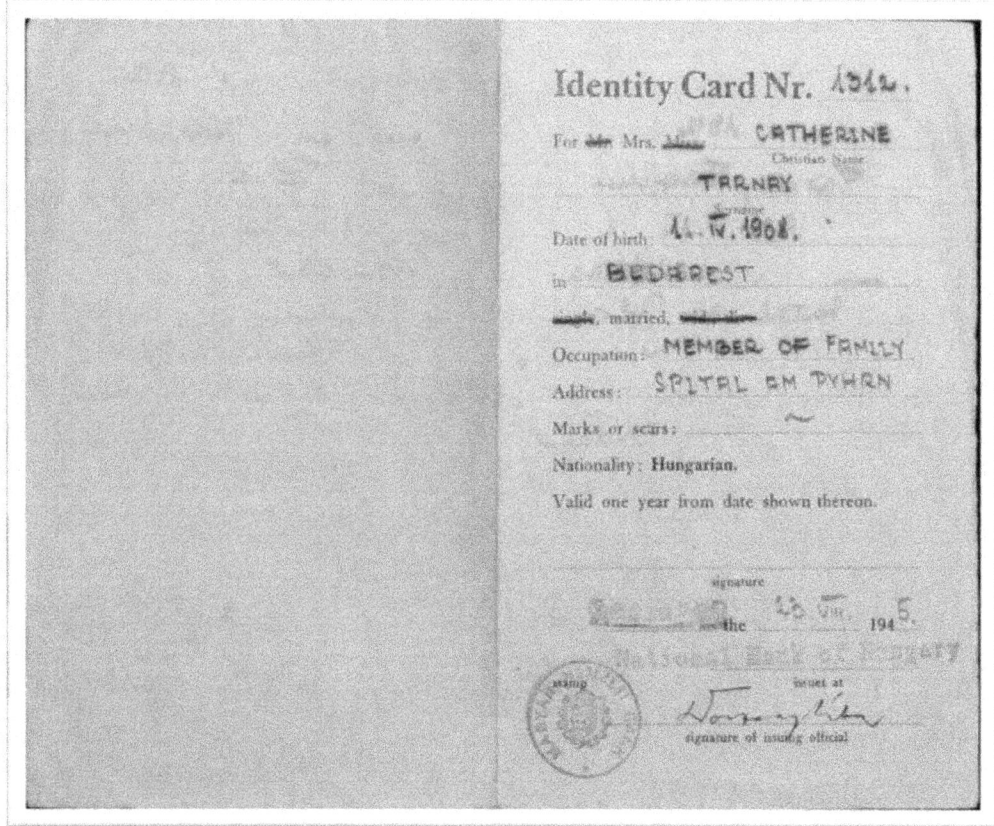

62. kép: Anyánk MNB-s igazolványa, aki Spital am Pyhrnben dolgozott a Banknak. Az amerikai megszállás miatt angol nyelven íródott. Az MNB elnöke, Torzsay-Biber írta alá 1945. augusztus 23-án.

~~~

Tarnay B. Frigyes *(a fiú)*

„A szobánk tele volt emberekkel, mindenki az eseményekről és tervekről beszélgetett. Mindenki dohányzott, és mivel emeletes ágyban aludtam, láttam a cigaretta füst vastag szürke fellegét, amely az ágyam magasságában kígyózott.

~~~

1945. augusztus

Édes Fricikém, ma megkaptam Bibertől a neki írt leveledet és azt olvasva, bizony nagyon el voltam keseredve.

Érzem és tudom, hogy most ott kellene lennem melletted, és olyan reménytelen, hogy itt ülök Spitalban és egy nap milliószor is átgondolom, hogy juthatnék el hozzád. Egyelőre mesélek egy kicsit az életünkről. Tudod, még most is úgy van, mint a nyilasok uralma alatt, hogy elég nagy fiúk vagyunk Zsuzsival. Ebből csak azt lehet levonni, hogy a társaság elég nívótlan, mert én otthon soha így nem voltam.

Hozzánk jönnek az emberek felüdülni.

Biber Györgyné, Elza, Bébi, pedig mi azután igazán el vagyunk látva gondokkal.

Tudod, itt mi egészen másképpen látjuk a helyzetet. Ti nagyon keveset hallotok hazulról. Mi itt a határ közelében annál többet, és az emberek legnagyobb része már alig bírja az ittlétet, tél előtt mindenki haza akar menni, részben, mert a koszt rémes, másrészt pedig ruhából és mindenből kifogytunk.

Múltkor, hogy Nitschmann hazament, mindenki lázban volt, kicsit engem is elfogott a honvágy, de azután nem engedtem magam búsulni.

Nézd Dudám, én tudom, hogy nekünk nem lenne jó otthon.

Neked is elég megpróbáltatás volt a nyilasokkal a fejed felett dolgozni, most csináljuk ugyanazt a kommunistákkal? Még hozzá esetleg ki is rúgnak.

Ma hallottam, hogy Mészárovits Tiborból felügyelő és nagy fiú lett. Ilyen tehetségesek a nyilasok is voltak, így otthon ez megint csak átmenet lehet, hiszen ilyen emberekre komoly dolgot bízni nem lehet.

Nagyon szeretnék kint maradni a gyerekek iskolája miatt, hogy tanuljanak valamilyen nyelvet, mert ezt otthon nem lehetne, nem lenne rá pénzünk. Hogy itt mi lesz a helyzetünk, nem tudom, anyagilag lehet ennél rosszabb, de nyomasztóbb, mint ez a közösség aligha, egyedül legalábbis alig bírom néha. Megint rengeteg dolgunk van, egész nap rohanok, –

~~~

1945. augusztus 24., „Ezt a békát le kell nyelnem,..."

Folyton főzni kell, fánk nincsen, nagy könyörgésekre kapok egy kosár ágat, ezzel egyszer befűtök. Nem is ez a baj, mert végre is a fa télen még nagyobb kérdés lesz, bár most a bank kitermeli a szükségletet, hanem az egy szoba nyomora.

Mindennapos eső, állandó a sár, ezzel együtt a piszok, a cipőpucolás és persze a sok dolog miatt a gyerekekkel a perelés. Ha esik, még nyugtalanabbak, mert nem tudják magukat kimozogni, ezzel nekünk is több a dolgunk, mert mindig útban vannak és így hidd el, néha már majd megbolondulunk Zsuzsival.

Ma pl. [például] ½ óra múltán, hogy kimentek, szó szerint nyakig sárosan jöttek haza, meleg vízben kellett őket megfürösztöni dél. előtt. 11 órakor! Hapsinak csak egy pár cipője lévén egész nap a szobában volt ezután.

Tegnap éppen nagy dráma volt, T. Laci lehordta az összes gyerekeket (tényleg nagyon komiszak voltak a folyosón, de én takarítottam és bizony nem értem rá utánuk nézni), utána bejött, hogy engem hordjon le.

Én azután megmondtam neki, miért nem gondozzák a gyerekeket, nincs foglalkozásuk szegényeknek, neki is van két lánya, mondom, mért nem viszik sétálni őket, és emlékeztettem, mikor én mint hivatalnoknő magamhoz vettem a Bocit és vigyáztam rá, mert a Rózsi beteg volt.

Nagyon szelíd lett és azt ígérte, megcsinálja a napközi otthont. Azt mondtam erre, Maga csak ígér, de nem csinál meg semmit, mert nagyon dühös és fáradt is voltam. Annyira meglepte, hogy nem is lett mérges és eltávozott.

Utálom, ha azt kell mondanom, hogy más miért nem dolgozik, mert ehhez semmi közöm, de dühbe hozott, hogy ők miért sétálnak egész nap és emellett még engem mernek kritizálni. Én nem rosszul nevelem a gyerekeket, hanem egyáltalán nem érek rá nevelni. Borzasztóan hiányzik az apjuk és félek, hogy egyáltalában nem bírok majd velük. A gyerekek és a Te egészséged a legnagyobb gondom.

Tudom, hogy aránylag nincsen rossz dolgunk Spitalban, de mi, én is és Te is, már ki vagyunk teljesen uzsorázva a banktól. Ha az a tendencia, hogy Nektek minél tovább kell maradnotok, akkor nem kívánhatják, hogy ebben mi is rosszul járjunk.

Laci azt vetette a szememre, hogy itt vannak anyámék is, akik segítsenek, Zsuzsi is. Mamáékat tudod, nem sokra lehet használni, végre is anyámnak is van háztartása, naponta kétszer kutyagolnak ebédért, vacsoráért, hetenként kétszer is elviszik a gyerekeket, és mama most is süt részünkre süteményt. Ennél többet tényleg nem kívánhatok.

Az viszont igaz, hogy ennek ellenében velük is csak van gondom, a zöldséget kivenni nekik, papa millió kívánságát elintézni és hát mégis itt vannak a nyakamon, viszont nem jól érzik magukat és folyton haza akarnak menni. Minden panaszukra úgy érzem, hogy nekem kéne segíteni, de a sok dolgomtól képtelen vagyok, és csak rágja az embert az ő elégedetlenségük, pedig talán ők se engem okoznak.

Tulajdonképpen 5 gyerek gondja szakadt rám. Zsuzsit most kikértem Bibertől, de 3 naponként egész nap konyhás azért, és tudod ő is elég gyenge egészségű, felét se bírja, mint én és főleg nem alkalmas háztartási, fizikai munkára, mert szörnyű unpraktikus. Végre is ő se alszik a gyerekektől és becsületesen végigcsinálja velem a napi rumlit.

Most őt is, mint minden hazakészülőt, elfogta a honvágy és a mehetnék.

Ma 40 levél jött Pestről, de kivétel nélkül az írják az emberek, bankosok a legnagyobb része, hogy még várjunk türelmesen. Biber nem is enged el senkit, még Zsuzsit se, legfeljebb azzal mehet haza, hogy el van bocsátva a banktól, ha az itteni különítmény hazatér. Ezt akarja megakadályozni azzal, hogy hazamegy és persze segíteni akarja az öregeket, vagy megélni, vagy visszaszerezni a szőlőt.

Így is van a dolog, de félek, hogy ő nem fogja bírni, az biztos, hogy rettentő nagy dologra vállalkozott. Segíteni mi se tudjuk egyelőre, se pénzt nem tudunk adni, se holmit, hiszen még a magáét se biztos, hogy elviheti mind.

Képzelheted– milyen gondjai vannak, vele együtt persze nekem is. Még az a szerencse, hogy nem most indulnak, és még van idő elmélkedni, bár anyámék Takácsékkal együtt az első induló vonatra feliratkoztak és én ezt helyesnek tartom, nekik nincs miért várni, mert csak jobban belemennek a télbe itt.

Persze az indulás szörnyű lesz, de túl kell esni rajta. Ezt a békát le kell nyelnem, már látom, hogy őket és Téged együtt nem kaplak meg soha és belenyugodtam ebbe a sorsba, csak meg kell majd szoknom.

Dudám, most arról írok, milyen itt a megélhetés. Sok pénz kell hozzá. Most kezdődik, hogy járnak pasasok, akik mindent tudnak hozni. Liszt 45, cukor 200-220, rizs 160, cipőtalp 2 pár 220 (gyenge), vaj 120, lesütve 180, cigaretta 1.70 2 darabja. Én a lehetőségek és belátásom szerint lisztet, zsírt, talpat és cigit vettem (az utóbbit bőven, mert ez az egyetlen luxusom, tudod).

Egy darabig jártuk Zs[uzsi]-val a hegyeket málnáért, áfonyáért, de csak elfáradtunk és nem tudtunk eleget félretenni, befőzni belőle. Most más élelemért, amit vettem, azért cserélek és azt befőzöm, hogy egy kevés készletem legyen, tudod, a többi csomag és holmi arányában. Gombát, sárgarépát szárítok.

Utólagos engedélyeddel fel fogom szabatni a puskatokokat a gyerekeknek és nekünk cipőnek, nadrágot csináltattam a gyerekeknek Magyarral.

Mamát is felruháztuk, Zsuzsi cipőt, készet, amit ő úgyse tudott viselni, kért a banktól, én pedig egy ruhára valót, amit azután neki adtunk. Most idült koffeinisták lettünk, a sok munka mellett éjszakázni kell, máskor nincs idő levélírásra, adtam egy Hapsitól kinőtt cipőt egy német nőnek és a gyerekei ennek ellenében tenger sok kávézaccot hoznak az amerikai konyháról. Ez persze nem olyan erős és 8-10 csészét iszunk naponta, egész nap fől a kávé és még mamát is ellátjuk vele. Az ételmaradékokkal most nem Grubernét tápláljuk, ő messze van és nemigen járnak le, mert ritkán van miért, hanem Takácsékat, a Geszner/Gaszner gyerekeket és B. Györgynét. Babától gombát, a G. gyerekektől favágást és apró szívességeket kapunk.

Veráéknak pedig annyira kevés a koszt, hogy egyenesen rossz nézni, velük most sokat együtt vagyunk, főleg kávé és cigarettaszó mellett. Élvezzük azt a kevés kultúrát, amit itt Spitalban egymásnak nyújthatunk.

Buci majdnem állandóan velünk kosztol, tudod, szereti a gyomrát, én viszont megdolgoztatom a kosztért. Nyersanyagot hozza, néha elküldöm fáért, gyümölcsért, krumpliért és elintéz nekem dolgokat, mi viszont főzünk neki, tésztát sütök és mosogatok rá.

Mint házibarátot alkalmaztam és a végén mind a ketten jól járunk, amellett hoz egy pár pletykát és minden este beállítja a rádiót és a fő szórakozásom, hogy férfihangja elriasztja a ki-be járó unalmas női látogatókat, ezen sokat nevetünk Zsuzsival.

Már látom, hogy legközelebb Laci (őt is be fogja sorozni azok közé, akik nekem segítenek! és dacára ennek mégse vagyok megelégedve!) Nagyon jó pofa Buci, ha egy jó vacsora van, úgy meghatódik, hogy törölgetni is segít. Minden agglegénysége mellett is nagyon szeretem, mert tudod, ő egy jó rokon és összetart velünk a bajban és szívesen segít mindenben.

A borunkat tudod már, hogy ellopták, de legalább nincs vele gondom, legfeljebb az iszós kollégák siratják, tudod, már kicsit könnyebben veszem a veszteségeket. Kezdek hozzászokni az „elveszett" fogalmához.

Talán furcsának találod, de ma mikor sokan kaptak hírt, hogy áll vagy tönkrement a pesti lakásuk, nekem eszembe se jutott az otthonom, olyan távoli, annyira tele vagyok a jelennel. Olyan keveset élveztem azt Veled együtt, hogy akkor volnék meglepve, ha egészben tudnám. Talán könnyelműnek gondolsz, de hidd el, én lemondtam róla és azon töröm a fejem, hol találnék Veled együtt egy másikat, amibe belekezdhetnék építeni. Múltkor írtam egy levelet Neked, amiben egy sor képviseletet ajánlok Németországban, persze Born (?) segítsége kellene hozzá.

Ezt szószerint(?) ………..magamnak, ha gondolkozol rajta, Te is biztosan látod fény és árnyoldalait, vagy pedig egyenesen kinevetsz érte? Nagyon szeretném tudni. Ha nem megy Neked, vajon az én részemre lehetetlen? Persze azért dolgozni Neked kellene érte és benne is, azt megengedném!

Megint olyan elpusztíthatatlannak érzem magam és nagyon tudnék hencegni most Neked, ezt a spitali hülye környezet teszi. Pedig tudom, hencegésre nincs okom, mert bizony elég labilis a jövőnk, három ilyen komisz kis sráccal, mint a mienk. A gyerekek minden élénkségük mellett is rém édesek.

Hapsi változatlanul imádja Pityit és nagy a tekintélye előtte, de ezt alaposan ki is használja és parancsolgat neki, a pici pedig behúzza a nyakát és pislogva szót fogad. Ezért Frici néha kegyesen pártfogolja őt Istvánnal szemben. István most elég nehéz eset, egyedül angyali jó, de ő a veszekedő központ, ha 3an vannak. Csodálatosan szeret dolgozni, ma pl. [például] gallyat hoztak Zsuzsival az erdőről és Zsuzsi mesélte, hogy milyen ügyesen és kitartóan dolgozott. Komoly segítség tud lenni és nagyszerűen tud az embernek a kezére dolgozni. Néha egész nap nem látom, egyszer csak megjelenik, szó nélkül felül az ablakba és felveszi a fakír pofát és kinézeget. Észre se veszem, hogy a szobában van. Ma viszont majdnem egész nap üvöltött, akármit csináltam vele.—Ő a „mama fia", erre rém büszke, és ha nem nagyon mérges, ezzel le is tudom csendesíteni. Érdekes, hogy a másik kettő ezt nem irigyli tőle és mintha elismernék ezt a kiváltságát.

Még mindig nagyon buta, mintha tényleg neki lenne legnagyobb szüksége a mamai kényeztetésre, Hapsi jóformán választékosabban beszél, mint ő és jóval többet is, az biztos. Hapsi miatt sajnálom legjobban, hogy nem vagy itt, a többieket már ismered, de ő egy külön szám. Mama szerint pont olyan, mint én voltam, szemtelen, mindent észrevesz és nagyon eredeti pofa. Sokat nevetünk a lókolbász viccén. Többször kapunk ugyanis ezt és a gyerekek imádják,

Hapsi különösen, hiszen minden ételt nagyon élvez, és nagy ordítás van: „én is kélek lókolbászt" kiabálja.

Múltkor Zsuzsi sétált velük és legelésző lovakat láttak. Hapsi rögtön elkezdett pötyögni: „Kelesztmama [Keresztmama] ugye lóból csinálják a lókolbászt? Ugye pilitott [pirított] tésztát nem lehet lóból csinálni? Ugye vajas kenelet [kenyeret] se lehet lóból csinálni?" Amint látod, még mindig szeret enni. Nagyon ügyes, jó természete is van, hamar belenyugszik, ha megtiltok neki valamit és hasonlít szokásaiban Pityire, mikor kicsi volt, de nincsenek gátlásai, sokkal könnyedebb és persze hamarabb fejlődött az esze, mint harmadik gyereknek. Nem olyan kótyagos, mint Pityi és sokkal öntudatosabb.

Emlékszel, Pityi milyen naivul csodálkozott, ha valami újat látott, vagy hallott, Hapsi természetesen veszi az új dolgokat, ebben közelebb áll Istvánhoz. Vele nem sok gondunk lesz, legfeljebb azt kell majd letörni benne, hogy ne legyen elkényeztetve, mert most olyan édes, hogy mindenki őt szereti legjobban az idegenek közül. Érdekes, hogy István, mióta Hapsinak kinyílt a szeme, szája, azóta milyen zárkózott, őt nagyon kevesen ismerik, nem is nagyon szeretik, viszont a kortársai szívesen játszanak vele, sohase veszik össze senkivel és a csendesebbek gyülekeznek köréje.

A kis Osskó András, nagyon eredeti kis zsivány kölyök, imádja Istvánt és van egy kis sofőr gyerek, a Göndöcs Vince, ő a másik jó barát, a kis Falussy gyerek már népszerűbb, sokat van felnőttek között, ő inkább Frici után szalad. Tudod, István olyan hűséges, biztos barát tud lenni. A két kis Tarnay természet nagyon nyomja őt és kiüt közülük. Hapsi, ha így megy, nagy gyerek lesz, már jók neki István ruhái, mindent tudnak közösen használni.

Most magunkról írok még egy keveset. Én jól nézek ki, persze fáradtan, álmatlanul és rendszerint rosszul fésülve (nincs erre időm), de híztam és tartom is a kondíciót.

Tudod, főzünk magunknak is, a gyerekek kásában, mi feketében esszük meg a cukrot, azután, tudod olyan hajsza az evés, hogy néha idegességből, szórakozottságból is megtömjük magunkat.

Képzeld, varrtam magamnak egy rém helyes új nyári ruhát, persze mama hathatós segítségével, éppen jókor, mert a másik lefoszlott rólam. Kicsit kislányos, de hát jó régen, még Hapsi születése előtt, bolond kedvemben vettem. Ma már ritkán vagyok bolond, ezt Zsuzsi is elismerte, ezt onnét is látom, mert néha komolyan vesznek az emberek. Ennek azért örülök, nagyon hiányzott nekem.

Általában nem sokért adnám azt a rengeteg tapasztalatot, amit ez a menekülés nevelt rajtam, főleg pedig a Tőled való folytonos távollét.

Kicsit másképpen látom az embereket, ha meg is maradtam olyan válogatósnak, mint voltam, de tudok hallgatni és sikerül eltitkolni, hogy nem érdekelnek, sőt azt is, ha bosszantanak. Remélem, ha egyszer értelmesebb környezetbe kerülök, ezt meg is fogom tudni tartani.

Sokat ülök itthon, majdnem egész nap, sajnos csak a bankba megyek néha át, rengeteg hivatalos dolgomat elintézni. Zsuzsit tudod semmibe se veszik. Ha valamit ki kell járni, gyorsan elintézni, bevonulok nagy lével és elsírom panaszaimat, mint szegény örökös szalmaözvegy. Ez igaz is és kell is sokat beszélnem róla, mert másképpen nem megy semmi és igazán megérdemlem, hogy segítsenek és nagyon rá is vagyok szorulva erre. Azonkívül mindenki láthatja, hogy nem lustálkodom, a gyerekek mindig rendesek, ez pedig elég munkát ad.

Dudám én holnap megpróbálok komolyan beszélni Biberrel az elmenetelről. Sajnálom, de kénytelen vagyok az egészségedre is hivatkozni, gyomorbajodra stb., mert tényleg aggódom miattad. Ő nagyon rendes és megértő, de most más tervei vannak, úgy látszik. Azt mondta nekem, hogy Téged szeretne idehozni, nem tudom, végleg-e, vagy csak rövid időre, és ezért azt ajánlja, hogy ne menjünk ki. Különben is nincs olaj és nincs engedély. Olaj azért volna, mert kapni is lehet, már utána is jártam, sőt azt is tudom már, hogy egy külön engedély kellene az egyik kocsira, mert a másik, az engedélyes, az kell a banknak.

Az utazási engedélyre most annyival van több reményünk, hogy a régi Military Government elment és az újak jóban vannak a magyarokkal és állítólag nagyon kulánsan (előzékenyen) bánnak velünk, mindössze 2 napja, az igaz, de Lacinak máris megvan az utazási engedélye egész Ausztriára. W. G-ban székel ugyan, de azért el lehet érni.

Én megszoktam azt, hogy Te dönts a mi sorsunk felől és nem vagyok kétkedő ilyenekben, sőt azért akarok kimenni elsősorban, mert Te szeretnéd, de pár függő dolog van, amit Veled rendezni szeretnék.

Az amerikaiak ugyan nagyrészt elmennek, de a lakosság nagyon ellenséges, mindenütt felmondanak a bankosoknak. Részben azért, mert nincs hivatalos nyomás a polg[ár]mester részéről, azután sokan hazajöttek a férfiak közül és sok volt a bankosoknál a nyári lakás mint például mamáék. Igaz, hogy 1-2 hónapon belül a németek elmennek, sőt a magyarok közül is biztosan sokan, de viszont rengeteg a közös terem.

Én, ha visszajövünk, nem tudok olyan helyre menni, ahol kosztot kell hordani, vagy privát helyre 3 gyerekkel. Itt ugyan örülnének, ha kevesebb lenne a gyerek, de ezt kérlek okvetlenül kösd ki, mert se víz, se koszt nélkül nem bírom ellátni a munkát egyedül, pláne télen. Persze legjobb lenne, ha anyámék jöhetnének ide, de az úgyse fog menni, legfeljebb ha sok csomagot hagyok itt, de még akkor is kényes, olyan sok a lakásnélküli. Addig nem bánom, adják ki, amíg visszajövünk, de közöljék velük előre, hogy ideiglenes.

Tudod Dudám, most minden rossz között a fedélnélküliség a legborzasztóbb, ezt már a wagónban megpróbáltam.

Biber azt megígérte, még mikor először volt útról szó, hogy az adagot kiadja. Hát tudod ez nem sok, de mégis valami, sőt a bankos holmit, matracot, edényt stb. is magunkkal vihetjük.

A teherautó olaját esetleg úgy lehetne megspórolni, ha nem kellene rögtön visszaküldeni a kocsit, tekintve, hogy úgyis olyan kocsiról van szó, amelyik most nincsen használatban. A sofőrt vissza lehetne küldeni.

Én úgy képzelem a dolgokat, hogy tekintve, hogy az engedély még úgy sincsen meg, mi megvárjuk a Ti válaszotokat és csak akkor indulnánk el. Talán akkor már biztosabban tudod, hogy mennyi időről van szó.

Nagyon vágyom már utánad, néha úgy érzem, nem bírom tovább ennyi gonddal, felelősséggel egyedül és igazán egy lépéssel sem bírok többet ennél, amit most csinálok. Az itteni helyzet pedig egyszerűen utálatos.

Be kell vallani, hogy nekünk bankosoknak aranyos helyzetünk van, egy csomó pénzzel még a kosztot is ki lehet bírni, de az emberekhez sajnos ez nem elég.

Gyulának most nagy a pártja, de Laci (Jankovics) nem hagyja magát, szidják egymást mint a bokrot és persze Laci(Jankovics) megint túllőtt a célon. Most virul a Magda-féle barátság újból.

Tudod Laci (László Jankovics) milyen tud lenni, ha dühös és én úgy vigyázok, hogy a nyelvére ne kerüljek, pedig most, hogy Biberékkel többet a megszólástól nem vagyok messze.

Leveledre, amit neki írtál, nagyon megpuhult, Téged nagyon respektál.

Most még pár szóval a magyar hírekről írok, ami a 40 levélből eljutott hozzám. Edgár kapott levelet az anyósától, majdnem éhen haltak, szörnyű napokat éltek át az ostrom alatt (Sashegyen), nagy a drágaság, mind megvannak a családban, Edgár ne menjen haza, sok az ellensége.

Buttykay Géza kapott az anyjától levelet. A ház áll (Rökk Szilárd u. 29.), bár bombatalálatot kapott. A fivére, mérnök, otthagyta az állását és bádogosműhelyt nyitott, rengeteget keres. A sógorát elvitték az oroszok, 52 éves, de már kaptak hírt róla, Przemysl-ben irodában dolgozik és rövidesen hazaküldik, mert átvizsgálták az ügyét.

A bankból sok levél jött, Marci írt Gézának, megkapom a levelet és referálok. Működik a bank, igazoltatnak, de enyhén, egyelőre maradjunk és várjunk.. Általában mindenki azt írja, otthon nehéz és minden szóra vigyázni kell. Máshonnan tudom, hogy Koszta(?) Svájcban van.

Még mindig a W. M.-nél, bíztat, hogy menjenek haza, úgy látszik, meg van elégedve. A Kató már ősz óta kint van, az a gyanúm, Koszta(?) nem egyhamar követi a saját tanácsát. Kesserű Pista már volt kint, de visszaküldték Sv[ájc]-ból Bregenzbe, mert állítólag egy magyar comité ellenzi a magyarok svájci tartózkodását. Kirchmann is kint van.

Épp most kaptam levelet Marcitól, Gézának szól. A levélen nincs dátum.

[Gézának Marcitól]

„Marci levelét most kaptam, B. Gézának szól: Kedves egy öreg barátom! Megkísérlem a lehetetlent és megpróbálok hírt adni. Sokat aggódtam értetek, főleg a kis babáért, akit – hisz Te tudod legjobban – már régen oda kívántam nektek.

Isten adja, hogy minél előbb rendbe jöjjön a világ, az emberiség és ez a szerencsétlen becsapott nemzet. De térjünk a tárgyra. – Babu beszámol az övéiről, én pedig röviden beszámolok Neked.

Édesanyád és nagyanyád szerencsésen megvannak itten. Erzsébet, kis Dávid, Zdenko is. Pesten laknak, a volt Phőnix-házban. Erzsébet kis babája, aki az ostrom után született, sajnos meghalt. Mária megvan, csak két fiáról nincsen semmi hír, azokat nyugatra vitték. Éva is, meg a gyerekek is megvannak, készülnek haza Erdélybe, szegény Gyurka sógorod azonban nem él. Átvészelte az itteni nehéz időket, s az ostrom után lement Kolozsvárra, hogy utánanézzen birtokának. Ott érte utol szegény embert a végzete, tüdőgyulladásban meghalt. Lakásodban a Körner család lakik, a ház üres majdnem, mert a ház csak volt egyszer budai bérház. Ez vonatkozik az egész I. kerületre.

Én élek, s élnek családtagjaim is. Feleségem, gyermekeim és az egész Fráter család a Pozsony melletti Bazin községben vészelte át a nehéz időket. Az asszonyok és a gyerekek most is ott vannak. Voltam náluk, a hazahozatal nagy gond. Én és Gyurka sógorom igazolva vagyunk. Régi helyemen dolgozgatom. Manci egyik bátyja Regensburgban van, a másikat az utcán elfogták és elvitték keletre.

Itt szörnyű drágaság van. Az élet nagyon nehéz és nagyon szomorú. Hiszek egy távoli jobb jövőben, hiszem, hogy a gyermekeim egy jobb kort fognak megélni és ez már elég célt ad az életemnek.

Te jövőbeni itteni helyedet illetőleg nehéz ma még véleményt adni. Gondolj meg minden lépést, amit teszel. Én talán sötétebben látok, s mást, mint Te ott. Egyelőre a visszajövetelt illetőleg nem tudok más tanácsot adni, mint várni, ha lehet. Ez vonatkozik mindenkire. Holmid megvan, arról gondoskodtam, persze vannak sérült darabok is. Én, Gézám, a régi maradtam és az is maradok.

A banknak egy-két embere meghalt, sok eltűnt, egy-két embernek mennie is kellett.

W. Gy. a főnök, helyettes K. A. és Sz. S. A vezér Faragó. A sok változást leírni nincs helyem. Hidak nincsenek, vár nincs, sok minden nincs. Lakásom megvan, de értékeimet, ruháimat, bélyegeimet elvitték, még „azok", meg „ezek". Most végzem soraimat. Ha lehet, adj hírt Magadról. Üdvözlöm Salát, L. Bélát. Velük is közöld levelemet, meg T. F.-t (Tarnay Frigyes). Őt B. Ernő is üdvözli. Lement Szegedre.

Régi és töretlen barátsággal ölel öreg barátod, aki arra kér, hogy gondold meg minden lépésedet. Agit és a kicsikét sokszor csókolom: Marci. – B. Tiborék vidéken élnek. Jól vannak, kis fiúk van. A birtok nagy részét elvitte a földreform. Csak 100 holdat hagynak, de csak akkor, ha 1000 holdon aluli birtok volt. /Utólag kézzel hozzáírva:/ K. A. a Bank új elnöke!!!!! Aki hazajön, állítólag állását veszti!

– Ez a levél dátum nélkül jött. A másik:

Budapest, 1945. augusztus 6.

K. G. Külön is írtam már korábban Neked, de újból próbálok közvetlenül írni. Édesanyád, nagyanyád itt élnek, megvannak. Erzsébet, Zdenko, Dávid szintén, de új lakásban, a régi elpusztult. Erzsébet kislánya az ostrom után meghalt. Mária helyén dolgozik. Éva és a gyerekek hazamentek Erdélybe, szegény Gyurka sógorod Kolozsvárott meghalt tüdőgyulladásban.

Lakásod úgy, ahogy megvan. A holmik legnagyobb része jó helyen van. A ház csak volt. Mi megvagyunk. Babu itt van és dolgozik, Iván Focsaniban fogoly, a többiekről nincs hír. Személyesen többet fogsz hallani Mészárovits Tibortól. Külön levelet Gyurka sógorom vitte. Itt, mint mindenütt, sok és nagy változás van. Nehezen élünk, remélve egy jobb jövőt, egy jobb magyar sorsot.

Érzésem, hogy jobb egyelőre, ha lehet, helyben maradnod vagy talán nyugatabbra menni.

Én kitartok itt ebben a szegény országban, ameddig csak lehet. Üdvözöld T. Fricit, T. Józsit, Salát, Zsigát és L. Bélát. Áginak, Neked és kis fiadnak régi töretlen barátsággal minden-minden jót kívánok, jelenlevő és távollevő családtagjaim is üdvözölnek – Marci – Manci,

Ági és gyerekeink Szlovákiában vannak! – Kedves Géza! Nagyon hiányzik. Mindhármójuknak minden jót! Sok szívélyes üdvözlet – Maczi

~~~

Az anyánk írta:

„Fricikém, azt hiszem, ehhez nem kell semmi kommentár. Nagyon elérzékenyültem az első üdvözletre, ami hazulról külön Neked szól,
Benedek Ernőnek különösen örültem. Egy jóbarát már megvan, nem pusztult el. Mindebből még jobban arra a meggyőződésre jutottam, hogy most is azt kell csinálnom, mint mikor elindultunk, és okvetlenül el kell jutnom Hozzád. Itt végleg úgyse maradhatunk, talán ott több alkalom nyílik valamire.
Itt most pontosan olyan a hangulat, mint mikor hazulról elindultunk, az emberek kezdik egymást gyanúsítani, ki milyen érzelmű.
Fricikém, én nem vágyom haza és ezek után a lehangolt levelek után az öregeket is nehezen eresztem.
De szerencsére, milyen furcsák az emberek, mi, akik kint maradunk, lehangolódunk ettől, mamáék éppen ellenkezőleg jobb színben látják a dolgokat.
Nem akarom őket lebeszélni, szeretném, ha elmennének, mi nem bírunk ennyi felelősséget.
Tegnap ment haza Friedrichnek egy mérnök kollégája, vele írtam pár sort kis Tóninak, érdeklődtem a családodról, Ediről, Fáni néniékről, róluk, írtam, hogy én a bankkal vagyok, Te pedig. hiv[atalos]. ügyben az amerikaiak mellett. Kerteskőre címeztem, mert a pesti címét nem tudom. Fricikém Zsuzsi kéri, hogy ha vittél ballonkabátot, akkor az biztos az övé, légy szíves juttasd el valahogy, én elküldöm, remélem elviszem a Tiedet helyette.
Biberrel most nem beszéltem, még van rá idő, hisz most úgyse tudok menni. Nem szeretek túl sokat beszélni róla és látom, hogy ő valamiért nem akarja. Megvárom az

alkalmat a dologra.

Édes Dudám, vigyázz nagyon magadra, remélem még tart az otthoni pótlás. Ha mást nem, tudok még küldeni, tésztát mindig, a szalonna az már a hazainak a vége. Nagyon sokszor ölel csókol.

aug. 24.

szerető Kati

~~~

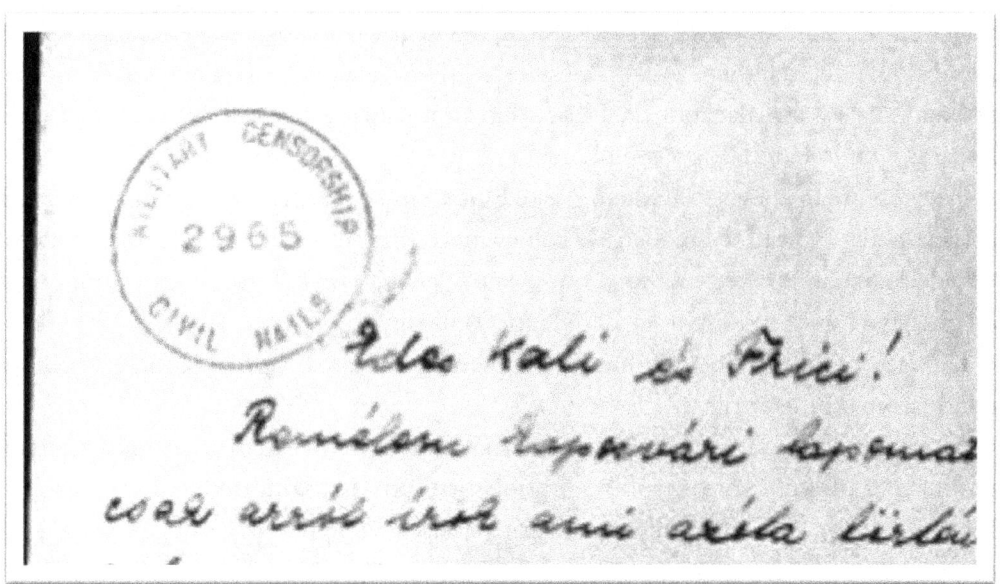

63. kép: A háború utáni Magyarországra érkező leveleket az amerikaiak „polgári levelek, katonai cenzúra" bélyeggel látták el.

1945. szept. „Nálunk a papa csak mindig elmegy."

Ez annak a levélnek a részlete, amelyet anyánk írt a Frankfurtban tartózkodó apánknak. Családunk a szétválás nehézségével küzdött, mivel apánk mindig önként vállalkozott a fontos üzleti utakra. Úgy érezte, szükség van rá a tapasztalata és a Banknál betöltött pozíciója miatt.

~~~

[A levél eleje hiányzik]

------ és Vera (Torzay-Biberné) nagyon kedvesen közvetlenül tanítja Pityit. Élvezem, hogy utána megtárgyaljuk az órát és Vera mindig elmeséli, mit csinált a gyerek.

Múltkor beszéltek a fecskékről, hogy a papafecske elmegy dolgozni és hazahozza a bogarakat és így van az embereknél is. Pityi erre megszólalt: „nálunk a papa csak mindig elmegy." Azért ne félj, én is megkaptam. Tanult olvasni és a könyvben az állt, „dérrel-dúrral" – nem értette, és mikor Vera magyarázta neki, egyszer csak megszólalt: „úgy, mint a mama, mikor bejön az ajtón." Látod milyen jól ismer bennünket!

A mulatságos, azt mondja Vera, hogy milyen komolyan mondja. Tudod arra jó ez a fajta tanulás, hogy Pityi leveti a sok gátlását, ami volt. Most már elküldöm őt akárhova egyedül, nem nagyon tetszik neki, de azért megteszi és egyelőre egyenesen hazajön. Az írása nem olyan szép, mint a nyilas iskolában, mert ott zsinórírást tanítottak, de viszont sokat haladt az olvasásban. Most már nagy kamasz, sokat felesel, fütyörész és még többet szerel, mint azelőtt. Hapsival imádják egymást és a pici nagyon utánozza őt, különösen a feleselésben. A két kicsi csak akkor van békességben, ha főzőcskét játszanak, vagy ha malackodnak. Ebben István a nagymester. Bilizést játszanak, ez a legújabb, gondolhatod, hogy örülök neki.

Fricikém, már 2 levelet küldtem Neked Gossensék óta. Az egyiket Stöwer vitte, a másikat pedig Roesti, a Linzben székelő bankos amerikai küldte el állítólag futárral Neked. Azokban kifejtettem, hogy mit is képzelek a jövőről. Egyelőre nem gondolok hazamenésre, mert tudom, hogy nem lenne jó nekünk.

Bár az utóbbi időben többször kaptam a divatos honvágy betegséget és mondhatom, komisz volt.

A tétlen várakozás, az biztos nem használ ennek, de hát nem lehet rajta segíteni. Akkor azt írtam, sőt később gondolatban ki is színeztem, hogy próbálj Bornon/Barnon (?) keresztül valami sr. képviseletet kapni N[émet]országban, ha másképp nem, az én nevemre.

Most, hogy leveledet megkaptam, kicsit lelohadtak az álmaim, mert nemcsak druszáddal nem tudsz érintkezni, de az ottani emberek (németek) se nagyon barátságosak és idegenellenesek. Egyelőre tényleg csak várni lehet, úgy látom. A Frankfurtba való hurcolkodás is mindig lehetetlenebbnek látszik. Először is elvették a bankautókat, benzint az osztrákok. Most ugyan állítólag visszaadták, de csak beszerzésre, és erre a célra biztosan nem adnának kocsit. A holmikkal is baj lenne, hiszen még a bécsiek holmiját se akarják itt kiengedni.

Végül Te is írod, de nekem már régebben eszembe jutott, mióta pár hideg nap volt, hogy vajon mi lesz F[rankfurt]ban a tüzelővel. Itt mégis kivágtak már egy csomó erdőt és kb [körülbelül] biztosítva van a meleg szoba. Ha ezt meg tudod oldani, akkor még mindig ott van az egyedüllét, mármint, hogy én főzzek, bevásároljak, a gyerekeket gondozzam stb. Most is, ha főzni kell, egészen felborul a háztartásom. Ha iskolába, óvodába adom őket, vagy ha kapok egy kisegítőt, akkor csak megy valahogy. De Neked akkor is otthon kell lenned egy fél napot, nem pedig, mint ahogy Vajkóczy mesélte, hogy reggel 9 – este ½ 6-ig hivataloskodsz.

Dudám, ezeket gondold meg. *Mindettől eltekintve szörnyű itt lenni, főleg azért, mert egyedül*

SZABADSÁG, SZERETET, ARANY

vagyok és emellett összepréselve emberekkel. Tényleg nem érek rá semmire, Zsuzsi most bejár a bankba, mégis kell neki a munka, és ha kihúzza magát, beosztják konyhára, az pedig hosszabb és rosszabb is. Most a rádiónál van, és ez legalább érdekes. – Itt mi rengeteg hírt kapunk hazulról. Minden nap jön levél valakinek.---[a folytatás hiányzik]

~~~

1945. Nov. 11., „NÉVNAPODRA ----"

Apánk frankfurti tartózkodása alatt írt anyánknak. Anyánk névnapja november 25-én van. Magyar szokás szerint a nők névnapját virággal ünneplik.

~~~

64. kép: Apánk jegyzete

Édes kis Katim,

Névnapodra nem tudok Neked mást küldeni,
Mint szívem minden szeretetét
és szerelmét,

Nálad vagyok minden gondolatommal
És ugy-e érzed, hogy
elborítlak csókjaimmal.

Azt, hogy szeretjük egymást –
Nem tudja elvenni tőlünk senki

És ez a tudat adjon erőt Neked ahhoz,
Hogy minden kicsinyességen és
ocsmányságon felülemelkedjél

És ezeket elviseld.

1945. Nov. 11   *Frícid*

65. kép: Versbe szedte Tarnay István

~~~

1945. karácsony. „Hogy milyen fájdalmas tud a szerelem lenni –"

Egy hónappal karácsony előtt voltunk. Torzsay-Biber asszony férjét hazaárulással vádolták az MNB tisztviselői. Letartóztatták, és a hírhedt Andrássy út 60. szám alatti titkosrendőrségi börtönbe vitték Budapesten. Ma a börtön a Terror Háza elnevezésű múzeumnak ad otthont.

Az MNB-ben nem ment mindig simán a munka; csoportok jöttek létre és viták alakultak ki, mivel több mint 600 ember rekedt egy kis faluban, megkétszerezve ezzel annak lakosságát. Az

SZABADSÁG, SZERETET, ARANY

MNB dolgozói és családjaik úgy érezték, mindentől távol vannak, elvették az életüket, a családjuk kettétört a háború zűrzavarának és az azt követő időszak nehézségei közepette. Az volt az érzésünk, ha az arany egyszer biztonságos amerikai kezekbe kerül, az MNB személyi szervezete darabjaira hullik. Teljesítették küldetésüket és nem volt semmi, ami tovább összetartotta volna őket. Mégis, az emberek hősiesen küzdöttek és makacsul kitartottak.

Ezt a verset Torzsay-Biber felesége írta anyánknak. Megosztotta férje bebörtönzése miatti érzéseit a karácsonyi ünnepek idején.

~~~

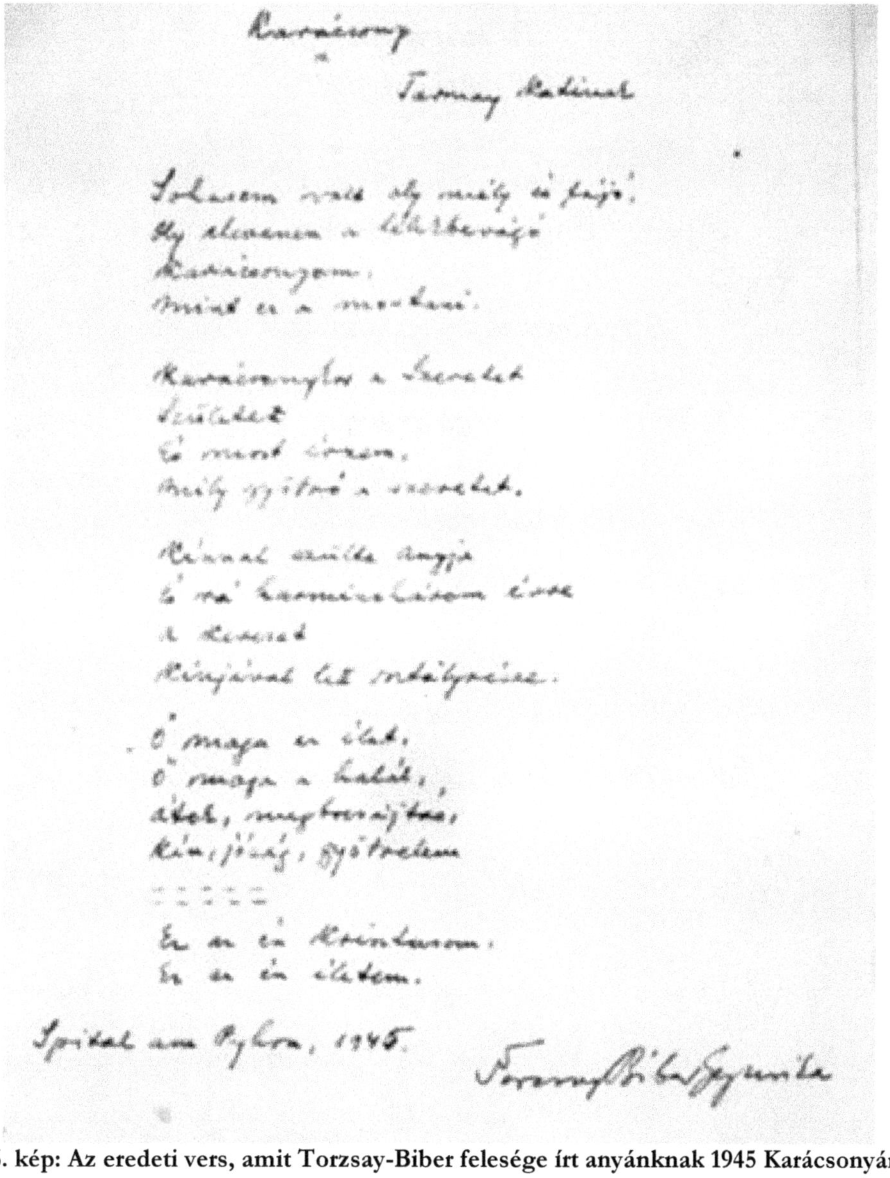

66. kép: Az eredeti vers, amit Torzsay-Biber felesége írt anyánknak 1945 Karácsonyán

KARÁCSONY 1945

Tarnay Katinak

Sohasem volt oly mély és fájó,
Oly elevenen a lélekbevágó
Karácsonyom,
Mint ez a mostani.
Karácsonykor a Szeretet
született.
És most érzem,
Mily gyötrő a szeretet.

Kínnal szülte Anyja,
És rá harminchárom évre-
A Kereszt,
Kínjának lett osztályrésze.

Ő maga az élet,
Ő maga a halál,
Átok, megbocsájtás,
Kín, jóság, gyötrelem.

Ez az én Krisztusom,
Éz az én életem.

Spital am Pyhrn, 1945.   Torzsay-Biber Gyurika

SZABADSÁG, SZERETET, ARANY

67. kép: Magyar karácsonyfadísz sablonok, amelyeket anyánk készített mézeskalácsból. A díszeket a fára akasztották.

68. kép: További sablonok

4. fejezet

„Egyetlen gramm arany sem hiányzott"

A háború után a Bankban zűrzavaros állapotok uralkodtak, vezetői változtak, és sorsa is tisztázatlan volt. Tarnay Frici mind a leváltott, mind a jelenlegi vezetők megbízható tanácsadójának számított, akikkel ezeket az eseményeket folyamatosan megtárgyalta.

~~~

(Folytatás, Tarnay E. Frigyes

Frankfurt am Mainban az aranyat az amerikai szakértők precízen átvizsgálták a nyilvántartásaink alapján súlyra, számra, darabra és minden egyes gramm eredetét gondosan ellenőrizték. Nagy megkönnyebbülés volt számunkra, amikor kiderült, hogy egyetlen gramm sem hiányzott, amikor ez az egész hazárdírozás véget ért. A letét és a Bank egyéb értékei, a bankjegyeket és a múzeumi kincseket is beleértve, továbbra is Spital Am Pyhrnben maradtak, amit a Bank dolgozói és a csendőrök őriztek az amerikai katonai kormány felügyeletével. Néhány külföldi tulajdonú értéktől és a bankjegyektől eltekintve minden visszakerült Magyarországra. Mivel 1946-ban bevezették az új magyar valutát a (második) Forintot, a Spitalban őrzött pengő bankjegyek elértéktelenedtek és értelmetlenné vált azokat visszaküldeni Magyarországra. A 700 millió dolláros névértékű bankjegyeket egy osztrák papírgyárnak 400 dollárért adták el.

---- És az arany? Nos, a Párizsi Békeszerződés értelmében az amerikai kormány visszaszolgáltatta a szovjet uralom alatt álló Magyarországra.

Őszintén szólva, amikor ez az egész elkezdődött, nem igazán erről a befejezésről álmodtam. Azonban meg vagyok elégedve, hogy egy kiválóan együttműködő kollégák alkotta csapatban minden tőlem telhetőt megtettem. A kincsek korábbi hazámból való kimentéséből és biztonságos amerikai kezekbe való juttatásából kivettem a részem, remélve, hogy azok egyszer egy valóban szabad Magyarországra térnek vissza. Most csak azzal vigasztalhatom magam, hogy a vasfüggöny mögé juttatásban semmilyen részem nem volt.

~~~

1946. március 31. Soproni jelentés, Az orosz és a német SS vad verseny között.

1946-ban Frici önként jelentkezett, hogy elutazik Reichenauba, a Sopronból Spital am Pyhrnbe tartó MNB evakuálási út egyik állomására.

1945. elején a Bank Sopronban folytatta a munkát Torzsay-Biber irányítása alatt, miután a vonat elindult Spital am Pyhrnbe. 1945. április végén a hirtelen intenzív bombázás és a gyors orosz előrenyomulás a Bank kétségbeesett menekülését eredményezte Reichenauba. Frici volt az egyik utolsó banki alkalmazott, aki az orosz lerohanás előtt Sopront elhagyta. A harcok rendkívül hevesek voltak. A soproni magyar polgári lakosság egyaránt keserűen szenvedett a német SS-től és az oroszoktól.

1946-ban, míg Reichenauban tartózkódott, Frici azért ment Sopronba, hogy feltárja a Sopronban magára hagyott banki tulajdon sorsát. Ezt a jelentést Torzsay-Biber MNB igazgatónak írta.

~~~

Tarnay Frigyes

JELENTÉS

1945. március végén a Bank soproni részlegének menekítése közben a hadihelyzet gyors változása következtében a Sopronból menekített értékek és iratanyag, valamint az elmenekült tisztviselők magámholmijának legnagyobb része Reichenauban maradt.

Minthogy a Bank eddigi többrendbeli tudakozódásaira az ottmaradt hivatalos és magámholmik sorsa iránt nem kapott teljesen megbízható értesüléseket, célszerűnek látszott a felderítést a helyszínen elvégezni.

Minthogy nagyon sok értékes holmim nekem is Reichenauban maradt, a Bank Vezetőségének jelentettem, hogy az ottmaradt holmik sorsának helyszíni megállapítása céljából szeretnék Reichenauba utazni. A Vezetőség hozzájárulása alapján 1946. március 25-én Reichenauba utaztam, és tapasztalataimról az alábbiakban számolok be.

Reichbenanba 1946. március 26-én este 6 órakor érkeztem, és azonnal ahhoz a cukrászdához igyekeztem, ahol annakidején az értékek és anyagok maradtak. *A cukrászda környékén és a helyiségben az itthagyott kocsik ás málhák nyomát sem láttam.* A cukrászda épületében ismét a csendőrség tartózdodik, és a szolgálatot teljesítő csendőrőrsnél mindjárt jelentkeztem is. Előadtam jövetelem célját és kértem, hogy mondják el, mit tudnak dolgaink sorsáról. A szolgálatot teljesítő két csendőr /2O-22 éves fiatalemberek/ elmondják, hogy nem sokat tudnak mondani, mert nemrégen kerültek oda.

Hallották ugyan, hogy a Banknak voltak ott értékei, de nincs tudomásuk arról, hogy abból valami megmaradt volna. Szerintük a holmik sorsáról legtöbbet egy rendőrhadnagy tudna mondani, aki az oroszokkal mint Freiheistskampfer vonult be Reichenauba, és ott átvette a rendőri szolgálat vezetését. Ez a hadnagy azonban akkor Steiermarkban volt, és csak egy hét múlva várták a visszatérését. Tanácsolták továbbá, hogy menjek másnap a községházára, ott meg fogják mondani, hogy a helyi hatóságok vettek-e őrizetbe valamit a holmikból. Megjegyzem, hogy a csendőrök osztrák hatósági kiküldöttnek tartottak, és azt hitték, azért érdeklődöm a Bank dolgai iránt, mert Magyarország kártérítési igénnyel fordult az elveszett holmik miatt Ausztriához.

A csendőrök tanácsára éjjeli szállásra egy Pongratz nevű vendéglőshöz mentem, akinek az utcára nyíló bejáratán azonban hiába zörgettem, nem nyitott ajtót.

Az udvarra kerülve az ablakon zörgettem, amire a vendéglősné ijedt hangon érdeklődött, hogy ki vagyok és mit akarok. Hosszas magyarázkodás után a férje beengedett a hátsó ajtón, és miután megfelelő mennyiségű cigaretták elkínálgatása barátságosabb hangulatot teremtett, hajlandók voltak szállást adni. Sokáig beszélgettem velük, és ők mondták el részletesebben, hogy mi történt Reichenauban azután, hogy az oroszok megközelítették a községet, és a Bank tisztviselői kénytelenek voltak elhagyni a helységet.

Előadásuk szerint a község és környéke 6 hétig senkiföldje volt, mert a német csapatok, főleg SS-alakulatok, Reichenaut a teljes összeomlásig tartották. A szomszéd Payerbach községben már oroszok voltak, és a két község között folytak a csatározások. Az SS a község lakosságát felszólította, hogy hagyja el a lakását, és húzódjék a hegyekbe és a hátrább fekvő községekbe. Az elhagyott lakásokat azután teljesen kifosztották. Ez nagy elkeseredést váltott ki a lakosság körében, de az SS a legnagyobb kíméletlenséggel és kegyetlenséggel nyomott el minden ellenkezést. Nagyon sok helybeli lakost agyonlőttek, és elrettentő például agyonlövetésük után felakasztották az áldozatokat. A vendéglős az SS terrorja elől az oroszokhoz szökött át, mire a feleségét az SS túszként elfogta, és egy pincébe zárva agyonlövéssel fenyegette, ha nem kerül elő a férje. Az összeomlás mentette meg az életét, amikoris az SS fejvesztetten szétszéledt és már nem törődtek vele.

A Bank és a tisztviselők holmija elsősorban az SS zsákmánya és martaléka lett. A számukra értéktelen könyveket és iratokat feldúlták és kidobták az utcára. A szétszórt anyag között a lakosság is igyekezett magának valamit szerezni, és sok pengőbankjegy a lakosság kezére is került. Az összeomlás után bevonuló oroszok a Bank értékeiből már nem sokat találhattak, mert a hat hétig tartó rémuralom alatt minden értékesebb holmit széthordtak.

Az orosz katonai és osztrák közigazgatási hatóságok a megszállás után felszólították a lakosságot, hogy az elhordott pengőbankjegyeket szolgáltassák be. A beszolgáltatott pengőkkel azután Magyarországra jártak vásárolni. A később megjelent devizarendeletek alapján a lakosság a még nála levő pengőbankjegyeket, mint idegen valutát osztrák pénzintézetekhez beszolgáltatta, és azokról elismervényt is kapott. Az oroszok bevonulása után az eltakarítás és rendcsinálás folyamán a Bank szétszórt iratait, mint értéktelen szemetet összegyűjtötték és elégették.

Másnap, 1946. március 27-én reggel 8 órakor a községházára mentem. Graglmayer nevű jegyzőhöz-Gemeindesekretar- irányítottak, akit megkérdeztem, hogy a Bank ottmaradt értékeiből és iratanyagából, valamint a tisztviselők magánholmijából a község vett-e őrizetbe valamit, vagy van-e tudomása arról, hogy azokat valaki őrzi, illetve átadták-e azokat valakinek megőrzés és további intézkedés végett. A jegyző határozottan kijelentette, hogy erről nincsen tudomása. Az irodahelyiségben jelenlevő két tisztviselőnő is megerősítette, hogy az értékeket a hat hétig tartó ostromállapot alatt teljesen széthordták.

A fenti információk szerint tehát a Bank Reichenauban maradt éertékei, könyv és iratanyaga tejesen elveszettnek tekinthető.

Spital am Pyhrn, 1946. március 31.

További megjegyzések: [Az 1956-os *Aranyhajszából*]

A háború végét követően visszatértem az éppen akkor orosz megszállás alatt lévő Reichenauba, hogy kivizsgáljam, mi történt hátrahagyott értékeinkkel és tulajdonunkkal. Megtudtam, hogy mindent kifosztottak azalatt a két hét alatt, amíg az oroszok és a németek egymással harcoltak, beleértve a lerobbant teherautón szállított valutát is.

Természetesen a teherautónyi pénz odalett. A ládákat feltörték, és több millió dollárnyi pengőt osztottak szét katonák és polgárok között. Bankjegy kötegek voltak szétszóródva az utcán, és senki nem akarta elmulasztani a lehetőséget, hogy életében egyszer gazdag legyen. Senki nem hibáztathatja őket. A senki földjén a fegyverek uralkodtak. A jogot és az igazságot elnémították. Az egyetlen, ami megmaradt, a nem túl vonzó üzleti jelentéseink és könyveink.

Amikor a csatának vége lett, összegyűjtötték őket a többi szeméttel együtt, és hamuvá égették. Amikor az oroszok elfoglalták a falut, elrendelték, hogy mindenki szolgáltassa vissza a bankjegyeinket. Az orosz katonák majd abból vettek bort és pálinkát Magyarországon. A pénz hivatalosan nem volt forgalomban, de ki merte volna megkérdőjelezni egy orosz tiszt által átnyújtott bankjegy érvényességét? Maga a tény, hogy valamiért egyáltalán fizetett, amúgy is csodaszámba ment.

Az elhagyott tulajdonunkkal kapcsolatos eseményeket egy panzió tulajdonostól és a feleségétől tudtam meg. Halálra rémítettem őket, amikor egyik este ajtajukon bekopogtattam, szobát és némi ételt kérve. Abban az időben ez meglehetősen szokatlan volt, mivel minden hotel és étterem zárva volt, és senki sem mert napnyugta után az utcákon mászkálni. A városka tele volt orosz katonával, akik rendkívüli örömüket lelték ajándéktárgyak, főként karórák és töltőtollak felkutatásában, de a legjobban mégis a biciklizés tetszett nekik, és természetesen a biciklik tönkrétetele, amennyiben hozzájutottak egyhez.

A panziós keserűen mesélte, hogy egyik éjszaka egy csapat orosz katona kopogtatott az ajtaján. Miután kioktatták a orosz „kultúrát" illetően, mindent ami megtetszett nekik az otthonában, elvittek. A panziós elővett egy 50 pengőst a pénztárcájából és ajándékként átnyújtotta, mint az egyetlen megmentett példányát a lerobbant teherautón elveszett készletünknek....

~~~

1946. április 8., Nyilatkozat: *A gazdaságért*

Ebben a dokumentumban Frici Leopold Scheffler MNB-nél betöltött pozíciójával kapcsolatban nyilatkozik. Schefflert a német Birodalom 1944. március 19-én átirányította és az MNB vezetésével bízta meg. Scheffler eleget tett az utasításnak, és ügyesen manipulálta feletteseit a dolgozók és az arany együttartására az Ausztriába történő evakuálás során. Mindezt az MNB-t képviselő Frici közreműködésével valósította meg. Az MNB pártjára állt, és sikeresen visszaverte a német kísérleteket felettesei, Boden és Schnelher továbbá az MNB-s nyilas csoportok - amelyeknek vezetője az MNB náci elnöke, Temesváry volt - részéről.

~~~

Feljegyzés

Tarnay E. Frigyes

Az 1944. március 19. -i események után a német kormány a magyarországi német meghatalmazott és követ mellé dr. Boden személyében egy gazdasági megbízottat /Beauftragter Für die Wortschaft/ rendelt. Ennek a megbízottnak a törzséhez tartozott Scheffler Lipót Reichsbank-igazgató, akinek a feladata a magyar-német fizetési forgalom lebonyolításával kapcsolatos ügyek intézése és általában a Magyar Nemzeti Bank jegybanki működésének ellenőrzése volt.

Scheffler igazgató nem volt deviza- és clearingszakértő, hanem inkább a szorosan vett jegybank politika területén volt nagyon járatos. Ebből is arra lehet következtetni, hogy a németek a nagyobb súlyt a Bank általános működésének ellenőrzésére helyezték.

Később, amikor a hadműveletek mindjobban közeledtek a fővároshoz és a Dunántúlhoz, a Bank értékeinek és személyzetének áttelepítése is Scheffler igazgató feladatai közé tartozott. Amikor 1944. december elején a Bank Veszprémbe települt, Scheffler a törzsétől elválva Reichsbankinspektor Stöwer-rel együtt ugyancsak Veszprémbe költözött, és ott haladéktalanul megtette az intézkedéseket a szállító eszközök megszerzése érdekében.

A bank személyzetének és értékeinek áttelepítésével kapcsolatos intézkedések megtételére és az ehhez szükséges úti okmányok, szállítólevelek stb. kiállítására Scheffler igazgatónak a magyarországi német meghatalmazottól és követtől teljhatalmú megbízása volt, és ezeket ilyen minőségben írta is alá.

Scheffler igazgató a Bank áttelepítésének ügyében német hatóságokkal folytatott tárgyalások alkalmával mint „der deutsche Betreuer der Ungarischen Nationalbank" („a Magyar Nemzeti Bank német felügyelője") mutatkozott be.

Meg kell még említenem, hogy Scheffler igazgató nemcsak a Bank aranykészletének, hanem a Pénzügyminiszterium által kezelt állami ezüstkészletnek a biztonságba helyezésére is kaphatott utasítást, mert Budapesten Turvölgyi államtitkárnál erősen sürgette az ottlevő ezüstkészletnek nyugatra való szállítását és ahhoz is ragaszkodott, - hogy a Bank veszprémi létesítményében tárolt állami ezüstkészletet a Bank magával hozza.

Fentiek szerint nyilvánvaló, - ezt egyébként maga Scheffler igazgató sem tagadta, - hogy a német kormány a Bank és értékeinek áttelepítésére a legnagyobb súlyt helyezte, és ennek ellenőrzése és lebonyolítása Scheffler igazgató feladata volt.

1946. április 8., Spital am Pyhrn

~~~

1948. július 24., „A magyar nemzet mélyen lekötelezett neki"

Amíg Innsbruckban vártuk a menekültkénti elhelyezésünket, a szüleink továbbra is kapcsolatban maradtak a Bank személyzetével. Néhányuk már elhagyta Spital am Pyhrnt és másik országba ment. Gyönyörű bélyegeket gyűjtöttünk a világ minden tájáról.

Az MNB elnöke Torzsay-Biber a háború után történetesen Marokkóba ment, miután az Andrássy út 60. szám alatti börtönből kiengedték. Ezt a levelet apánknak írta, mielőtt Amerikába mentünk volna.

Ez a dokumentum Torzsay-Biber 12 hivatalos nyilatkozatát tartalmazza elnöki megbízatásának idejével kapcsolatban. Dicséri apánk munkáját az arany megmentésében. A nyilatkozatokat mind magyarul, mind angolul megírta.

Torzsay-Biber csatolta azt a levelet, amit Fricitől kapott amikor ő Salzburgból visszatért. A levélen az eredeti aláírás így szerepel „ahogyan Leonard Cowles hadnagy, U.S. Army, 3r CIC Det. átvette."

~~~

69. kép: Torzsay-Biber György, a Stanford Egyetem jogi karának előadója 1961-től 1973-ig és emeritusa 1988-ig. Ő volt a Magyar Nemzeti Bank utolsó elnöke, mielőtt a Bank visszatért volna Magyarországra. (A Stanford jogi karának archivumából, Sarah Wilson könyvtáros és archívum kezelő segítségével.)

TORZSAY-BIBER NYILATKOZATA

1./ Én a Magyar Nemzeti Bank utolsó törvényesen kinevezett igazgatója (manager) vagyok, jogtudományi doktor (doctor of laws) és ügyvéd (barrister at law). A Bank jogügyi osztályát vezettem 1944 decemberéig Budapesten. 1945 januárban a magyar nácik a Bank egész aranykészletét és minden egyéb értékét Ausztriába vitték (Spital am Pyhrn, Felsőausztria) és a bank náci vezetősége is oda ment. Én Magyarország nyugati részén maradtam 1945 márciusig és a Banknak azokat a szerveit vezettem, amelyek akkor még nem lettek a vörös hadsereg által elfoglalva. Egy kisebb törzs dolgozott velem, melynek tagja volt Tarnay Frigyes úr is. 1945 március végén az oroszok egész Magyarországot elfoglalták, mire mi is Ausztriába mentünk és magunkkal vittük a Bank azon utolsó értékeit és bankjegykészletét, amelyek még velünk voltak. Ez a szállítás a legnehezebb körülmények között és állandó életveszélyben folyt le.

Ebben a munkában Tarnay úr a legnagyobb önfeláldozással vett részt, dacára annak, hogy 3 gyermek atyja. Munkájával nagy értékeket segített megmenteni.

2./ Ausztriában mindazok, akik nem tartoztak a magyar náci pártba, mint Tarnay úr is és én is, a legnehezebb feladatok előtt állottunk. A Bank náci vezetősége a Bank aranykészletét tovább akarta szállítani nyugatra, majd egy közeli hegyi tóba akarta elsüllyeszteni. Ezeket a kísérleteket sikerült megakadályozni. Ezután az a veszély fenyegetett, hogy a keletről nyugatra visszavonuló német 6. hadsereg elveszi tőlünk az aranykészletet és ismeretlen helyre magával viszi. Másrészről az a veszély fenyegetett, hogy az aranykészlet a gyorsan közeledő Vörös Hadsereg kezébe kerül, ezáltal a Szovjet hadizsákmányává válik és ezzel örökre elvész Magyarország számára.

3./ Attól a céltól vezéreltetve, hogy az aranykészletet Magyarország számára megmentsük, munkatársaim közreműködésével merész terv keresztülvitelére szántam el magam. Elhatároztam, hogy a nyugat felől győztesen közeledő USA hadsereg elé különböző irányban 2 futárt küldök és felkérem arra, hogy azonnal jöjjenek a Bank aranykészletének elfoglalására.

4./ A helyzet rendkívül kritikus volt. A futárnak a még mindig harcolva visszavonuló SS sorain keresztül kellett az USA csapatokat elérni, a vörös hadsereg pedig már 5 km-re közelítette meg a falut, amelyben a Bank volt.

E vállakozás a legnagyobb életveszéllyel járt, mert ha az SS elfogja a futárt és megtalálja nála azt a levelet, amelyet az USA hadsereghez intéztem feltétlen agyonlövik őt, valamint engem, aki a levelet aláírtam.

5./ Az egyik futár önfeláldozó szerepére Tarnay úr önként vállalkozott. Tarnay úr rendkívüli nehézségek után 1945 május 4.-én érkezett Salzburg-ba, éppen akkor, amidőn az USA csapatok Salzburg-ot elfoglalták.

Másnap már átadtaa levelemet Cowles USA hadnagynak, aki azt parancsnokságához táviralilag továbbította.

6./ Tarnay úr vállalkozása teljes sikerrel járt. Az USA csapatok Linz-et, Felsőausztria fővárosát megkerülve 1945 május 7.-én elfoglalták a Bank egész aranykészletét és minden értékét, megakadályozva, hogy a németek elvigyék és megelőzve, hogy a vörös hadsereg hadizsákmányul ejtse.

7./ Az USA hadsereg főparancsnoksága elfogadta a nemzetközi jog alapelvein nyugvó érveléseimet és a Bank vagyonát nem tekintette hadizsákmánynak. Így lehetővé vált a kb. 32. millió ton értékű aranykészlet és további, kb. 220 millió dollár értékű egyéb vagyon (értékpapírok, bankjegykészlet, Bankletétek, állami múzeumok műkincsei, stb.) megmentése.

Ezen akció sikerében Tarnay úrnak döntő szerepe volt és ezáltal nem csak a Magyar Nemzeti Bankot, de Magyarországot is nagy hálára kötelezte. Ez a hála természetesen nem nyilvánulhat meg a mai időkben, amidőn Magyarország elvesztette önállóságát és a Szovjet uralma alá került.

8./ A Magyar Nemzeti Bank ezen akciója az USA katonai hatóságok teljes elismerését érdemelte ki, mert a Magyar Nemzeti Bank ezáltal tanujelét adta annak, hogy a legnehezebb körülmények között és a legnagyobb veszélyek idején is változatlanul fenntartotta nemes nyugati tradicióit és azt a bizalmat, amely mindig a nyugati hatalmakhoz fűzte.

9./ Tarnay úr kiváló szolgálatait ismét igénybe vettem akkor, amidőn a Bank vagyonát az USA hadsereg főhadiszállására szállította Frankfurt a/M. Ekkor szakértők kiküldése vált szükségessé. Erre a szerepre Tarnay ismét önként vállalkozott és több mint fél éven át dolgozott az USA főhadiszálláson, megadva minden felvilágositást, amelyet a főhadiszállás követelt.

10./ Ilyen tevékenység után természetes, hogy úgy Tarnay úr mint én a magyar Nemzeti Banknál viselt állásunkat elvesztettük. Más elbánást nem is várhattunk a kommunista vezetés alá helyezett Magyar Nemzeti Banktól.

Úgy én, mint Tarnay úr nem térhetünk vissza a Szovjet uralma alatt álló mai Magyarországba, ahol csak börtön és üldöztetés várna reánk.

Ezért én is és Tarnay úr is mint displaced persons vagyunk kénytelenek élni családjainkkal együtt a legnehezebb anyagi körülmények között, megfosztva hazánktól és otthonunktól és a legbizonytalanabb jövő elé tekintve.

11./ Én, mint Tarnay úr volt főnöke, aki közvetlenül tanúja voltam kiváló szolgálatainak, Tarnay úr loyalitásáért, megbízhatóságáért és becsületességéért teljes erkölcsi felelősséget vállalok és érdemesnek tartom őt a legmeszebbenő támogatásra. Boldog lennék, ha tudnám, hogy sikerül neki a USA szabad földjére belépnie, hogy ott mint szabad ember úgy a maga, mint gyermekei részére új életet kezdhessen.

12./ Fentieket a legjobb tudomásom szerint felelősségem teljes tudatában adtam elő és bármikor hajlandó vagyok esküvel is megerősíteni.

Tanger (Tangier), Marokko (Morocco)
Hotel Tivoli, 1948 julius 12.Tangier /Morocco/July 24th 1948.

aláírta

Dr. Torzsay-Biber Gyula
a Magyar Nemzeti Bank
volt igazgatója.

<div style="text-align: center;">~~~</div>

1949. június 12., Leopold Scheffler német biztosnak

1949 júniusában egyre közelebb került az idő, hogy Innsbruckot elhagyjuk és Amerikába induljunk. Apánk számos levelet írt ismerősöknek és a Reichsbanknál dolgozó embereknek. Így találta meg Leopold Scheffler német biztost. Írt neki egy összefoglalót az arany útjával kapcsolatos eseményekről. Apánkat elbocsátották az MNB-től a Schefflerrel való együttműködése miatt.

<div style="text-align: center;">~~~</div>

[Megjegyzés: ezt a fent leírt események időbeni egybeesése miatt közöljük itt. Szerk.]

[Németről fordítva]

Éz a levél az apámtól Schefflernek németül.

Igls, 12 June 1949.

Lieber Herr Direktor,

Von Herrn Direktor Rex habe ich Ihre Adresse und gleichzeitig die erfreuliche Nachricht erhalten, dass Ihnen und Ihrer Familie gut geht. Sie können sich nicht denken, mit welch grosser Freude wir diese Nachricht vernahmen, denn wir haben sehr viel an Sie gedacht und uns oft gefragt, was mag wohl mit Ihnen geschehen sein. Wir waren sehr besorgt, wie Sie die schweren Zeiten nach dem Zusammenbruch besonders gesundheitlich überstehen werden und ich habe mich auch bei mehreren Bekannten, die über andere Freunde berichten konnten, über Ihr Schicksal erkundigt, abar stets vergebens, jede Spur von Ihnen war verschwunden. Umso grösser war unsere Freude, dass wir Sie wieder entdeckt haben.

Ich weiss nicht, ob Sie seither jemanden von der Nationalbank getroffen und ob Sie über unser Schicksal unterrichtet sind, ich nehme aber an, dass es Sie interessieren Wird, was mit uns geschehen ist, nachdem Sie uns verlassen haben. Ich will Ihnen nun kurz die Ereignisse erzählen, die wir erlebt haben und die vielleicht einzigartig in der Geschichte der Notenbanken dastehen.

Ich beginne mit dem Tag /4.5.1945./ an welchem Sie in der Richtung Vöcklamarkt un ich nach Salzburg Spital a.P. verlassen haben. Sie wissen, dass ich mit dem Auftrag nach Salzburg geschickt vurde, die US Armee dort abzuwarten und sie zu ersuchen, unsere Werte und das Personal in Schutz zu nehmen. Mit Hilfe der von Ihnen erhaltenen Papieren habe ich mein Ziel auch erreicht, aber in die Stadt Salzburg konnten wir nicht mehr hinein, denn sie wurde an diesem Tage den Amerikanern übergeben und sie war von der deutschen Polizei abgesperrt. Ich habe mich daher am Stadtrand in einem Bauernhaus einquartiert und gewartet bis der erste Panzer erschienen ist. Nach einem Versuch bei der Militarregierung, der ergebnislos war, weil bettrefende Offizier das Gold gleich sehen wollte und jedes Interesse verlor, als er erfahren hat, dass das nicht möglich ist, abe ich mit einem CIC Offizier Kontakt gefunden, der die Wichtigkeit der Angelegenheit gleich begriffen hat, den Brief eigenhanding angeschrieben, sich sofort in ein Jeep geworfen hat und weggesaust ist. Am anderen Tag hat er mir mitgeteilt, dass er den Wortlaut des Briefes an die zuständige Kommandostelle gedrahtet hat und es wird alles getan um die Werte sobald als möglich sicherzustellen. Auf meinen Wunsch hat er dies auf der Abschrift des Briefes eigenhändi bestätigt. - Meine Mission war beendet und nach 2 Wochen Aufenthalt in Salzburg holte mich ein Wagen der Bank ab.

Während meiner Abwesenheit war die Lage in Sp./p sehr gespannt. Ein Delegierter der dort operierende deutschen Armee /er hat sich so vorgestellt/ hat zweimal versucht, das Gold in „Sicherheit zu bringen". Ausser dem energischen Auftreten der Bank, war auch Eigrube viel zu verdanken, dass diese Versuche abgewehrt wer en konnten. E. hat uns angerufen und gefragt, was wir mit den Werten machen wollen un als erfahren hat, dass sie unter den Schutz der Amerikanern stellen Wollen, hat er uns einen Zug mit Mg. und M.P. bewaffnet unter Kommando eines Oberleutnants zur Verfügung gestellt, der den Befehl erhalten hat, die Wache und die erte ausschliesslich den Amerikanern übergeben zu dürfen. - Dies geschah am 7. Mai. In den nächsten

Tagen ist eine amerik. Kommission erschienen und hat uns einen schriftlichen Befehl erteilt, das Gold ihnen auszifolgen. Es wurde gleich mit LKWs in Begleitun von 2 Panzern nach Frankfurt/Main geschafft. Auch General Patton hat die Bank mit anderen hohen O fizieren besucht.

Die pfeilkreuzlerische Leitung wurde abgelöst und durch Dr Torzsay-Biber ersetzt, er wurde auch von den Amerikanern als Leiter der Bank anerkannt. - Mehrer Personen wurden von der CIC verhört,aber nur Temesvary und Fazekas verhaftet. Temesvary wurde später ausgeliefert und zu lebenslänglich verurteilt. Fazekas sass 2 Jahre lang in einem Straflager, jetzt ist er schon frei und träumt weiter seine Träume.

Die Gefolgschaft der Bank sich in zwei Lager geteilt. Das eine wollte nach Hause, das andere nicht. Torzsay hat bei den Amerikanern alles daran gesetzt, die Heimschaffung der Werte zu vereiteln. Jankovics war sein Gegenspieler und hat auch durch einen Delegierten aus Ungarn erwirkt, dass Torzsay von den Amerikanern im September 1945 verhaftet und an Ungarn mit den „grössten Kriegsverbrechern" ausgeliefert wurde. Wie unbegründet diese Verhaftung war, beweist die Tatsache, dass Torzsay von dem Volksgerichtshof im Mai 1946 freigesprochen wurde. Inzwischen musste er aber die Kerker der berühmt gewordenen Andrassy ut 60. erleben. Nach seiner Freisprechung ist er aus Ungarn wieder geflohen und nach einigen Monaten Aufenthalt in Osterreich nach Frankreich gekommen.

Im Juni 1945 bin ich mit einer amerikanischen Komission nach Frankfurt/M gefahren und dort 6 Monate lang im Headquarter gearbeitet. Is ich zurückkam fand ich in Spital/P sehr traurige Zustände. Nachdem Torzsay verhaftet wurde, hat die Bank ein Komitee geleitet.

Dann ist Quandt aus einem Gefangenenlager aufgetaucht und hat die Leitung übernommen. Er hat sich dem neuen ungarischen Regime gefügt und nicht den Mut gehabt, die Arbeit, die Torzsay gegen die Heimschaffung der Werte begonnen hat, fortzusetzen. Er teilte mir mit, dass für das neue Regime der Bank meine Mitarbeit in Spital/P wegen einer Kollaboration mit Direktor Schaffler nicht erwünscht sei. Da ich in der französischen Zone eine Stelle für uns beide gefunden habe, habe ich Spital verlassen und so leben wir seit August 1946 hier.

Nach Absägung von Torzsay-Biber, der mit Budapest keinen Kontakt angeknüpft hat - sind lange Berichte nach Budapest gesandt worden. Es wurde die Schuld für die Verlagerung möglichst in Ihre Schuhe geschoben um sieh reinzuwaschen und zurückgenommen zu werden. Sie haben uns mit Gewalt herausgetrieben und in Veszprem sogar Militär zu diesem Zwecke in Anspruch genommen usw.usw. Ich habe den Mut genommen einige ganz wahrheitswidrige Behauptungen zu widerlegen obwohl es mir klar war, dass es absolut nicht wichtig ist, was in diesen Berichten über Sie geschrieben wird.

Ich hoffe nur, dass es noch Zeiten kommen erden, wo man offen sagen kann ‚dass wir Ihnen auch etwas zu verdanken haben, denn ohne Ihre Hilfe hätten wir die Verlagerung so gut abwickeln,können. Ich kann mit ruhigem Gewissen behaupten, dass unsere Verlagerung am besten organisiert war und da haben Sie uns auch mitgeholfen. Von unserer Zusammenarbeit werde ich stets den Eindruck bewahren, dass Sie nicht nur als offizieller Beauftragter einer fremden Macht, sondern auch als Kollege von Notenbank zu Notenbank gehandelt haben.

Das ist alles sehr schön, aber umso trauriger ist es, dass alle Bemühungen eigentlich umsonst waren, de bis auf die Wertpapiere wurde alles nach Ungarn zurückgebracht und dadurch ist doch alles in die Hände der Russen gefallen. - Eine ganz kleine Gruppe „manipuliert" noch ie Wertpapiere in Spital/P. - Quandt ist vor einigen Monaten nach New-York gefahren, wo er die - Filiale einer englischen Firma leitet. - Die hiergebliebenen Angestellten sind sehr zerstreut, viele sind nach Deutschland gekommen, viele nach England als Haushaltsangestellte, einige in Argentinien /Cottely bei der Argentinischen Notenbenk. Wir haben hier anfangs beide eine Stelle bei der franz. Militärregierung Marokko zu gehen, wozu wir beide mehr Lust hatten, aber USA ist schon konkreter und in einigen Wochen fällig. Das ist auch der eine Grund, weshalb ich Ihnen jetzt schreibe in der Hoffnung, dass wir von Ihnen noch in Europa hören werden, wie es Ihnen und Ihrer Familie geht, was Sie jetzt machen. usw. Ihr Sohn muss ja schon ein ganz grosser junger Mann sein. Meine Söhne wachsen auch wie Pilze heran und damit auch meine Sorgen. Der kleine Fritz geht ins französische Lyzeum, der Istvan und der Hapschi in die hiesige ungarische Schule, weil sie ihle Muttersprache wieder erlernen müssen. Sie waren nämlich 2 Jahre lang in einem österreisschen Kinderheim und haben die ungarische Sprache ganz vergessen. Istvan ist nach wie vor der gerade Charakter, fleissig und aufrichtig, der Hapschi, der Humorist der Familie ist drolliger als je. Meine Schwiegereltern und meine Schwägerin sind nach Ungarn zurückgekehrt und leben an dem kleinen Weingarten am Plattensee ziemlich schwer. Wir bekommen regelmässig Briefe von Ihnen, aber die wahre Lage dürfen sie natürlich nicht schreiben.

Zeilen Wir würden uns sehr freuen,Ihre recht bald lesen zu können. Falls Sie Ihren Brief lieber nicht über die Grenze schicken möchten, bitte senden Sie ihn an die Adresse

Meine Adresse ist sonst: F.Tarnay, Igls 5. Tirol - Österreich.

Mit den herzlichsten Grüssen von uns beiden an Sie und an Ihre liebe Familie verbleibe ich Ihr .

Igls, 12 June 1949.

~~~

Igls, 1949. június 12.
A levél magyarul:
Kedves Igazgató Úr!

Rex igazgató úrtól kaptam meg az Ön címét, s egyidejűleg az örömteli hírt, mely szerint Ön és kedves családja jól van. Nem is tudja elképzelni, milyen nagy örömmel fogadtuk ezt a hírt, mivel nagyon sokat gondoltunk Önre, és gyakran feltettük a kérdést, mi lehet Önnel? Nagy aggodalomban voltunk, hogyan fogja Ön átvészelni az összeomlást követő nehéz időket, különös tekintettel az egészségre. Számos ismerősnél érdeklődtünk az Ön sorsa felől, akiknek más barátaink további sorsáról tudomásuk volt, ám hiába, az Ön nyomát nem sikerült felkutatni. Annál nagyobb örömmel fogadtuk most a hírt, amit Önről kaptunk.

Nem tudom, találkozott-e bárkivel azóta a Nemzeti Banktól, vagy tudott-e sorsunkról, de feltételezem, érdekli Önt, mi is történt velünk, amióta Ön elvált tőlünk.

Csak röviden írnék arról, mik történtek velünk, azokról az eseményekről, amelyek egyszer talán szerepelnek a Nemzeti Bank történetében.

Azzal a nappal kezdeném (1945. 05. 04.), amikor Ön elindult Vöcklmarkt irányába, én pedig a Salzburg Spital a.P. felé. Ön pontosan tudja, hogy azzal a megbízással indultam Salzburgba, hogy ott várjam meg az amerikai csapatokat és megpróbáljam oltalomba helyezni értékeinket és a személyzetet.

Az Öntől kapott papírok segítségével el is értem a célomat, de Salzburg városába már nem jutottunk be, mivel a várost ezen a napon adták át az amerikaiaknak, s a német rendőrség lezárta az utakat.

Ezért a város szélén bekvártélyoztam egy parasztházba, s ott vártam az első páncélos megjelenését. A katonai kormányzatnál tett első kísérletem eredménytelen maradt, mivel az illetékes tiszt azonnal látni akarta az aranyat, és minden érdeklődését elvesztítette, amikor megtudta, hogy az lehetetlen. Sikerült kapcsolatba lépni egy CIC tiszttel, aki azonnal felfogta az ügy jelentőségét, sajátkezűleg lejegyezte a levelet, belevetette magát egy dzsipbe és elszáguldott. Másnap közölte velem, hogy táviratban továbbította a levél tartalmát az illetékes parancsnokságra, s mindent megtesznek annak érdekében, hogy az értékeket a lehető legrövidebb időn belül biztonságba helyezzék. Kérésemre ezt saját kézírásával feljegyezte a levélre. - Ezzel be is fejeződött a küldetésem, és két hetes salzburgi tartózkodást követően a bank egy kocsija értem jött.

Távollétem idején rendkívül feszült helyzet alakult ki Spital am P-ben. Az ott tevékenykedő német hadsereg egyik küldötte (legalábbis annak adta ki magát) kétszer is megpróbálkozott az arany „biztonságba helyezésével". A Bank energikus fellépése mellett Eigrube is sokat tett azért, hogy el lehessen hárítani ezeket a kísérleteket. E. felhívott minket és megkérdezte, mit akarunk tenni az értékekkel, s amikor megtudta, hogy az amerikaiak oltalma alá kívánjuk helyezni, egy főhadnagy parancsnoksága alá helyezett, és gépfegyverekkel, valamint géppisztolyokkal felfegyverzett konvojt bocsátott a rendelkezésünkre. A főhadnagy azt a parancsot kapta, hogy a szállítmányt kizárólag az amerikaiaknak adhatja át.

– Ez május 7-én történt. A következő napokban megjelent egy amerikai küldöttség, amelyik írásos parancsot hozott magával arra vonatkozóan, hogy nekik adjuk át az aranyat. Az értékeket teherautókra rakva, két páncélos kíséretében azonnal el is indították Frankfurt am Main felé. Patton tábornok is felkereste más magas rangú tisztek kíséretében a bankot.

Leváltották a nyilas vezetőséget, dr. Torzsay-Biber úr vette át az irányítást, akit az amerikaiak elismertek a bank vezetőjének. – A CIC több személyt is kihallgatott, de kizárólag Temesváry és Fazekas urakat tartóztatták le. Temesváryt később kiadták és életfogytiglani börtönbüntetésre ítéltek. Fazekas két éven át ült egy büntetőtáborban, ma már szabad, és tovább szövögetheti az álmait.

A bank kísérete két táborra oszlott. Az egyikhez tartozók haza akartak térni, a másikhoz tartozók nem. Torzsay mindent megtett az amerikaiaknál annak érdekében, hogy meghiúsítsa az értékek hazaszállítását. Az ellenlábasa Jankovics volt, s egy Magyarországról érkezett küldött közreműködésével elérte, hogy Torzsayt letartóztassák az amerikaiak 1945. szeptemberében, és kiadják Magyarországnak a „legnagyobb háborús bűnösökkel" együtt.

Az, hogy ez a letartóztatás mennyire megalapozatlan volt, mi sem bizonyítja jobban, mint az a tény, hogy a Népbíróság 1946. májusában felmentette Torzsayt. Időközben azonban át kellett élnie a hírhedett Andrássy u. 60. börtönét. Felmentését követően elmenekült Magyarországról, és néhány hónapos ausztriai tartózkodást követően Franciaország felé vette az irányt.

1945. júniusában egy amerikai küldöttséggel Frankfurt am Mainba utaztam, és 6 hónapig dolgoztam ott a főhadiszálláson. Visszatértemkor rendkívül szomorú állapotokat találtam Spital am P-ben. Torzsay letartóztatását követően egy bizottság irányította a bankot.

Ezt követően előkerült Quandt egy fogolytáborból és átvette a vezetést. Engedelmeskedett az új magyar rezsimnek, és nem merte folytatni azt a tevékenységet, amit Torzsay megkezdett az értékek hazaszállítása ellen.

Közölte velem, hogy a bank új vezetősége számára nem kívánatos a közreműködésem Spital/P-ben, mivel együttműködtem Schaffler igazgatóval. Mivel mindkettőnk számára találtam helyet a francia zónában, elhagytuk Spitalt és itt élünk 1946. augusztusa óta.

Torzsay-Biber – akinek nem voltak kapcsolatai Budapesttel – lemondatását követően hosszú jelentéseket küldtek Budapestre. Megpróbálták az átszállítást az Ön számlájának betudni, ezzel magukat tisztára mosni, és elősegíteni, hogy visszavegyék őket. Olyanokat állítottak, hogy erőszakkal hajtottak minket ki, Veszprémben ehhez még a katonaságot is igénybe vették, stb., stb. Vettem magamnak a bátorságot ahhoz, hogy az igazságtól leginkább eltérő állításokat cáfoljam, bár pontosan tudtam, mennyire érdektelen az, amit ezekben a jelentésekben Önről írnak.

Kizárólag abban reménykedhetem, hogy eljön egyszer az idő, amikor nyíltan el lehet mondani, milyen nagy hálával tartozunk Önnek, hiszen az Ön segítsége nélkül nem lehetett volna ilyen zökkenőmentesen lebonyolítani az átszállítást. Nyugodt lelkiismerettel állíthatom, hogy az átszállítás a lehető legszervezettebb volt, s ebben Önnek is nagy része volt. Az együttműködésünk során mindig az volt a benyomásom, hogy Ön nem annyira egy idegen hatalom hivatalos megbízottjaként, hanem sokkal inkább jegybanki kollegaként viselkedik.

Mindez nagyon szép, ám annál szomorúbb is, mivel tulajdonképpen minden erőfeszítés hiábavalónak bizonyult, mivel az értékpapírokig bezárólag mindent visszaszállítottak Magyarországra, s így minden az oroszok kezére került. – Egy egészen kis csoport még Spital/P-ben „manipulálta" az értékpapírokat – Quandt néhány hónappal ezelőtt New Yorkba utazott, ahol egy angol cég leányvállalatát vezeti. – Az itt maradt alkalmazottak a világ számos helyére kerültek, sokan Németországba mentek, sokan Angliába háztartási alkalmazottként, néhány Argentínában (Cottely) az Argentin Jegybanknál. Kezdetben mi mindketten a marokkói francia katonai kormányzatnál kaptunk állást. Ehhez nagy kedvünk is volt, az egyesült államokbeli állásajánlat azonban konkrétabb és néhány héten belül esedékes is. Ez az egyik oka annak, hogy most írok Önnek abban a reményben, hogy még Európában kapunk Öntől hírt arról, hogyan megy a sora, hogy van a családja, mit csinál most, stb. A fiaim úgy nőnek, akár a gomba, s velük együtt nőnek a gondjaim is. A kis Fritz francia líceumba jár, István és Hapschi az itteni magyar iskolába, mivel ismét meg kell tanulniuk az anyanyelvüket. 2 évet töltöttek el ugyanis egy osztrák gyermekotthonban, s teljesen elfelejtették a magyar nyelvet. István továbbra is egyenes jellem, szorgalmas és őszinte, Hapschi pedig, a család humoristája, még mókásabb, mint valaha volt. Az anyósom és az apósom, valamint a sógornőm visszatértek Magyarországra, a Balatonnál élnek a kis szőlőskertben. Rendszeresen kapunk tőlük leveleket, az igazi helyzetről természetesen nem írhatnak.

Sorok

Nagy örömünkre szolgálna, ha hamarosan olvashatnánk a sorait. Amennyiben nem szeretné külföldre küldeni a levelet, legyen kedves, és küldje azt az alábbi címre:

Franz Denes, Kiefersfelde, Bajorország, postán maradó.

A levél néhány napon belül a kezemben lesz.

Mindkettőnktől szívből jövő üdvözlettel Önnek és kedves családjának maradok

az Ön Tarnay Frigyes-e.

Ez a vers, és a könyvünk címe mutatja meg Frici indítékait küldetésének teljesítésére. Családját rendkívüli módon szerette, de a szabadságot még jobban, és bizonyára ezt nagyon nehezen viselte el.

~~~

> Szabadság, szerelem!
> E kettő kell nekem.
> Szerelmemért föláldozom
> A életet,
> Szabadságért föláldozom
> Szerelmemet.
>
> 1847, Petőfi Sándor

70. kép: Petőfi Sándor (1823-1849) magyar költő és hazafi, aki az 1848-as Szabadságharcban vesztette életét. Ez Tarnay Irén kokárdája, amely az 1848-as szabadságharc jelképe.

5. fejezet

„Most hála Isten kidobtuk az ágyakat, a saját ruganyaimon fekszem, és azóta nincsen bogár."

Ausztria, Innsbruck,
1949—1949

1946 és 1949 között a II. világháború utáni időszakot éltük. Létrejött a Vasfüggöny, és Magyarország orosz kommunista csatlós ország lett. Mi pedig a háború utáni káoszban menekültek lettünk. Lakóhelyünk elhagyására kényszerült személyek lettünk. Ebből a hontalan állapotból indult az utunk a szabadság felé.

~~~

Az idő elérkezett, 1946-1949
Írta Tarnay B. Frigyes

Az Innsbruckba költözés okai még mindig valahogy homályosak, de egy biztos, mennünk kellett. Az ausztriai tartózkodási kérelmünk lassan lejárt, az MNB pedig feloszlott. De más erők is hatottak, és más lehetőségek is felmerültek.

Anyánk egyszer azt mondta, mindig is Svájcba szerettünk volna menni, mint semleges országba, és Innsbruck pont Svájc irányában van. Svájcban rengeteg bank székhelye van, és apánknak nagyobb esélye lett volna karrierje folytatására. Innsbruck a francia megszállási övezetben volt, és sokkal toleránsabbnak mutatkozott a menekültekkel szemben. Anyám folyékonyan beszélt franciául és volt francia tanári tapasztalata, vagyis ez is befolyásolhatta a döntést.

A katolikus egyház rengeteget segített a kommunista megszállás alatt álló országokból özönlő menekültek áradatán. Az egyik ilyen szervezet a Nemzeti Katolikus Jóléti Konferencia volt (ma Püspöki Konferenciák Tanácsa), amely több, a nácizmus és kommunizmus elől menekülőket befogadó országban is tevékenykedett.

A család 1946 elején hagyta el Spital am Pyhrnt, és ideiglenesen Iglsben, Ausztriában telepedett le, amely egy kis falu Innsbruck felett. A Hotel Sternben kaptunk szobát, amelyet menekült kórházzá alakítottak. A második emeleten laktunk egy akkora szobában, mint amekkorával Spitalban is rendelkeztünk. Minden emeleten egy közös fürdőszoba volt. A mi szobánkban akkora mosdókagyló volt, hogy mi gyerekek fürödni tudtunk benne.

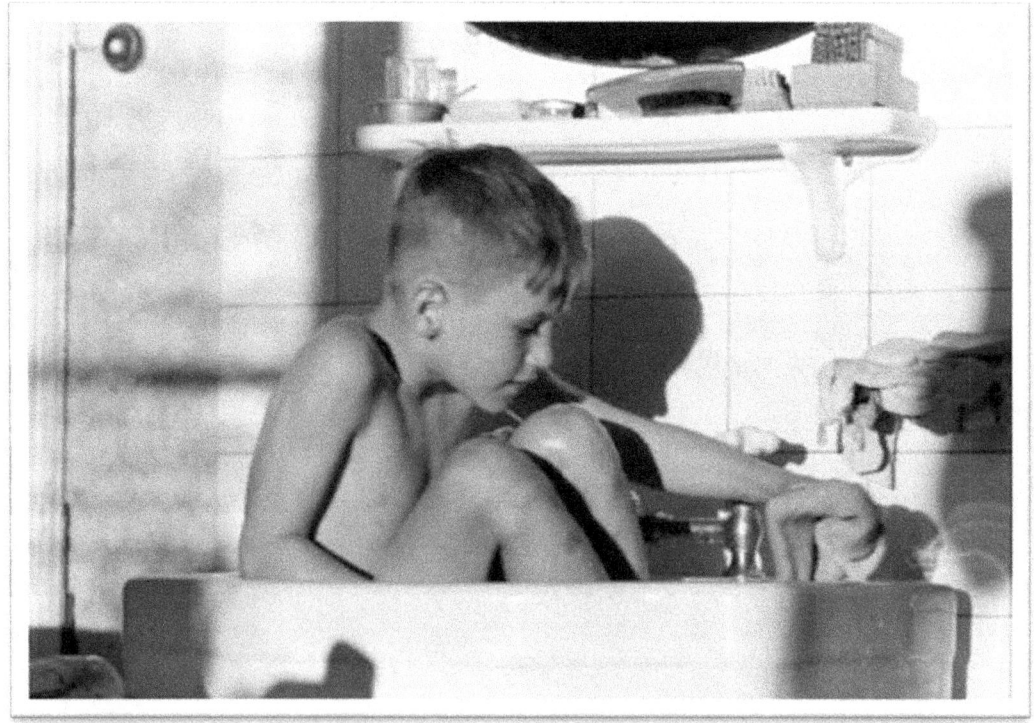

71. kép: 1948. István az egyszobás kis apartmanunkban fürdik Iglsben, Ausztriában.

Steve gerincvelő gyulladást kapott és majdnem meghalt. Több, mint egy hétig ágyban volt, mégis napról napra rosszabbul lett. Szinte nem volt eszméleténél. Az

SZABADSÁG, SZERETET, ARANY

orvos belépett, rápillantott és azonnal megcsapolta a gerincét, hogy csökkentse a gerincvelőre nehezedő folyadék nyomását. Mindezt érzéstelenítés nélkül. Anyám magán kívül volt, de soha nem mutatta érzéseit, viszont az arcára ülő halálos aggodalmat nem tudta levetkőzni. Steve emlékszik arra, hogyan kellett újból járni tanulnia. Én tüdőgyulladást kaptam, és az egyetlen rendelkezésünkre álló gyógymód a mellkasomra tett kamillás borogatás volt. Valahogyan mégis túléltük.

A földszinten lévő étteremben étkeztünk. Nem tudom, honnan finanszíroztuk mindezt, de anyám végül Innsbruck belvárosában a Francia Megszálló Erők irodájában kezdett dolgozni, apám pedig a Katolikus Menekült szervezet működésében vett részt. Majdnem 4 évig éltünk itt.

Anyámnak nagyon jó munkája volt, mivel folyékonyan beszélt franciául és németül. A francia ezredes személyi asszisztense lett, aki a régió vezetőjeként ellátandó feladatai során mint fordítót alkalmazta. Saját bevallása szerint az egész francia személyzet kedvelte őt. Ez valószínűleg igaz lehetett, mert amikor az ezredest áthelyezték, megkérte szüleimet és a családot, hogy tartsanak vele, mint állandó személyzetének tagjai. Casablancába ment, ahol a francia erőket kellett irányítania. Jó fizetést és állandó munkát kaptunk volna a francia kormánytól.

Ez egy elég nehéz helyzetet eredményezett volna, mivel az egyik MNB-s vezető, akit apám jól ismert és régen bízott is benne, szintén Casablancában volt abban az időben. Véleményem szerint sohasem érthetjük vagy fejthetjük meg teljesen a háború utáni állapotok bonyolultságát és kuszaságát.

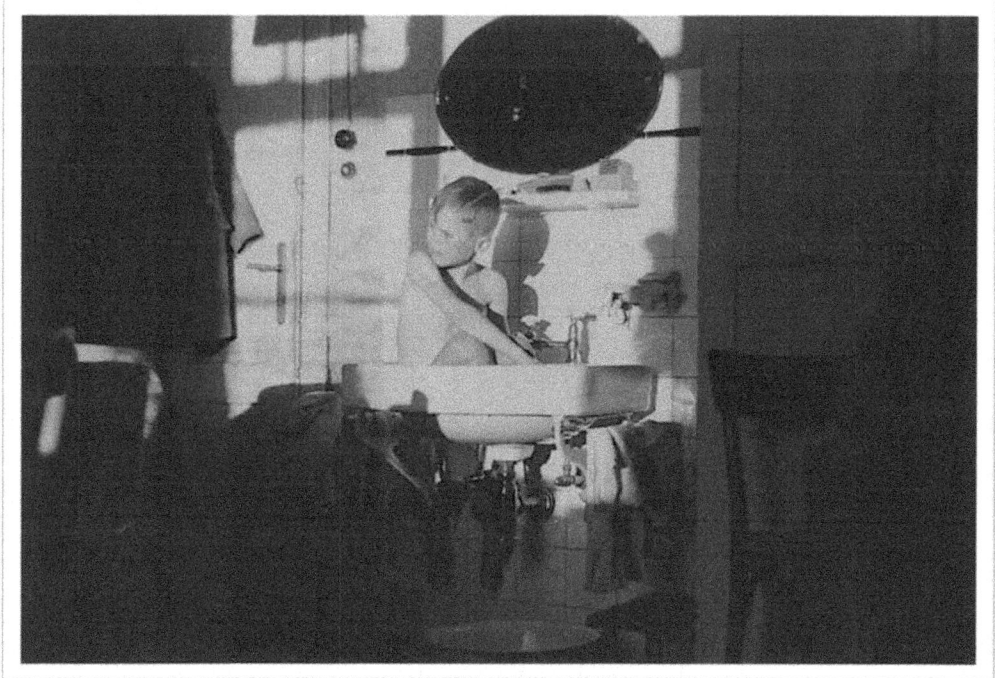

72. kép: 1948. Iglsben, Ausztriában.

Folytatnunk kellett az iskolát. Engem felvettek a francia iskolába Fulpmes-ben, egy közeli kis városban a hegyekben, ahol a francia katonák gyermekeit is oktatták. A testvéreim egy német óvodába jártak Innsbruckban.

Amikor otthon együtt voltunk, nem értettük egymást, mert mindenki más nyelven kezdett beszélni. Anyánk volt a tolmács és ő ügyelt, hogy otthon mind az anyanyelvünkön, magyarul szólaljunk meg. Más magyar családok is éltek a régióban, és talán ez volt az egyik oka annak, hogy ide költöztünk....

73. kép: Kis Frici elsőáldozása Innsbruckban, Ausztriában.

Apám a katolikus adományszervezetnél dolgozva ételt és ruhát osztott a menekült közösségnek. Emlékszem, hogy segítettem neki és arra is, hogy nagyon méltanyosan viselkedett; igyekezett minden ember valódi szükségleteit felmérni. Nem szerette a tisztességtelen embereket, de ezt soha nem mutatta, kivéve a szétosztás irányításánál. Tudta, kinek mire van a legnagyobb szüksége, kinek mire nincs és azt is, hogy miért.

SZABADSÁG, SZERETET, ARANY

Étel és ruha adományok mind az amerikai adományszervezeten, mind a „Pápa gyermekei" programon keresztül érkeztek. Egy kis apartmanban tartották őket Innsbruckban, amelyet apám kezelt néhány pappal együtt.

Eljártunk a klasszikus osztrák tornyú, durva fapados iglsi kis templomba. A szentmise alatti adománygyűjtésre egy hosszú bot szolgált bársony zsákkal a végén. Ezt a templomszolga mindenki elé odatartotta és ha nem tettek bele semmit, akkor megrázta. Az aljára akasztott kis csengő így mindenki tudtára adta milyen fukar is az illető....

74. kép: A Tarnay család Ausztriában, Innsbruckban 1947-ben. Frici és Kati, a gyerekek István, Fred és Géza (Matt/Hapsi). Ruháink nagy részét anyánk varrta, így mindig „egyenruhában" voltunk.

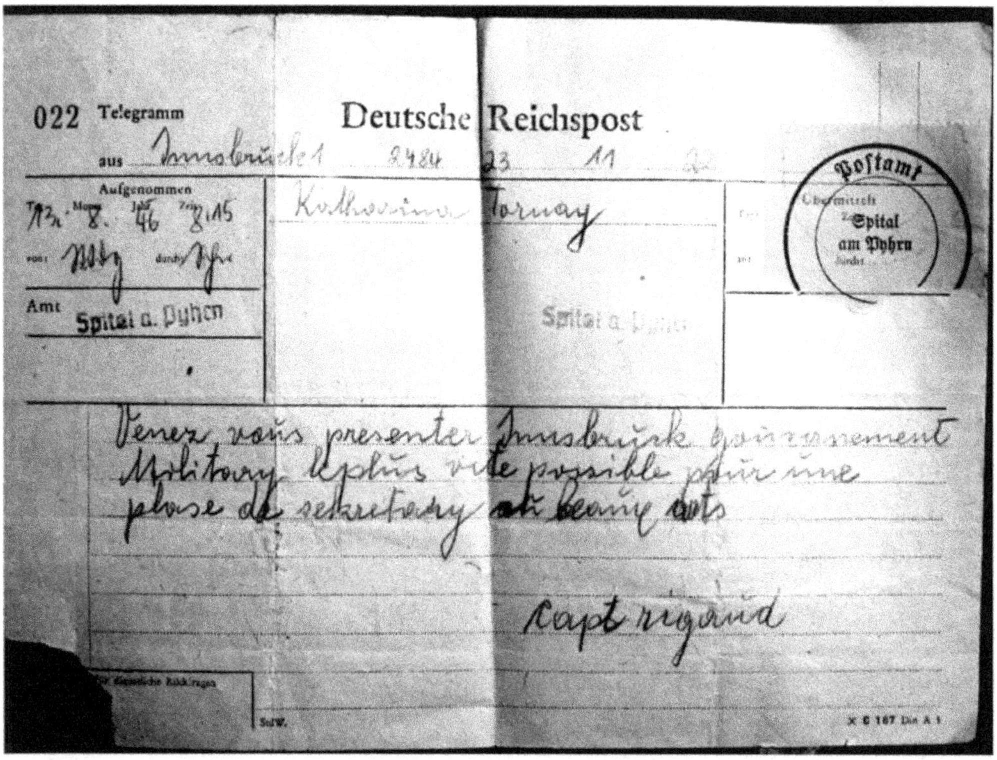

75. kép: 1946. augusztus 8., távirat a Francia Konzulátusról, amelyben munkát ajánlanak anyánknak Innsbruckban, Ausztriában.

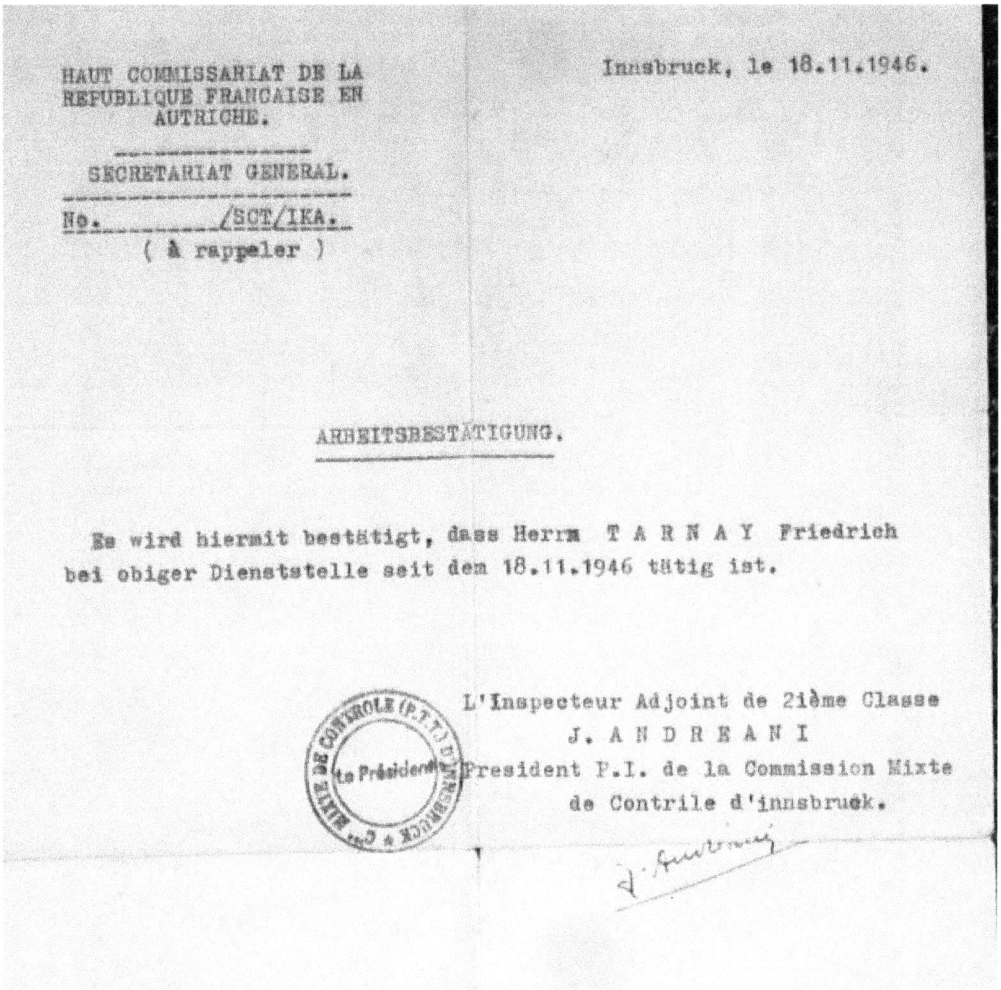

HAUT COMMISSARIAT DE LA
REPUBLIQUE FRANCAISE EN
AUTRICHE.

SECRETARIAT GENERAL.

No. _____/SCT/IKA.
(à rappeler)

Innsbruck, le 18.11.1946.

ARBEITSBESTÄTIGUNG.

Es wird hiermit bestätigt, dass Herrn T A R N A Y Friedrich bei obiger Dienststelle seit dem 18.11.1946 tätig ist.

L'Inspecteur Adjoint de 2ième Classe
J. A N D R E A N I
President P.I. de la Commission Mixte
de Contrôle d'Innsbruck.

76. kép: Levél a Francia Nagykövetségről, amelyben megerősítik Frici 1946. november 18-i munkakezdését.

77. kép: Egy kislány áll és nézelődik az otthonukat elhagyni kényszerült menekültek táborában, ahol apánk dolgozott. Figyeli, ahogyan a csirkék cipőkről eszik a bogarakat.

78. kép: Nők, amint adományozott cipők között „válogatnak" az otthonukat elhagyni kényszerült személyek táborában. Halmokban látható az amerikai ételsegély, többek között Clapp's instant zabkása dobozok.

1947. Az élet az orosz „felszabadítás" alatt: „A jó Isten adjon ... a mostaninál nyugalmasabb életet."

Ez nagymamánk anyánknak írt levele Magyarország orosz megszállása alatt. A levelek cenzúrázására tekintettel, nagyon sok minden csak a sorok között elrejtve olvasható.

~~~

Édes kis Leányom! Örömmel olvastuk leveledben, hogy hála Isten meggyógyultál. Köszönöm az elemet, mert nagyon hiányzott. A festéssel majd próbálkozom, remélem sikerrel. – Remélem a csomagot kedden megkapod és lesz még időd elfogyasztani. – A születésnapi tortát átalakítottam czukorrá, nem nagy sikerrel, mert babkávéval ízesítettem, és még sem sikerült, de azért ehető. A csomagolás viszont apád érdeme, az kifogástalan. Ehhez csatoljuk még jó kívánságainkat és sok szeretetünket. A jó Isten adjon jó egészséget és sok szerencsét munkádhoz és a mostaninál nyugalmasabb életet.

Mi csak éldegélünk változó egészséggel gyönyörködve a szép téli napokban. Ugyan két nap előtt már a verandán ültetett és dolgozott apád, de mára újból behavaztunk. A kővágóörsi szabó megcsinálja apádnak a szürke nadrágot, 30 forintot kért érte és a jövő héten készen lesz, kitoldja a világosabb alj darabból.

– Én viszont nem sokra haladok, elég sokat fulladok, és akkor már nem megy úgy a munka, ha sok orvosságot veszek be. – Apád hála Isten sokkal erősebb.

1948. június 16., „…nyugodtan szoktunk aludni, tiszta a lelkiismeretünk, és ez is egy vagyon a mai világban."

Nagyszüleink Magyarországon voltak, míg mi Innsbruckban. Anyánk, ha épp nem volt túlságosan elfoglalt a munkája miatt a Francia Konzulátuson, mindig talált rá időt, hogy írjon a nagyszüleinknek. Folyékonyan beszélt franciául, és több pénzt keresett, mint apánk. Csakúgy, mint az MNB elnökének titkárnőjeként, most is fontos pozíciót töltött be a Francia Konzulátus titkárnőjeként. Mivel ott dolgozott, a kis Frici ingyen járhatott francia iskolába.

~~~

Édes Mamuskám és Papám, Nagyon köszönöm Mama levelét, a recepteket és egyáltaláan mindent. Örülök, hogy mama nyugdíja legalább részben [megvan?], már nagyon rossz perceim voltak miatta. Zsuzsinak már megpróbáltam részletesen leírni terveinket, vagyis, hogy mi vár ránk, mert nem egészen vagyunk a magunk urai nem lévén készpénzünk a befektetésre.

Nem baj, de higgyétek el, néha abból is meg lehet élni, hogy az ember becsületes, legalább jelenleg abból éldegélünk, és ezt a tervet is annak köszönhetjük, nem pedig a barátságnak. Ebben az a jó, hogy nyugodtan szoktunk aludni, tiszta a lelkiismeretünk, és ez is egy vagyon a mai világban.

Mamuskám nagyon rátaláltál az elevenjére, hogy óvatosságra intettél bennünket, hogy ki ne használjanak, és jól esett, hogy ennyire megérezted a bökkenőjét a dolognak. Nem hogy hiába való lenne, hanem, ha nem röstelled, arra kérlek, hogy többi észrevételedet is közöld velünk, ha nem aktuális, úgysem izgat, ha pedig tanulhatok belőle, akkor igazán csak hálás vagyok érte.

Te mégis csak többet láttál, és valamivel nyugodtabb vagy, mint én, és így jobban is meg lehet ítélni a dolgokat. Mostani életünknek egyik jó oldala, hogy ha egyszer néha együtt vagyunk otthon Fricivel nem lévén itt a gyerekek hétköznap, nyugodtan megtárgyalhatnunk mindent, nem jön a kutya sem hozzánk. Nem igen van ismerősöm, ahol gyerekek vannak, sőt olyan egy sincs, akit a róluk való beszéd szórakoztatna, különösen mióta Else Augenthaler elment, neki még elmeséltem néha valami kedveset róluk, úgy, hogy nekem is jól esik, ha róluk írhatok, és elhatároztam, hogy megint egyszer megtöltök egy levelet gyerekmesékkel.

Hapsi szerencsésen meggyógyult, egy erős gyomorrontása volt, még egy kicsit meglátszik rajta, de majd hamarosan rendbejön megint.

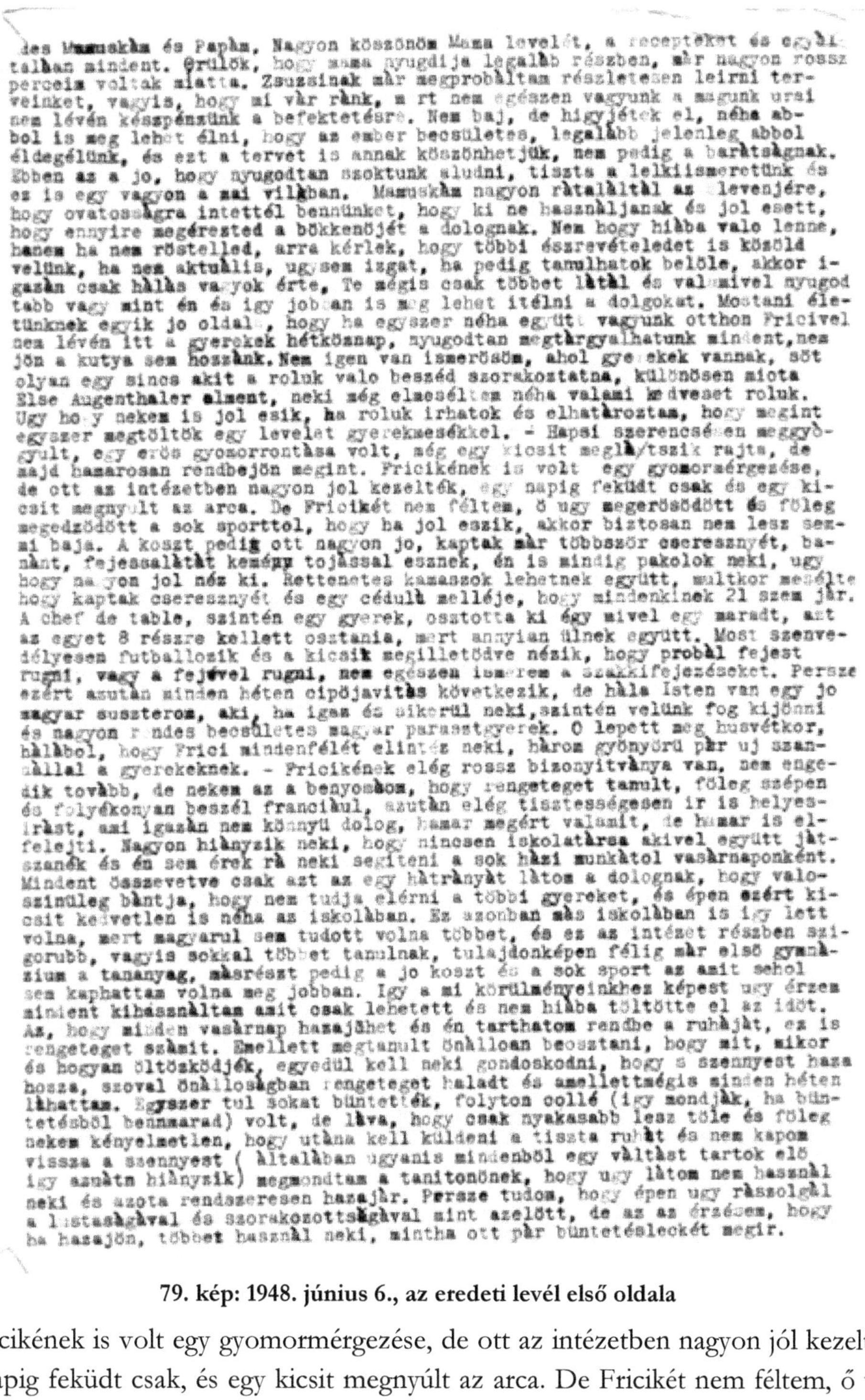

79. kép: 1948. június 6., az eredeti levél első oldala

Fricikének is volt egy gyomormérgezése, de ott az intézetben nagyon jól kezelték, egy napig feküdt csak, és egy kicsit megnyúlt az arca. De Fricikét nem féltem, ő úgy megerősödött és főleg megedződött a sok sporttal, hogy ha jól eszik, akkor biztosan nem lesz semmi baja. A koszt pedig ott nagyon jó, kaptak már többszöt cseresznyét. Banánt, salátát kemény tojással esznek, én is mindig pakolok neki, úgy hogy nagyon jól néz ki.

Rettenetes kamaszok lehetnek együtt, múltkor mesélte, hogy kaptak cseresznyét és egy cédula melléje, hogy mindenkinek 25 szem jár. A chef de table, szintén egy gyerek, osztotta ki, és mivel egy maradt, azt az egyet 8 részre kellett osztania, mert annyian ülnek együtt. Most szenvedélyesen futballozik, és a kicsik megilletődve nézik, hogy próbál fejest rúgni, vagy a fejével rúgni, nem egészen ismerem a szakkifejezéseket. Persze ezért azután minden héten cipőjavítás következik, de hála Isten van egy jó magyar suszterom, aki, ha igaz és sikerül neki, szintén velünk fog kijönni. Nagyon rendes, becsületes magyar parasztgyerek.

Egyszer túl sokat büntették, folyton collé (így mondják, ha büntetésből bennmarad) volt, de látva, hogy csak nyakasabb lesz tőle, és főleg nekem kényelmetlen, hogy utána kell küldeni a tiszta ruhát, és nem kapom vissza a szennyest (általában ugyanis mindenből egy váltást tartok elöl, így azután hiányzik) megmondtam a tanítónőnek, hogy úgy látom, nem használ neki, és azóta rendszeresen hazajár. Persze tudom, hogy éppen úgy rászolgál a lustaságával és szórakozottságával, mint azelőtt, de az az érzésem, hogy ha hazajön, többet használ neki, mintha ott pár büntetésleckét megír.

Úgy látom, hogy rengeteg dolog fordul meg fejében, amit nem mond el otthon, de talán csak azért, mert nem igen van rá idő és nyugodt hely. Egyszer majd kijön belőle. Látom, hogy ha vasárnap elbúcsúzik, mindig kicsit meg van hatva, de nagyon helyesen visszatartja az elérzékenyülését látva, hogy úgysem használ vele. És nem árt neki, csak ne legyen egykedvű tőle, amire egy kicsit hajlamos.

Most tényleg vele is, mint a többivel azon a ponton vagyok, hogy itt az ideje, hogy a közelemben legyenek, és remélem, hogy ez valahogy majd mégis meglesz, persze csak azon az áron, hogy abbahagyom a hivatalt. Mindig is olyan volt nekem, mint egy kis barát, hihetetlenül megérez mindent, és főleg mióta együtt készítjük a karácsonyi és egyéb meglepetéseket a kicsiknek, sokszor megtárgyalja velem, mit csináljunk a kicsikkel, és mint egy sokkal idősebb bátya, mindegyikkel a természete szerint beszél. Persze emellett kitör belőle a gyerek, mert rettentő nagy szamár tud lenne, vagy pedig elvadult kamasz, és ezt szeretem is, és sohasem szólok rá. A sok sporttól olyan jó mozgása van, most vasárnap mesélte, hogy már egy métert ugrik magasugrásban.

Most úszni tanulnak, ő már persze tud, csak az hiszem, hogy olyan régen nem volt vízben, nem mer nekiállni. Van ott egy medence, valami uszoda, és tornatanár felügyel rájuk, persze nagy hecc van, de gondolhatod, mennyire örülök neki, hogy így megkezdődik. Ezt itt semmiféle osztrák iskolában nem lehet megkapni, hogy májusban már ússzanak a szabadban a gyerekek.

Furcsa, két héttel ezelőtt úszott, múlt héten pedig olyan hideg volt, hogy ugyanott félméteres hó volt, és síeltek. Most megint nagyon meleg van, főleg nappal, és ott a hegyen délben kettőkor igazán forróság lehet. Most, hogy jobb idő van, néha összejövünk valakivel, vasárnap is elvittem őket egy családhoz, akik egy szép villában laknak, magyarok, olyan Sanyi-félék, de a gyerekek nagyon okosak és modorosak, szeretem őket, és úgy látom, jót tesz az enyémeknek, hogy egy kicsit élénkebb, okosabb srácokkal vannak együtt. Így most már ők is kezdenek köszönni, nem mint a kis vadak csak ronhanak be valahova.

Nagyon emlékeznek Rátok, különösen a két nagy, de akár hiszed Mamuska, akár nem, még Hapsinak is vannak dolgok, amik eszébe jutnak, Istvánnak pedig, ha kicsi is volt, de nagyon jó memóriája van. Fricinek múltkor előadta, hogy mi minden volt nagypapa íróasztalában és hogy mit ígért nagypapa neki. Mondtam, hogy írd meg nagypapának, ha megvan, biztosan elküldi Neked. Különben is most a levélírás nagy divat, minden vasárnap ebéd után, most még Hapsi is kért, hogy írjak vele, mert ő nem tud egyedül. Persze egy-egy levél két vasárnap is eltart, mert közben le-lerohannak a kertbe jászani. Most látom, hogy még mindig csak Fricikéről irok, pedig már Gyöngyömről is sokat lehet mesélni. Ő az, aki mindig csak azt csinálja, ami éppen egy olyan gyereknek illik, mint ő.

Most szívvel-lélekkel iskolás, már egészen folyékonyan beszél magyarul, tudja a miatyánkot és üdvözlégyet, a hittantanár ugyanis nagyon rendes, és nem restelli ezerszer elmondatni a gyerekekkel a katekizmust.

Most jött bele egy kicsit az írásba, persze, két hónapja tanul, és újra elölről kezdte, még hozzá nem is a többivel együtt halad, mert azok már előbbre vannak. Nagy örömön volt, hogy vasárnap majd kihúzott, hogy írjak neki előre a füzetbe valamit, és egy oldal nem volt neki elég. Gyűjt mindent, ceruzát, radírt és persze pénzt, és mindent féltékenyen és zsugorian őriz. Tervezi, hogy mi mindent fog venni, de én már látom, hogy nem lesz szíve egy garast sem kiadni. Amint hazajön, az első, hogy megszámolja, megvan-e a pénze, és már olyan követelő, hogy dührohamot kapott tegnap is, hogy csak 30 garast adtam oda a kézből visszamaradt pénzből. Mi is és a másik két gyerek is rettentően kineveti ezért, Gyöngyöm dühöng, de mégsen lehet belőle egy vasat sem kicsikarni.

Fricike szörnyű könnyelmű, golyók, vicclap és hasonló dolgokra megy el a pénze, és vesz a többinek is. István különben is borzasztó mérges természet (akárcsak a keresztmamát látnám) féltékeny Hapsira, ő akarja legjobban utánozni Fricikét. Ha hárman együtt vannak, a két kicsi veszekszik, pedig az intézetben nagyon jól megértik egymást. Hapsi olyan, mint a mamája, úgy tudja Istvánt bosszantani, hogy öröm nézni. Most azt hoztam divatba, ha István duzzog, hogy 10 garast kell fizetnie. Gondolhatjátok, hogy milyen arccal, de ha a pénzt kérem, rögtön nevetni kezd, hogy ne kelljen fizetni. Ilyenkor mindenki vele nevet, de persze mi őrajta mulatunk, csak ezt ő nem veszi észre.

Most István néz ki a legjobban, ő mindent későn, de alaposan csinál, most ért abba a korba, mikor az iskolásgyerekek megerősödnek, pár hete hirtelen meghízott, és olyan erős kis gyerek lett, igazi izmos kisfiú, annyira, hogy Hapsi nagyon elüt a két nagytól. Gyöngyöm rém erőszakos, ha valamit akar, nem hagy nyugton, és ezt nem olyan –

csinálja, mint a pici. Ha egyszer ---leckét írni, akármilyen nehezen is megy neki, és ha a többiek játszanak is körülötte, abba nem hagyja, amíg készen nincsen.

Jobb kézzel, balkézzeel egyformán szépen ír, csak azt téveszti el néha, hogy balról kezd olvasni. Csak ilyen erős akarattal sikerült neki, hogy írni és enni nagyon szépen csinálja jobb kézzel, pedig annyira erősen balkezes, hogy látom, milyen nehezére esett eleinte.

Most is ha valamit sietve akar csinálni, vagy rajzol, átvált a balkézre. Ettől van talán, hogy most is olyan jó egyensúly érzéke van. Most esnek ki a fogai, de nagyon lassan és nehezen, úgyhogy már kint van az új, és a régi is mindig tart. Már kétszer kellett neki húzatni, hogy egyenesek legyenek. Azt hiszem, nagyon jó erős kis csontjai vannak, pedig azért elég vékony. Most rájött a tanulási vágy. Nagyon akar mindent tudni, és még mindig nagy stréber. Feltűnően jól számol, semmi probléma neki, hogy összeadjon és kivonjon. Úgy élvezem, hogyan tudja koncentrálni a kis fejét.

Rettenetesen sokat nevetünk rajta, mert időnként bölcsen megállapít valamit, ami tényleg valami összefoglaló és találó megjegyzés. Hapsi inkább nagyon szellemes. Egészen felnőtthöz illő viccei vannak, és kimondottan társadalmi lény. Ha ő nincs otthon, akkor unalmas, mindig kitalál valami játékot, és olyan szívből tud nevetni, mint egy kis öreg.

Én már régen nem mulattam olyan jókat, mint ha ő elkezd viccelni.

Ha majd többet lesz köztünk, akkor már nem lesz olyan óvatos, és ha egyszer szabadra ereszti a jókedvét, nem lehet neki ellenállni.

A papát rettenetesen szereti és reszpektálja, de mivel aránylag elég keveset van vele együtt, óvatos, és néha, ha valami vicceset csinál, előbb rásandít, hogy mit szól hozzá. Még nem jött rá, hogy a papától azt csinálhat, amit akar, Fricinek az csak tetszeni fog, annyira szereti a picit.

Rajta is, mint kis Fricin nagyon meglátszik, ha valami rosszul esik neki, és amilyen kicsi, úgy tudja a könnyeit visszatartani és uralkodni magán, nem úgy, mint István, aki hamar kezd bömbölni, ha otthagyjuk.

Hapsi belátja, hogy nem lehet rajta változtatni, és igyekszik hamar más szórakozást keresni magának. Őt szeretném leginkább hazavenni, mert tulajdonképpen nem is igen volt otthon, de egyelőre ez még nincsen a hátrányára. Rettenetesen édesek, ha hazajönnek, minthogy mind a három különböző, egész kis társaság, és azt hiszem most, hogy nagyjából mind összeértek, lévén István is iskolás és Hapsinak viszont nagyon jó a kis feje, most a leghelyesebbek. Nagyon szófogadók 1-2 napig, ha tovább vannak otthon, persze sokat kell velük pörölni, de ez talán azért is van, mert olyan rettenetesen szűken vagyunk, és nekem nincsen oyan türelmen a végletekig folyton egymás hátán élni.

Azért nevetnél rajtam, mikor úgy vasárnap reggel a szoba minden sarkából kibújik valaki, és mire felöltöznek és reggeliznek a csupa párna és dunyha között, bizony hogy mérges ne legyek, sokat kell nevetnem, és mind a ketten fellélegzünk Fricivel, ha végre elindulhatunk misére, hogy azalatt a szobalány kitakarítson.

Most hála Isten kidobtuk az ágyakat, a saját ruganyaimon fekszem, és azóta nincsen bogár.

Szépnek nem szép, de nagy a megnyugvás. Különben mi nagyon is jól vagyunk, itt küldök képeket is rólunk, ahogy kívántátok. Papa láthatja, hogy én még mindig csodagyerek vagyok, éppen úgy szaladok, mint azelőtt, éppen annyit beszélek, csak egy kicsit megbátorodtam, és persze valamivel jobban be tudom osztani a időmet. Habajdosságomnak köszönhetem, hogy még mindig nem néznek annyi idősnek, mint amennyi vagyok.

80. kép: 1948-ban a szüleink misére menet Innsbruckban, Ausztriában.

És már párszor előfordult, hogy 20-25 éves fiatal gyerekek lekezeltek, mert azt hitték, hogy nem igen vagyok idősebb náluknál. Most bevezettem, hogy „Kati néni" vagyok, és jól az orrukra kappintottam.

A gyerekek, az enyémek sem igen respektálnak, de azért bírok velük, és főleg nagyon szeretnek. A kép pünkösdkor készült, néha sikerül egy-egy napra úgy előre dolgoznom, hogy a vasárnap szép és nyugodt, ugy-e egészen előkelően nézünk ki. Frici képe akkor készült, amikor éppen munkában van. Ilyenforma elfoglaltsága van, hogy ajándékcsomagokat oszt és pakol. Sokat kell csomagolnia és néha emelgetnie, már az is előfordult párszor, ha a raktárból kellett hozniok a holmit, hogy a tróger mellett ők is segítettek Kutkóval. Egyszer megleptem őket, és mondhatom, nagyon jól mulattunk a jeleneten. Ez az előnye, ha az embert a kutya sem ismeri, sőt sokan szívesen beállnának helyette, mert ez manapság irigylendő foglalkozás.

A fizetést, ami Kutkó kegyeitől függ, természetben kapja, de tekintve, hogy mi nem vagyunk követelők és nem használjuk ki a helyzetet, így nagy a bizalom, és ha valamire igazán nagy szükségünk van, azt szó nélkül megkapjuk. Nem kell zugban venni a dolgokat, mert zsír, liszt, cukor, csoki, stb. az is akad, és ha megszorulok hétköznap, egy-egy ebéd és vacsora jut konzervekből, amivel sok időt spórolok meg. Erre vonatkozott, hogy „nem akarjuk megterhelni a számlánkat", tehát papa ne izguljon emiatt. Már azért sem akarjuk kihasználni a helyzetet, hogy ne legyünk túlságosan lekötelezve Jenőnek, nekünk így is jó, és én mindenből tudok valamit csinálni, néha egész nap ötlök a hivatalban, és egész ideges vagyok ha hazaérek, hogy nincsen időm mindent megvalósítani. Így megnyugtat, hogy Frici alaposan megdolgozik érte, és amellett Kutkó pénzügyeit is kezeli (ezt nagyjából ingyen) és így minden jogunk megvan arra, hogy a segítséget igénybe vegyük. Ezért azután kapunk segítséget a gyerekeknek, ami tényleg sokat jelent, mert majdnem mind a három kitelik belőle egyelőre. Ez csak pár hónapja van, de nagy gondtól szabadultunk meg vele.

Ha Isten egyszer adja, hogy önállóak leszünk, kiváncsi vagyok, hogy mennyi marad meg belőle, mérmint az érdeklődésből.

Ezenkívül még valakinek a pénzét kezeli, vagyis a háztartási bevásárlásokat intézi, és ezért is kap fizetést. Így a kettővel és az én keresetemmel most nagyjából megvagyunk, dehát egyik sem biztos és persze nem rendes megélhetés, csak örülünk hogy van ideiglenesen. Én is jól megvagyok a hivatalban, most alig van dolgom, azért is érek rá ilyen hosszú leveleket írni, ami otthon egy éjszaka is eltartana.

Kicsit unom a hivatalt, mert nem jut időm magunkra, mivel bár sokat leadtam az igényeimből, de azért mégis, akárcsak mama, képes vagyok egész éjjel varrni, hogy meglegyen és olyan legyen valami, ahogy én szeretném.

A hivatal is olyan, hogy nem tudom, mikor építenek le, mert a megszálló hatóságokat mindig kisebbítik, és idegen lévén, először ezeket bocsátják el. Itt jól megvagyok a kollégákkal, de azért kellemesebbet is el tudok képzelni, mint főnöknek egy 23 éves, elég egyszerű kislányt, aki azért elég energikus. Tekintve, hogy nem együtt vagyunk most, nem olyan kellemetlen, nekem csak küldik a munkát, és ha nem küldenek, akkor nyugton vagyok. Annak is van előnye, ha az ember nincsen szem előtt. Mégis van egy telefonom, egy jó kis írógépem, és nem vagyok úgy elzárva a világtól, mintha otthon háztartást vezetnék, mert akkor biztos, hogy nem mozdulnék ki a házból. A gyerekeknek is többet tudok így juttatni, és ők is társaságban vannak egész nap, és megtanulnak alkalmazkodni. Most azért már itt az ideje, hogy összekerüljünk, és biztosan meg is lesz valahogy.

SZABADSÁG, SZERETET, ARANY

– Pár napja nem írtam a levélhez, mert rettenetesen sok dolgom volt a hivatalban. Ez eléggé kimerített, mert mégis csak erős szellemi munka, de ma készen lettem, így szabad vagyok. Most jövök Istvántól, néha elmegyek érte az iskolába és korábban beülünk a padba, hogy egy kicsit gyakoroljak vele. Meglepően sokat haladt az olvasásban, és mint mondtam, gyönyörűen ír. Most kezdi élvezni, hogy szavakat is el tud olvasni, és már annyira ért, hogy folyékonyan beszél magyarul. Legközelebb megpróbálok diktálni neki. Most következnek az összetett betűk, azután a nagybetűk, és remélem, év végéig mégis csak belejön az egész abc-be.

81. kép: Családi Karácsony Innsbruckban

Most éppen egy rettenetes korszakom van lelkileg, nem nagyon bírom az itteni népet és helyzetet, ez időnként kitör belőlem, de hát mi magyarok ezt a kicsinyes, önző és jól és szépen élni nem tudó koldus népet nehezen szokjuk meg. Ezeket mindig valakinek el kell tartani, és ezt olyan jól tudják csinálni. De ha úgy kell nekik, mert ez mégsem szép.

A kis órát és a könyveket, amiről Zsuzsi írt, még nem kaptuk meg, ha feladtátok, azt hiszem, hogy nem is fog megjönni, ha eddig nem tette. Egy csomagot adunk fel a napokban Gonga címére, amit benne megjelöltem, Gongának szántuk, és ha még van valami, ami kell neki, csak lássátok el, még egyet készítünk, remélem, nem ez lesz az utolsó, de egyelőre ezen a kettőn kívül most nincsen más kilátásban.

Sajnos ennivalót (kávéra és hasonlóra gondoltam) nem szabad postán küldeni, pedig az engedély arra is szól és küldhettünk volna. Most az ellátás is jobb itt, tegnap citromot vettem, ma narancsot és csokit vittem be gyerekeknek, így nyugodjatok meg, hogy amit meg lehet kapni, azt megszerezzük, és nem szenvednek semmiben hiányt. Annyi tejünk van, hogy még át is tudok adni, és ez Fricinek is sokat jelent, akár 2 litert is hozhatok mostanában, ha szükség van rá.

Ma csak az a probléma, hogy mindenhez a pénzt kell előteremtenünk, de eddig még megvagyunk valahogy. Jövő héten szeretnék szabadságra menni, remélem megadják, utána kicsit nyugodtabb leszek, ha saját dogaimat előbbre viszem.

Most búcsúzom, mert sohasem tudom, hogy mikor kell hirtelen a levelet átadni, és szeretném, ha készen lenne idejében. Papa, mama kezeit sokszor csókolja sok szeretettel.

1948. június.

Kati

~~~

1948. november 13., az USA-ból érkezett támogató levél, „Garantálom, hogy ennek a családnak egyetlen tagja sem lesz soha teher az államháztartáson."

Ezt a „minden álmunk valóra vált" támogatói levelet szüleink elfogadták, és készülődtünk az USA-ba való költözésre. Szüleink ajánlatot kaptak a marokkói Francia Követségtől is, de már elkötelezték magukat az amerikai költözés mellett.

~~~

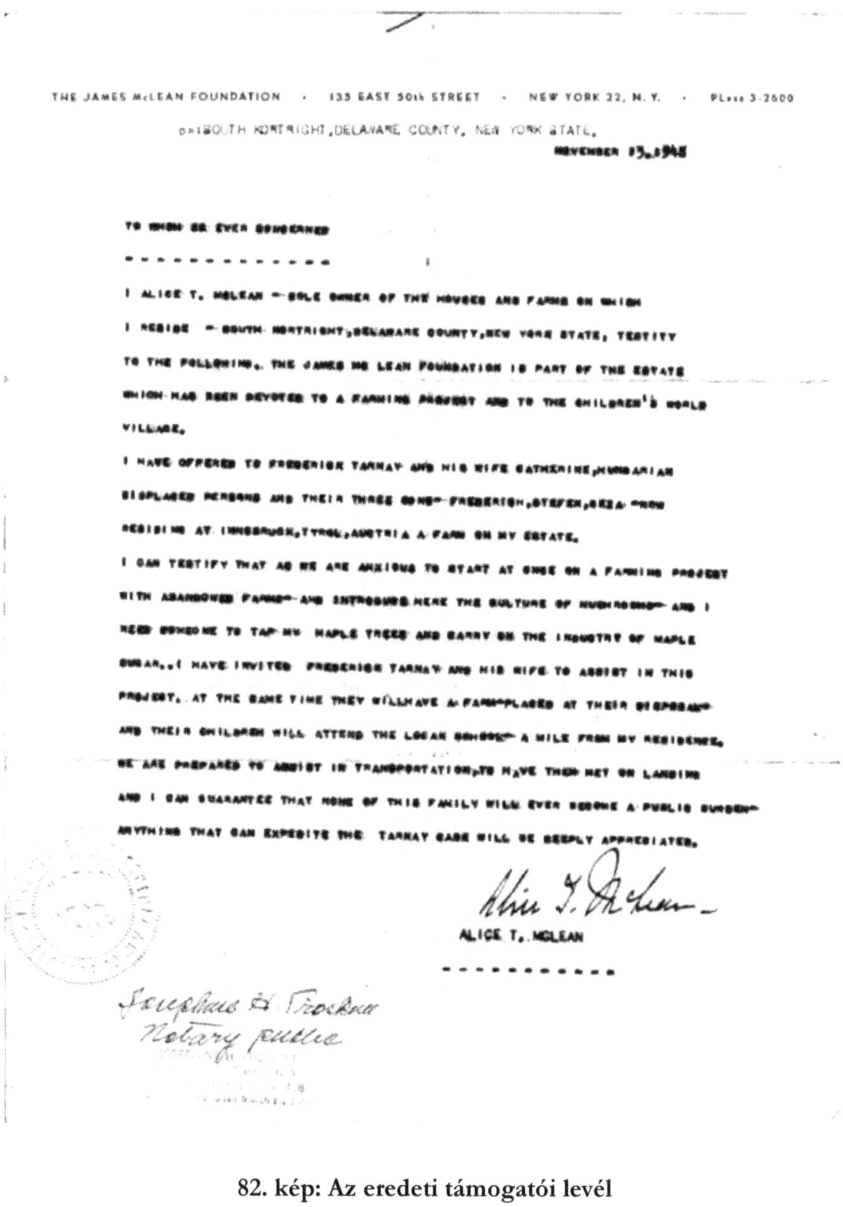

82. kép: Az eredeti támogatói levél

James McLean Foundation 135 East 50th Street, New York 22, N.Y.
Vagy: South Kortright, Delaware Megye, New York Állam.
1948. november 13.

Az illetékes személy részére

Én, Alice T. McLean, mint a New York állambeli, Delaware megyei, south kortright-i lakos, lakóhelyem egyetlen tulajdonosaként igazolom a következőket. A James McLean Alapítvány annak az alapítványnak a része, amely mezőgazdasági projektek és a Gyermekek Világfalujának támogatására jött létre.

Felajánlottam Tarnay Frigyesnek és feleségének Katinak, otthonukat elhagyni kényszerült magyar személyeknek és három fiuknak, Frigyesnek, Istvánnak és Gézának, akik jelenleg Ausztriában, Innsbruckban tartózkodnak, hogy biztosítok egy gazdaságot számukra az ingatlanomon.

Igazolom, hogy tekintettel arra, hogy szeretnénk végre elindítani a gazdálkodó projektet elhagyott farmokon és szeretnénk helyben bevezetni a magyar kultúrát, szükségem van valakire, aki megcsapolja a juharfáimat és továbbviszi a juharcukor üzemet. Meghívtam Tarnay Frigyest és feleségét, hogy segítsenek ebben a projektben. Ezzel egy időben rendelkezésükre bocsátok egy gazdaságot, gyermekeik pedig a helyi iskolába fognak járni, amely egy mérföldre található a házamtól. Készen állunk a fogadásukra, és arra, hogy a költözésben segítsünk, továbbá garantálom, hogy ennek a családnak egyetlen tagja sem lesz teher soha az államháztartáson. Előre is köszönök mindent, ami Tarnayék ügyét előmozdítja.

Alice T McLean

Hitelesítette

Josephine H. Proskine

6. fejezet

„Nem bukhatsz el ebben a csodálatos országban"

Innsbruckból az USA-ba
1949—1956

Célunk, végzetünk és szeretetünk kitartott utunk nehéz pillanatai alatt is.

~~~

(Folytatás, Tarnay E. Frigyes)

Amikor a háború véget ért, menekültekként 4 évig Ausztriában maradtunk, amíg az otthonukat elhagyni kényszerült személyekről szóló törvény meg nem nyitotta a kapukat, és 1949-ben ez az ország befogadott minket. Nehéz volt új életet kezdeni egy teljesen új világban három kisgyerekkel, de ha az ember keményen dolgozik és van kitartása, nem bukhat el ebben a csodálatos országban. Most már állampolgárok vagyunk, állandó munkánk van, saját otthonunk, más szóval egy boldog amerikai család lettünk.

~~~

1949. július 15., Az utazás, napló a vonatról és a katonai hajóról

Frici naplót vezetett utunkról Ausztriából, Innsbruckból Amerikáig. 1949. július 15-én kezdte el a naplót és 1949. augusztus 12-én ért fejezte be, amikor megérkeztünk New Yorkba.

Apám és Leopold Scheffler külön megszervezett egy találkozót, mielőtt hajóra szálltunk az Egyesült Államokba indulva. Július 26-án találkoztak. Tudták, hogy ez lesz az utolsó találkozásuk. 3 órát töltöttek együtt, mielőtt Scheffler vonata elindult. Sok mondanivalójuk volt.

~~~

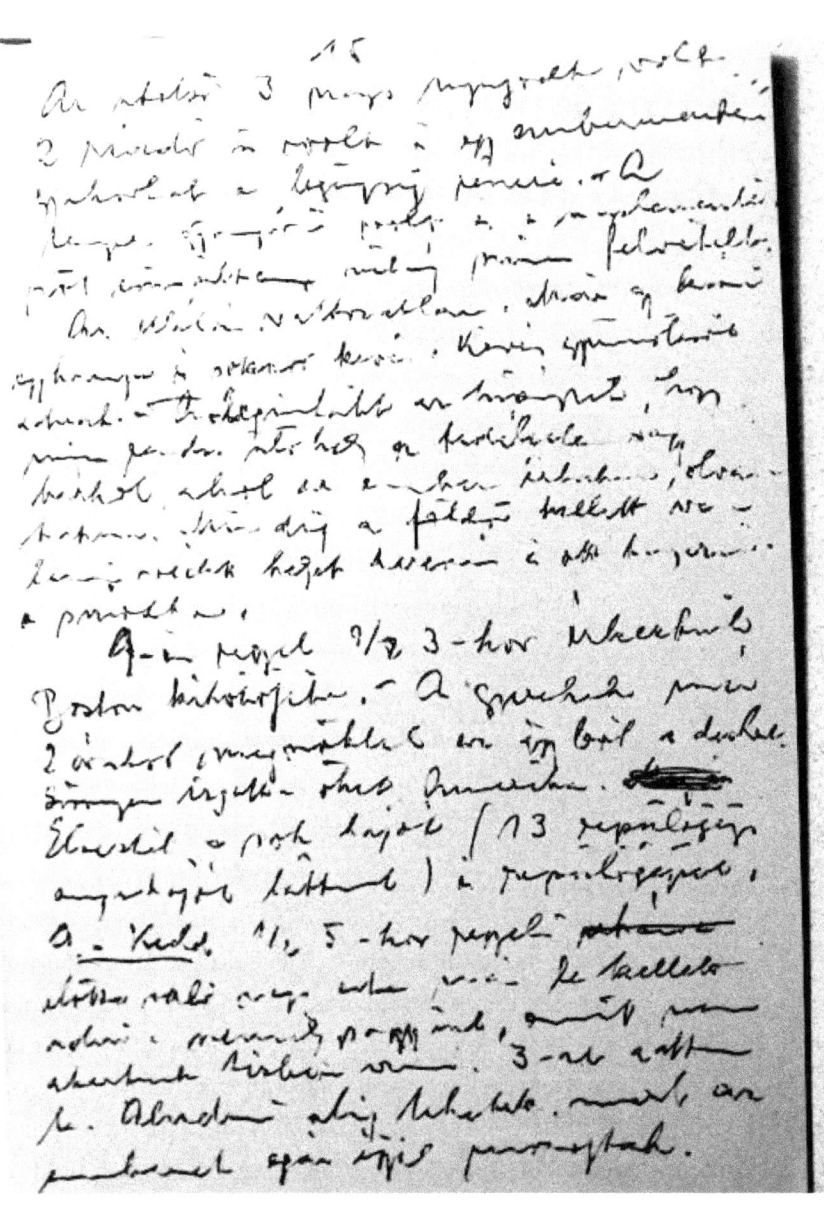

83. kép: Egy oldal apánk naplójából

1949. júl. 15.

IRO [International Refugee Organization] 17 órára rendelt a p. u. [pályaudvarra], kb. 3 órakor kezdődött a pakolás. Mindenkinek gondoskodnia kellett a csomagok odaszállításáról, és a berakás egy IRO tisztviselő jelenlétében történt. - 61 személy részére egy egész 3. o[sztályú]. Pullmann kocsit kaptunk és így hely volt elég. 17^{40}-kor a menetrendszerű gyorssal indultunk el. Az IRO tisztviselő nekem adta át a transport vezetését Salzburgig.

Az állomáson Schmidték, Daunék, Bejart-ék, Deák, Dénes Feri, Stomfer Imre, Jestl, Ricker Waltraud voltak kint és vettek búcsút tőlünk. Este 10^{35}-kor érkeztünk Salzburgba. Az IRO-tól két tisztviselő várta a transportot; három teherautóval vitte ki a társaságot a Lehener Kaserne-be. Mi egy Gasthofban rendeltünk szobát, de kiadták másnak, és éjjel kellett szobát keresnünk. Végre éjjel 1 óra körül ágyba kerültünk, másnap újra szoba után kellett néznünk, míg végre a Norringer-ban kaptunk egy végleges szobát.

júl. 16.

Másnap elmentünk az IRO [Intenational Refugee Organization]-ba, ahol először nagyon barátságtalanok voltak, mert a kirakodás már megtörtént, és mi nem voltunk jelen. Később azért nagyon összebarátkoztunk, minden simán ment. Regisztrálásunk a transportba megtörtént, bevonták a Card d'identité-t, s adtak egy igazolást, amellyel a Lagerben kosztot kaphattunk, kenyeret és tejet vételezhettünk fel. – Hétfőre berendeltek a csomagok elrendezése végett. – Szombat d. u. [délután] rendezkedéssel telt el.

84. kép: Anyánk egy kislányt figyel, miközben a vonatra vár .

85. kép: Otthonukat elhagyni kényszerült személyeknek szóló személyi igazolványaink. Minden menekültnek kiállítottak ilyet, mely a Felső-Ausztriai Magyar Bizottság pecsétjét tartalmazta. A hátán az áll: „A biztonságos hazatérés érdekében ezt mindig tartsa magánál. A regisztrációs szám és a neve azonosítja Önt és ügyszámát."

júl. 17. vasárnap

9^h A dómban mise, utána megnéztük a Peters temetőt és a belvárost, színes felvételeket csináltam. 11^{kor} Katkóékkal kimentünk Anifba a Waldbadba ½ óra gyaloglás. T. k. [Tulajdonképpen] szabad fürdő kabinok nélkül, de jól lesültünk, és a víz is egész kellemes volt. A gyerekek nagyon jól érezték magukat. D. u. 5 kor autóbusszal visszajöttünk, kis apróságra a városban felvételek.

Este 8-kor Császár Imre jött el. A Nouvelle Equipe u. n. [úgynevezett] alelnöke, Közi Horváth mozgalmába kapcsolódott.

86. kép: Kirándulás egy tóhoz a gyerekekkel a csomagolás szünetében a menekülttáborban.

júl. 18. hétfő

IRO [Intenational Refugee Organization]-ban jelentkeztünk a magazinban, csomagjaink számokat kaptak, ezeket ragasztottuk fel.

A csomagokat nem mérték le, de a raktáros a súlyhatár miatt megkérdőjelezte őket. Lengyel-ukrán volt, meghívtuk őt egy kis pálinkára, és így ez a kérdés is elrendeződött. Adott még festéket is, hogy külön megjelölhessük csomagjainkat.

Jelentkeztünk az NCWC-nél [National Catholic Welfare Council] is (Burda), majd tisztáznunk kellett, hogy t. k. [tulajdonképpen] kihez is irányítanak az USA-ba. Az NCWC szerint Burgerékhez Los Angelesbe v[agy] McLeanhez N. Y.-ba. Megállapították, hogy az NCWC száma alatt futunk, de McLeanhez vagyunk irányítva.

Megnéztük a Lager hálóhelyet.

Nagyon szomorú, hogy az IRO ilyen körülmények között helyezi el a kivándorlókat. – Közös hálótermek (férfiak, nők, gyerekek együtt) patkány és egér nem hiányzik. A tisztálkodás körülményes…

87. kép: A Grohn Menekültközpont Salzburgban

júl. 19. kedd

Orvosi vizsgálat. D. e. [Délelőtt] nem kerültünk sorra. D. u. [Délután] 3 ^{h} végre sorra kerültünk. Megnézte a szemünket, a szánkat és a kezünket és az altestünket. Ez volt az egész. Az orvos „fit"-nek nyilvánított, és az erről szóló cédulát el kellett vinni a regisztráló tisztviselőhöz. Itt közölték, hogy holnap d. u. ½ 5-kor transport-meeting lesz, amikor is megtudjuk, hogy mikor indulunk.

88. kép: Menekültek gyülekeznek, hogy megpakoljanak egy teherautót, amely a salzburgi vasútállomásra viszi őket

júl. 20. szerda

Kirándulás Hellbrunnba 10 ^{h}, megnéztük a Wasserkünste-ket és a szarvasokat. Ebéd (70 S?). Rossz idő, eső, a gyerekek nagyon megáztak, és Hapsi, István meg is fázott. Színes felvételeket csináltunk, de borús idő volt, nincs sok remény, hogy jók legyenek. 14^{50}-kor vissza Salzburgba. Katkóval ½ 5-re elmentünk a transport meetingre. Kihirdették, hogy holnap 21-én indulunk. – A transportot 24-es csoportokra osztották, és minden csoportnak volt egy vezetője. Engem reggel nyolcra a kaszárnyába rendeltek azzal, hogy a vasúton a waggonba rakásnál kell segítenem. A családoknak ½ 10-kor d.e. [délelőtt] kellett a kaszárnya udvarán megjelenni. – Este nagy pakkolás az útra és úgy, hogy Brémában férfiak és nők külön lesznek.

júl. 21. csütörtök

Reggel ½ 8-kor kaszárnya, kb. 9-kor indult az első teherkocsi az asszonyokkal, és azzal mentem én is ki a p. u. [pályaudvar]ra. ½ 11-ig rakodás, ½ 11-kor vissza a kaszárnyába, ahol a családok vártak. A 13-as csoportban voltunk, kb. 11 ^{h}-ra kint voltunk mindnyájan az állomáson. 2 szakaszt kaptunk. – A kézi csomagokat a szálló kocsija hozta ki, 12 ^{h}-ra rendben voltunk.

Ebédosztás: jó hús-zöldségleves, gulyás krumplival, gyerekek buktát is kaptak.

Maradt 340 S-em. 320-at Deáknak küldtem, hogy küldje haza (400 frt), a többit apróságokra elköltöttem. Lapot írtunk még Jesti-ék.13 ^{30}-kor indulás. 4 óra körül gyerekeknek kávé, este felnőtteknek kávé, kenyér, sajt. Katkóék és Radóék a betegkocsiban kaptak fekvőhelyet. Mi egyedül maradtunk Péterrel. A gyerekek (István, Hapsi, Péter) az egyik fülkében feküdtek le, mi kis Fricivel a másikban feküdtünk le és elég jól aludtunk. Kevés volt a takaró és kemény a pad.

júl. 22. péntek

D. e. [délelőtt] reggeli gyerekeknek tej, kenyér, felnőtteknek kávé, kenyér, még ebéd is volt, de azt már nem vettük ki, mert készültünk a kiszállásra. 13 óra körül érkeztünk meg Bremen-Vegesach állomásra. Itt a Lager rendőrsége körülállta a vonatot, és senkit sem engedett kiszállni.

Kb. 1 óra múlva teherkocsikra rakták csomagjainkat, és ugyanarra a kocsira felszállt az egész csoport. 6 kocsinak volt egy száma, azt meg kellett jegyezni. A Lagerben először regisztráltak és kiutalták a hálóhelyet. – A Lager már nagyon tele van, és így elég rossz helyet kaptunk, főleg az asszonyok, akik egy padlásszobában vannak elhelyezve 100-ad magukkal.

Nekünk emeletes vaságyaink vannak szalmazsákokkal, az asszonyok kecskelábas keskeny u. n. [úgynevezett] ....ágyakat vászonaljjal kaptak.

Vacsorát 5 ^{h} kor kezdik el osztani. Valami tejbenkása, kenyér túróval és fekete kávé. Kb. 100 m-es [méteres] sor állott már előttünk, mire odaértünk.

Takarót, paplant, vánkost, párnahuzatot és lepedőt kaptunk, magunknak elhozni és ágyat vetni.

89. kép: A Brémába tartó vonat étkezőkocsija. Anyánk a konyhában segít.

júl. 23. szombat

D.e. [délelőtt] reggeli fekete kávé, kása, kenyér túróval. Sorbanállás ¼ óra. Megkerestük NCWC [National Catholic Welfare Council]-t, de csak az indulási gyűlésre kell jelentkezni.

Utána posta. Sürgönyöztem *Scheffleréknek*, hogy 28-ig itt vagyunk, sürgönyözzenek, ha jönnek. Állomáson várom őket.

Ebéd 12-1330-ig. Sorbanállás. Leves (hús-zöldség), krumpli nagyon kevés gulyásféle hússal, 1 szelet kenyér (gyenge!)

D. u. [Délután] bementünk Katkóval, Radóval a városba. Szomorú látvány – így lebombázva még nem láttam várost.

Foto dolgokat vettünk, fényképeztünk.

Ton hal Seelachsot vacsoráztunk (1,65 DM.)

90. kép: A Brémába érkező vonat. A gyerekek egymást nézik. Katonák vigyázzák a vonatot, hogy senki se hagyja azt el.

91. kép: Sorban állás az ebédért Brémában

júl. 24. vasárnap

D.e. [Délelőtt] mise, lengyel prédikáció. Ebéd u. a. [ugyanaz] 14 ^{h} kor fürdeni mentünk. Fényképeztünk, jó volt. Gyerekek nagyon élvezték a sok hajót, vitorlást, vizet és az új hangszereket(?).

júl. 25. hétfő

Oltás. Minket nem oltottak, mert megvolt az igazolásunk az IRO-tól.

Asszonyok cipőért sorban állanak 215-ös szoba előtt. American Red Cross, másnap kell jönniök.

D. u. [délután] R. Pista elvitte a gyerekeket fürdeni, mi bementünk Brémába az asszonyokkal (2 ^{h}) este 8 ^{h} kor jöttünk vissza. – A városban vacsoráztunk nagyon jó Seelachsot. – Sok színes felvételt csináltunk, főleg a romokról.

júl. 26. kedd

Reggeli u. a. [ugyanaz] Találkoztam Kálmán Ottóval, holnap indul Vorkommandoban, a General Mc Rae-n. Benn volt az irodájában valakinek, aki felveszi irodai munkára, jobb koszt jár érte.

Megjött Scheffler sürgönye. Ma d. u. [délután] 2 ^{18}-kor érkezik. Ütközik a konzullal, de ha 4 órára visszajövök, akkor még bejutok hozzá. D. u. [délután] 3-ra vagyunk odarendelve, de még a Wildflekeni transportot sem intézték el d. e. [délelőtt] 12-ig és így valószínűleg később kerül ránk sor.

Az egy órás autobusszal bemegyek Sch. elé. Ebéd u. a. [ugyanaz] ½ óra várás.

Scheffler 14 ^{18}-kor megérkezett, sajnos nagyon rövid ideig lehettünk csak együtt, mert az a vonat, amire számított este 9-kor, nem közlekedik. Ki kellett őt vinnem a Lagerba, mert a konzul miatt a család nem jöhetett be. Mikor kiértünk, Kati újságolta, hogy d. u. már nem kerülünk sorra, így aztán együtt lehettünk 6-ig. Sokat mesélt az öreg és nagyon aranyos volt.

júl. 27. szerda

Végre délben a konzul elé kerültünk. Megkérdezte a gyerekektől a nevüket, visszaadta a nagy Röntgen felvételt kis Friciről és azt mondta, rendben vagyunk.

Már elment a General Langfitt, holnap indul a General Mc Rae, ürül a Lager, már kiírták a Gen. Howze-t is, de nem vagyunk még rajta.

Ebéd, vacsora változatlan. Asszonyok átköltöztek egy kisebb hálóhelyre, itt valamivel szeparáltabbak. István és Hapsi meg vannak hűlve, Kati és Pici is.

júl. 28. csütörtökre d. e.

8-ra a csomagraktárba vagyunk rendelve munkára. Nem volt nehéz, mert a nagy csomagokat rakodó munkások és gép rakta, mi csak a kis csomagokat raktuk az autókra. Délben megtudtuk, hogy a vasárnap induló (31.) Gen. Haan hajóra ki vagyunk írva, a listát csak a csomagosztály kapta meg, és még nem volt teljes. Radóék és Mondol még nem volt rajta, és még este sem voltak rajta. Másnap –

júl. 28. csütörtök

- feladtuk és rendeztük csomagjainkat a raktárban. Új feladási számot kaptak, és nevünk kezdőbetűjét kellett ráragasztani. Kezdőbetűk szerinti halmokba raktuk őket, 3 csomagot még feladtam, úgyhogy összesen 13 csomagom van feladva

3 láda
2 kosár
3 bála
2 koffer utazó
2 hajókoffer
1 utazózsák

Mindjárt jelentkeztünk Vorkommandoba, d. u. [délután] orvosi vizit, de nem kerültünk sorra. NCWC-től [National Catholic Welfare Council] megkaptuk az emblémát és a kofferekre a cédulát. Kiigazíttattuk a sponsor nevét.

júl. 29. péntek

Radó és Mondol/Mendel is rajta vannak a hajón, ők is Vorkommandoban vannak, Katkó és én tolmács, ők rendőrök. Végre d. e. [délelőtt] 6-kor orvosi vizsga, számkiosztás, egy kis zsákban borotvakészlet, fogkefe, fogpaszta, levélpapír. Aláírtunk egy nyilatkozatot, hogy több IRO [Intenational Refugee Organization] támogatásra nem számítunk.

Az asszonyok csomagjait is magunkkal vittük. 3 koffert és Katkó Rinchordját(?) vittem, majd megszakadtam.

6^{30}-kor ágynemű leadás
7 reggeli
7^{30}-kor indulásra készen

8 kor indulás, ½ 11-re kb. Bremerhavenben voltunk. A hajón sokáig várakozás, mert a világítás nem működött a hálóteremben. Délben nagyon jó lunch. – D. u. [délután] elkezdtünk dolgozni a munkarenden. – Engem német bemondónak jelöltek ki, kezembe került az egész elhelyezésről a lista és láttam, hogy a 3 gyereket hozzám osztották be. Próbáltam az escort officernél valamit elérni; hogy legalább Hapsit tegyék Katihoz, de azt ajánlotta, beszéljünk az őrnaggyal. Beszéltem vele, és azt mondta, másnap jöjjek el hozzá ismét. Jelentettem a munkavezetőnek, hogy 3 gyerek van hozzám beosztva, és abban állapodtunk meg, hogy engem lehetőleg mentesítenek. Katkót ajánlottam magam helyett. Ebbe bele is ment.

júl. 31. vasárnap

Kitűnő reggeli, grape fruit, porridge, jam, kalács, kávé. Utána szervezési munka. 12-kor megérkeztek a családok, 2 órára fel is jöttek a hajóra és elindultunk, elhagytuk az európai partot.

Bemondtam, hogy mindenki a hálóhelyén tartózkodjon, később feljöttek a családok.

Kati el volt érzékenyülve.

Hapsi nagyon aggódott, és kijelentette, hogy nem imádja a hajót.

Az ebéd príma volt, de a tömeges vacsora már gyöngébb. Marhagulyás, saláta, krumpli, jam, kalács, kávé, zöldbab.

92. kép: Anyánk Európa partjait nézi. Maga mögött hagyja a budapesti lánchídi sétákat apánkkal munkába menet. Az ismeretlen felé tart, és tudja, hogy talán sosem látja újból szeretett hazáját.

Estére a tenger hullámosabb lett, az emberek kezdtek rosszul lenni. Én nem éreztem semmit, a gyerekek is jól bírták, de Kati másnap panaszkodott, hogy rosszul érezte magát.

Jó helyet foglaltam neki, sikerült őt Hapsival együtt elhelyezni. Az őrnagy minden nehézség nélkül belement. Frankfurtban láttam őt, egy travel permit-et kaptam tőle. Radónéval együtt van Kati. Pici az E 10-be került, itt vannak a legjobb ágyak.

Nem a legjobban aludtam, pedig éjjel már csendes volt a tenger, de inkább egy nátha volt kitörőben rajtam.

A hajó belsejében meleg van, kiizzad az ember és a fedélzeten fúj a szél, könnyen meg lehet hűlni.

(Bremenből még írtam Teri néninek, Évának, Kati levelet küldött Fülöpre)

~~~

Azt hittem, rengeteg időm lesz a hajón, de még arra se jutott, hogy naponta leírjam az eseményeket.

Éppen 1 hét múlt el hajóra szállásunk óta. Eleinte nem volt sok dolgom mint tolmácsnak, de a gyerekek felügyelete és irányítása sok időmet elvette. A bemondás tisztét átadtam Katkónak, mert nagyon lekötött volna. Az újság részére fordítom németre a híreket, és Katkó bemondásait javítom. Az első napokban minden simán ment, de azután nagyon elromlott az idő.

Viharos lett a tenger. – Ritka kivétellel mindenki rosszul volt. A gyerekek az első napot egész jól bírták, de másnapra már kifáradtak és a reggelit kihányták.

Kaptak valami szert. István d. u. [délután]ra már jól volt, és azután már a legerősebb csütörtöki vihar sem ártott neki. Kis Frici jobban érezte, de nem volt nagyon rosszul. Kati két napig nagyon rosszul volt, Hapsi kevésbé. Az utolsó 3 nap nyugodt volt. 2 riadó is volt és egy embermentési gyakorlat a legénység részére.

93. kép: István és kis Frici hajó kiürítési gyakorlaton

– A tenger gyönyörű volt, és a naplementéről csináltam néhány színes felvételt. Az ellátás változatlan. Már egy kissé egyhangú és sokszor kevés. Kevés gyümölcsöt adnak. – Leginkább az hiányzik, hogy nincs rendes ülőhely a fedélzeten vagy bárhol, ahol az ember írhatna, olvashatna. Mindig a földön kellett valami védett helyet keresni és oda helyezni a papírokat.

9-én reggel ½ 3-kor érkeztünk Boston kikötőjébe. – A gyerekek már 2 órakor megszöktek az ágyból a deckre. Szörnyen izgatta őket Amerika. Élvezték a sok hajót (13 repülőgép anyahajót láttunk) és repülőgépet.

9. kedd

½ 5-kor reggeli; előtte való nap este már le kellett adni a személypoggyászt, amit nem akartunk kézben vinni. 3-at adtam le. Aludni alig lehetett, mert az emberek egész éjjel mozogtak.

94. kép: A hajón; egyforma zöld, anyánk készítette kockás inget viseltünk, hogy az új hazánkba érkezvén tisztességesen nézzünk ki. Jobbról balra: Tarnay kis Frici, István és Matte, Rónay Péter és Edith.

Reggel 8 órakor szállt hajóra a bevándorlási, orvosi és egyéb bizottság. Mindjárt sorra kerültünk, mert úgy volt, hogy tolmácsok leszünk, de később, látva a nagy családot, azt mondták, maradjunk csak a családnál. Felmentünk a B. deckre és vártunk.

Irtózatos hőség volt. Egy fotóriporter járkált az emberek között és témát keresett.

Az A deckről feltűnt neki az 5 gyerek a zöld kockás ingben és kérte, adnánk-e őket. Felmentünk a B Deckre, ahol 3 képet csinált róluk. Fel kellett írnom a nevüket is, és hogy ki csinálta az ingeket. Megemlítettem még, hogy az ingek anyaga amerikai anyag és ajándék.

Meg kellett várni, amíg a feladó csomagokat is kirakják, hogy a vámkezelés a parton megtörténhessék. – ½ 12-kor kerültünk ki a partra.

Irtózatos meleg volt a vámraktárakban. 1 óráig ismét várni kellett, mert ebédidő volt. – Az ARC tejet, narancslevet, süteményt, a gyerekek között pedig játékokat osztogatott. A gyermekes családokat előbb vették sorra. – Mindenkinek kikeresték a hajón kiállított deklarációját és egy vámos kíséretében a csomagjaihoz kellett mennie, amelyek a név kezdőbetűje szerint voltak csoportokba rakva. Ott ki kellett keresnie a sajátját. Egy ládát és egy koffert bontatott csak fel velem, a többire csak ránézett, és amelyiken vaspánt volt, azt levetette. Vámkezelés után a csomagokat elvitték a vámraktárból.

Mi is jelentkeztünk a NCWC-nél [National Catholic Welfare Council], amely nagy felkészültséggel várta a DP-ket [displaced person]. Egy hölgy kalauzolt végig. Regisztráltak, megkaptuk a vasúti jegyeket Oneonta-ig és fejenként 4 $-t. A csomagok feladása volt körülményes, mert a Special train csak N. Y.-ig vitt, és a csomagokat is csak odáig vitték ingyen. Az NCWC vezetője megígérte, hogy feladja az egészet cash on delivery Oneontaig, 1 nappal később fog megérkezni, de nincs gondunk az újra feladással N. Y.-ban.

6-kor este indult a Special train és este 10/11(?)-kor N. Y. –ban voltunk. Ott az NCWC taxin és kompon vitt át a vasútállomásra. A special trainban prima hűtött kocsikban utaztunk, vettünk szendvicset a Katinak bent, mert d. u. [délután] nagyon rosszul lett a nagy hőségtől. Binghamtonig megyünk az u. n. [úgynevezett] Lackawanna kocsival, ott reggel 6^{25}-kor át kell [szállni].

aug. 10.

8^{44}-kor azaz polgári időszám[ítás]. szerint 9^{44}-kor megérkeztünk O[neontá].-ba. Senkise várt. Vártunk egy darabig, amíg megérkezett egy kis ember egy nagy autóval. Kiderült, hogy a sürgöny csak ma reggel érkezett meg, és sehogyan sem tudták megérteni, milyen vonattal jöhetünk 8^{44}-kor Boston felől. Ezért más p. u. [pályaudvaron] keresett bennünket. McLean néven S. K-ban. 25 mf[mérföld]-nyire voltunk S. K.-tól. Egy pensióban helyeztek el, addig végleges lakásunkat McLean kijelöli. Asher edge(?) Tavern-nek hívják, miután McLean és a festő Center tagjai étkeznek itt. Kitűnő lunchöt kaptunk, azután lefeküdtünk. Este elmentünk a paphoz, aki már keresett bennünket. A réten találtuk őt gazirtás közben. Nagyon kedvesen fogadott, nagyon örült láthatólag a nagyszámú hívőszaporulatnak. – Kitűnő vacsorát kaptunk, azután újra elmentünk a pap felé megmondani, hogy másnap 8-kor jövünk misére. –

McLean részéről Mrs. Smith és Mrs. Breakinbridge fogadott és helyezett el. Egy osztrák származású írót hoztak magukkal tolmácsnak, mert azt hitték, hogy osztrákok vagyunk, de közöltük, hogy erre nincs szükség, beszélünk angolul.

Másnap aug. 12. csütörtök

misén voltunk. Az egyedüliek a misén. Utána Mrs. Breakinbridge mutatta meg az istállókat, kocsiszínt stb. [és a többit]

~~~

1949. december 2.,
„nagy lelkesedésről, kiemelkedő lelkiismeretességről tett tanúbizonyságot...teljes mértékben megbízható és minden körülmények között lehet rá számítani"

Ezt az igazolást apánk az MNB előző igazgatójától, Richard Quandt-tól kapta. Frici referenciaként használta az álláskeresés során. Apánk azután tartotta a kapcsolatot Quandt-tal, aki szintén eljött Spital am Pyhrnből, miután megbízatását teljesítette 1946 elején, mint az MNB vezérigazgatója. Az igazolás kiállításának idején New Yorkban élt.

Az amerikai hadsereg 1945. november környékén tette meg Quandt-ot az MNB igazgatójának. Ez azután történt, hogy Torzsay-Bibert, az MNB előző igazgatóját egyik volt kollégája börtönbe juttatta. Először egy bizottságot jelöltek ki a Bank vezetésére, de miután az megbukott, az amerikai hadsereg Quandt-ot jelölte ki az MNB igazgatójaként. Quandt az amerikai hadsereg és az osztrák polgári hatóságok nyomására elrendelte az összes banki tulajdon visszajuttatását Magyarországra. Ezek után az Ausztriában lévő alkalmazottak nagy részét elbocsátotta. Ez nagyon megrázta azokat, akik még reménykedtek a Bankkal való visszatérésben Magyarországra.

Quandt, miután elrendezte az MNB magyarországi visszatérését, lemondott. Később, a Közel- és Távol Keleti Kereskedelmi Társaság alelnökeként a külföldi kereskedelmi ügyletekért volt felelős, miután eljött Ausztriából.

~~~

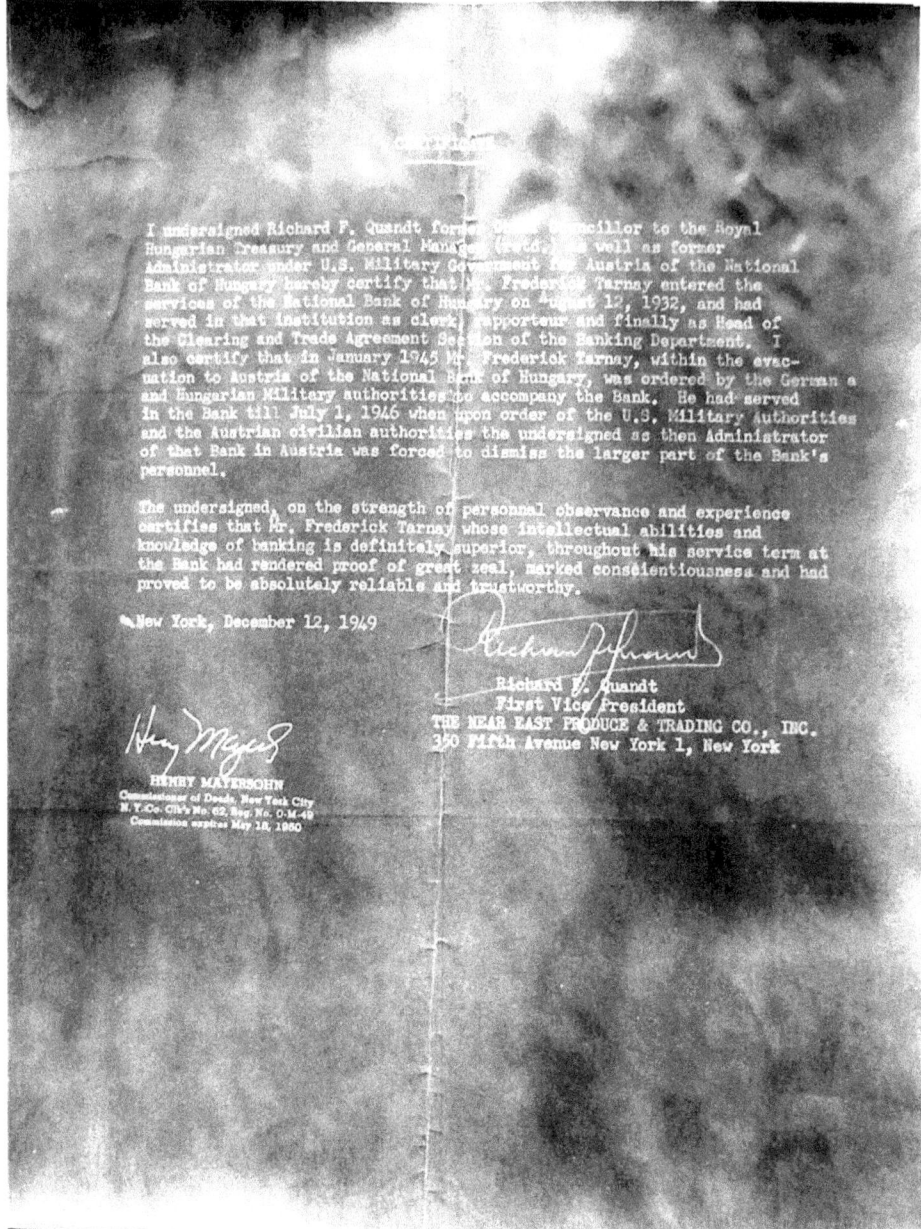

95. kép: Igazolás Richard Quandt-tól, 1949. december 12.

IGAZOLÁS

Én, alulírott Richard F. Quandt, a Magyar Államkincstár korábbi igazgatója (nyugalmazott) és a Magyar Nemzeti Bank Amerikai Egyesült Államok Hadseregének ausztriai egysége által megbízott korábbi igazgatója, ezúton igazolom, hogy Tarnay Frigyes Úr 1932. augusztus 12-én lépett a Magyar Nemzeti Bank állományába és ott mint könyvelő, ügyintéző, végül pedig a Klíring és Kereskedelmi Megállapodások Osztályának vezetőjeként dolgozott. Igazolom továbbá, hogy 1945 januárjában Tarnay Frigyes, a Magyar Nemzeti Bank ausztriai evakuálása alatt a német és magyar katonai hatóságok utasítására a Bank kíséretének tagja volt. 1946. július 1-jéig állt a Bank szolgálatában, amíg az Amerikai Egyesült Államok Hadserege és az osztrák polgári hatóságok utasítására, alulírott, mint akkori bankigazgató el kellett hogy bocsássam a Bank személyzetének nagy részével együtt.

Alulírott a személyes megfigyelés [sic] és tapasztalatok alapján igazolom, hogy a kiemelkedő intellektuális képességekkel és banki ismeretekkel rendelkező Tarnay Frigyes nagy lelkesedésről, kiemelkedő lelkiismeretességről tett tanúbizonyságot szolgálata során, továbbá teljes mértékben megbízhatónak bizonyult, akire minden körülmények között lehet számítani.

New York, 1949. december 12.

(aláírás)

Richard F. Quandt

Első Alelnök

THE NEAR EAST PRODUCE & TRADING CO. INC.

New York, New York 1, Fifth Avenue 350

(aláírás)

HENRY MAYERSOHN

Közjegyző, New York City

N.Y. Co. Clk's No. 62 Reg. No. O-M-49

Engedély lejárata 1950. május 18.

~~~

1950. február 10. A káosz közepén, egy vörös rózsa

Apánk New Yorkban volt, amikor ezt a levelet anyánknak írta Kaliforniába. A támogatóink elválasztották őket egymástól 3000 mérföldnyi távolságra. Itt megerősítették egymás iránt érzett szeretetüket a 12. házassági évfordulójuk alkalmából.

~~~

96. kép: 1938. február 13., szüleink esküvője Budapesten az Árpád Alsóvízivárosi Szent Erzsébet templomban. 1687-ban alapították

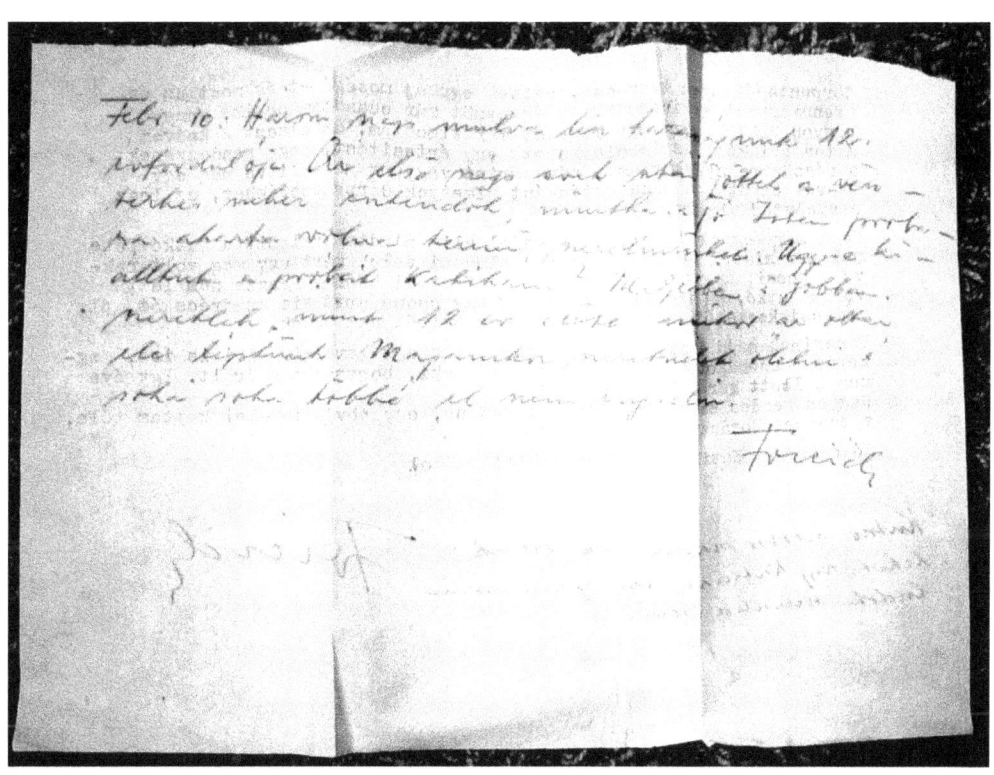

97. kép: 1950. február 10. A házassági évfordulóra kapott „vörös rózsa", egy gépelt levél hátoldalán

Édes kis Katim,

*Névnapodra nem tudok Neked mást küldeni,
Mint szívem minden szeretetét
és szerelmét,*

*Nálad vagyok minden gondolatommal
És ugy-e érzed, hogy
elborítlak csókjaimmal.*

*Azt, hogy szeretjük egymást –
Nem tudja elvenni tőlünk senki*

*És ez a tudat adjon erőt Neked ahhoz,
Hogy minden kicsinyességen és
ocsmányságon felülemelkedjél*

És ezeket elviseld.

1945. Nov. 11 *Frícid*

98. kép: Versbe szedte Tarnay István

1950. október 3., Levél a testvéremnek: „Ha az Úr lehetőséget ad, hogy újból a saját lábunkra álljunk"

Az ezekben a levelekben kifejezett szeretet segített szüleinknek az élet adta nehézségekkel megbirkózni. A küzdelem Amerikába érkezésünk után is folytatódott, erőt családjuk és barátaik szeretete adott.

~~~

Okt. 3, 1950. Édes Testvérem, Azt hiszem, már megint Te vagy soron, oly rég kaptam Tőletek levelet, hogy már türelmetlen vagyok. Pedig elég hamar, 5 nap alatt szoktam az utóbbi időben megkapni a levelet. Rólunk semmi különös, csak úgy van tippekkel, kb. kéthetenként változik. Most megint az unalom környékez, de viszont a tudat, hogy egyelőre ez egy megélhetés, ha nem is valami fényes, fenntartja bennem az érdeklődést. Frici nagy kritikusom, már valósággal ő vezeti a háztartást, tudod olyan alaposan, ahogy ő mindent szokott. Már majdnem mindennek ő tudja a helyét és ráült a fejemre.

<center>Ha Isten egyszer adja,
hogy önállóak leszünk,
kiváncsi vagyok,
hogy mennyi marad meg belőle,
mérmint az érdeklődésből.</center>

De hát egyelőre nem fenyeget veszély, most ugyanis még jobban összehúzzuk magunkat, ha lehet, mert részben Frici tanulása, reszben pedig a gyerekek megközelítése miatt tényleg vettünk egy használt kocsit, és miután eddig azért nem mentünk pl. moziba, mert sok időt vett igénybe, most idő van, de spórolunk. Elvégre mindegy. Ez tényleg lehetővé teszi, hogy Frici esténként elrohanjon az egyetemre, és Hapsikát is könnyeben kihozhatjuk az intézetből. Most vasárnap is kint volt, lévén első vasárnap, délután pedig úgy rohantunk, hogy kivihessük a nagyokhoz. De nem tudom még lehet-e.

1953. május 3., „És míg a kalácsom kel, leülök írni."

Ez a levél nem sokkal azután íródott, hogy Los Angeles-be költöztünk, Inglewoodba, a 11th Avenue-ra. Bemutatja azokat a boldog időket, amikor családunk végre együtt volt és otthon érezte magát, a magunkkal hozott magyar kultúrával együtt. A magyar édesség, a kalács hasonlít a briósra, gyakran készítik húsvétkor.

~~~

Édes Mamuskám, Nemrég írtam Neked, de csak úgy rohanva, magam is szégyellem. Ma kaptam meg újabb leveledet és lévén péntek, hét vége, hagyok minden munkát és míg a kalácsom kel, leülök írni.

Most mind együtt ülünk az asztalnál, és mindenki matat valamit. Ez is nagy dolog, végre egy akkora asztal, ahol elférünk.

Hát bizony nagyon boldogok vagyunk, bár hét közben annyi a dolgom, hogy nem érek rá élvezni, de már várjuk a hét végét, amikor mind itthon vagyunk. Én ugyan járok be szombaton szorgalmasan dolgozni, hogy behozzam a sok karácsonyi szünetet, ez lett a fizetésemelésből.

~~~

1954. januárja , „A három utolsó muskétás", levél apánktól Leopold Schefflernek

Az apánk és Leopold Scheffler között zajlott levelezés világosabb képet adott arról, hogy mi történt valójában együttműködésük alatt, és mi történt Schefflerrel, miután elhagyta Spitalt. Ez egy 1954-ben apánk által írt válaszlevél részlete.

~~~

```
Spital am Pyhrn ist völlig aufgelöst, die drei letzten Musketiere,
die noch einige Depositen bewacht haben, sind auch schon herüberge-
wandert. Von unseren gemeinsamen Bekannten ist Cottely bei der
Argentinischen Nationalbank angestellt, Jankovics in Brasilien,
wie es ihm geht weiss ich nicht, Kartal wurde von der Österreichische
Nationalbank als Oberinspektor übernommen, Temesvary ist in Ungarn
eingesperrt, Torzsay-Biber ist in Canada. Ich habe einen Artikel
über seinen Vortrag unter dem Titel"Was geschah mit dem Gold der
Ungarischen Nationalbank" gelesen. - Quandt und Baranyai sind
bei der Weltbank angestellt, Baranyai leitet die skandinavische
Abteilung von Europa, Quandt die östliche Division von Südamerika.
/Zsuzsay,Brazilien× Bevor ich aus Österreich herübergekommen bin
habe ich einige Aufnahmen von Spital am Pyhrn gemacht. Habe ich
Ihnen davon Fotos geschickt ?
```

99. kép: Apánk Leopold Schefflerhez írt levelének egy részlete.

---Spital am Pyhrnnek (Ausztria) teljesen vége, az a három utolsó muskétás, akik még az utolsó darabokat őrizték is elmentek. Közös ismerőseink közül Cottely az Argentin Nemzeti Banknál, Jankovics Brazíliában kötött ki. Nem tudom hogy van. Kartalt kinevezték az Osztrák Nemzeti Bank vezető felügyelőjének, Temesváry Magyarországon van börtönben, Torzsay-Biber pedig Kanadában. Olvastam egy cikket amit ő írt Mi történt a Magyar Nemzeti Bank aranyával? címmel. Quandt-ot és Baranyait a Világbank vette fel. Baranyai vezeti a skandináv részleget, Quandt pedig a Dél-Amerika keleti részlegét. Mielőtt elhagytam Ausztriát, készítettem pár képet Spital am Pyhrnről. Elküldtem valamelyiket?

~~~

1954. december 9., Leopold Schefflertől, aki „a gyönyörű Budapestről nosztalgiázik"

Liebe Familie Tarnay!

Jetzt ist schon wider ein jahr vergangen und derWeinachtsfest nacht. Da denken wir immer besonders an Sie, schon weil wir das Schreiben nicht vergessen dürfen. Diesmal greife ichzur Maschine, denn ich weiss nicht, ob Sie meinegotezéhen Buchstaben noch lesen können. Sie sind ja nan ganz international und die Kindersienen sehen richtige Amerikaner, die keine Vorstellung von der Alten Welt mehr besitzen.

Wir hören und sehen viel nor drüben. Ob wir unsaber eine richtige Vorstellung machen können,ist nichts ganz sicher. Es ist doch vieles soAnders. Schon 'der Charakter und die Lebenswieseder Menschen. Ich glaube, wir waren schon zu alt zum Auswandern. Und auch Sie werdensicher oft Sehnsucht nach dem wunderschönen Budapest, dieser unvergesslichen Stadt, demPlattensee und dem kleinen Weinberg Ihrer Elternhaben. Ich denke noch so oft an die Tage, die ich dort verbringen durfte, selbst als der Krieg schon dort war. Was machen Ihre Augehönigen und usere gemeinsames Bekannten? Leben die Eltern noch?

[*Magyarul*]

Édes Tarnay Család!

Megint elmúlt egy év, és közelegnek a karácsonyi ünnepek. Ilyenkor különösképpen sokat gondolunk Önökre, már csak azért is, hogy ne felejtsünk el írni. Ez alkalommal azonban a gépet használom, mivel nem vagyok biztos abban, hogy az én gót betűkkel írott szövegemet Önök el tudják-e olvasni, vagy sem. Hiszen Önök már egészen nemzetközivé válnak, és a gyerekek igazi amerikaiakká váltak, akiknek fogalmuk, elképzelésük sincs a régi világról többé.

Azért igen sokat hallunk és látunk arról, hogy odaát mi is történik. Ugyanakkor talán nem biztos, hogy helyes az az elképzelésünk, amit kialakítottunk. Hiszen annyi minden más, mint régen volt. Már csak az emberek jelleme és életmódja is. Én azt hiszem, hogy mi már túl öregek vagyunk ahhoz, hogy kivándoroljunk. Valószínűleg Önök is sokszor vágyakoznak arra, hogy lássák a csodálatos Budapestet, ezt a felejthetetlen várost, a Balatont és az Önök szüleinek a szőlőskertjét. Én magam igen gyakran gondolok azokra a napokra, melyeket volt alkalmam ott eltölteni annak ellenére, hogy a háború már ott volt helyben.

Hogy vannak a rokonaik és közös ismerőseink? Élnek-e még a szülők?

~~~

1956. november 4. A magyar forradalom idején „2000 orosz tank"

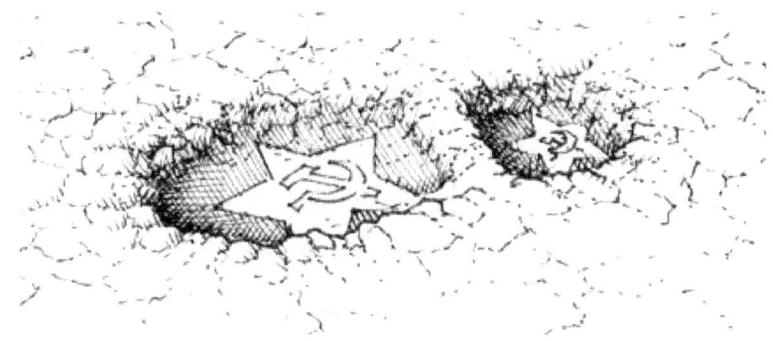

1956-ban apánknak volt ideje gondolkodni. Összegyűjtötte az összes iratot, levelet és képet a háborúból és utána. Mindent eltett, tudván, hogy a történelem épp akkor íródik. Úgy érezte, sürgősen itt az ideje, hogy elmesélje a történteket, mintha megérezte volna, mi fog történni hamarosan. Sok éjszakát végigdolgozott az írógépén az íróasztalánál ülve. Azt akarta, hogy a világ megismerje a valódi történetet.

Ebben az időben mindkét szülőnk dolgozott, mi pedig a Loyola Gimnáziumba jártunk. 1956 végére fejezte be regényét, amelynek az „Aranyhajsza Magyarországról" címet adta. Aztán jött az Október 23-i Magyar Forradalom. 1956. november 4-én a tankok begördültek.

Szüleink rettenetesen aggódtak. A magyarok egész USA szerte gyűléseket tartottak, és tervezgették a visszatérést Magyarországra, hogy harcoljanak és részt vegyenek a forradalomban.

Amikor az oroszok közölték, hogy „a káosz egyre jobban eluralkodik Magyarországon, megbénítva ezzel a gazdaságot és a kultúrát", azt hitték, a kommunisták szorítása egyre gyengül. Attól féltek, más csatlós országra is átterjed, sőt még Oroszországra is. Kínától kaptak segítséget és támogatást a forradalom leverésére. Az oroszok kihasználták, hogy az USA a szuezi válsággal van elfoglalva, és a forradalmat 2000 tankkal verték le.

Apánk levelet küldött az Elnöknek, melyben a magyar forradalom megsegítését kérte. Válaszként ezt a levelet kapta csatolmányban Henri Cabot Lodge Jr. amerikai ENSZ nagykövettől 1956. december 8-án.

~~~

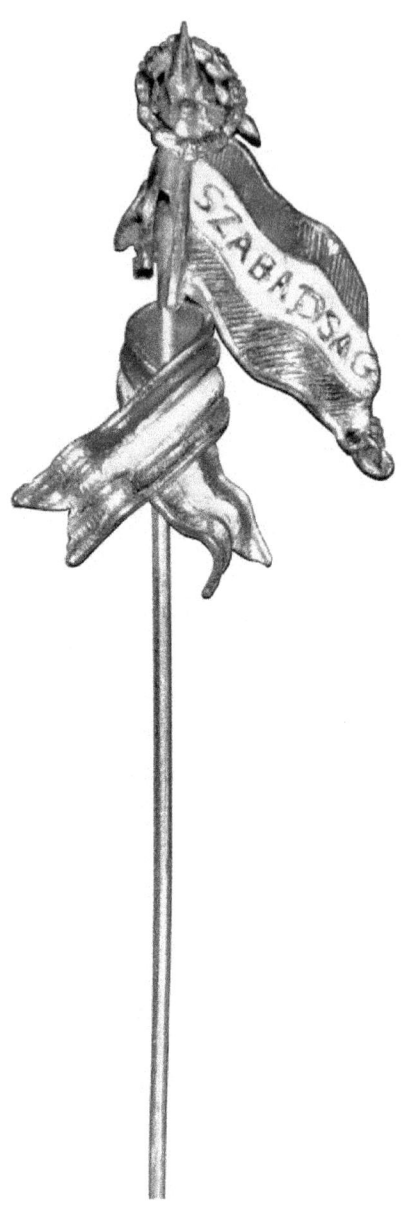

100. kép: Szabadság kitűző, 1848

1956. december 8., Válasz az Amerikai Egyesült Államok elnökének írt levélre

Ez apánknak a magyar forradalom támogatására írt segítségkérő levelére érkezett válaszként.

~~~

[*Magyarul*]

Külügyminisztérium
Washington

1956. december 8.

Tisztelt Tarnay Úr!

Miután a Fehér Házban fontolóra vették az Ön és mások aláírásával is ellátott levelet, melyben a magyar emberek iránt érzett aggodalmának ad hangot, azt további intézkedés végett Osztályom számára továbbították. Nagyra értékeljük aggodalmát, mely levelének és nézeteinek megírására késztette, és amelyet az illetékes Osztályunk munkatársainak figyelmébe ajánlottuk.

Figyelmébe ajánlom a csatolt tájékoztatót, melyben országunk és a szabad világ országainak a magyarok megsegítésére tett intézkedéseiről olvashat.

Tisztelettel:

A Külügyminiszter nevében eljáró
John P. Meagher
Osztályvezető
Közszolgálati Osztály

Melléklet: Válogatott dokumentáció.
Tarnay Frigyes Úr
4431 Eleventh Avenue
Los Angeles, California

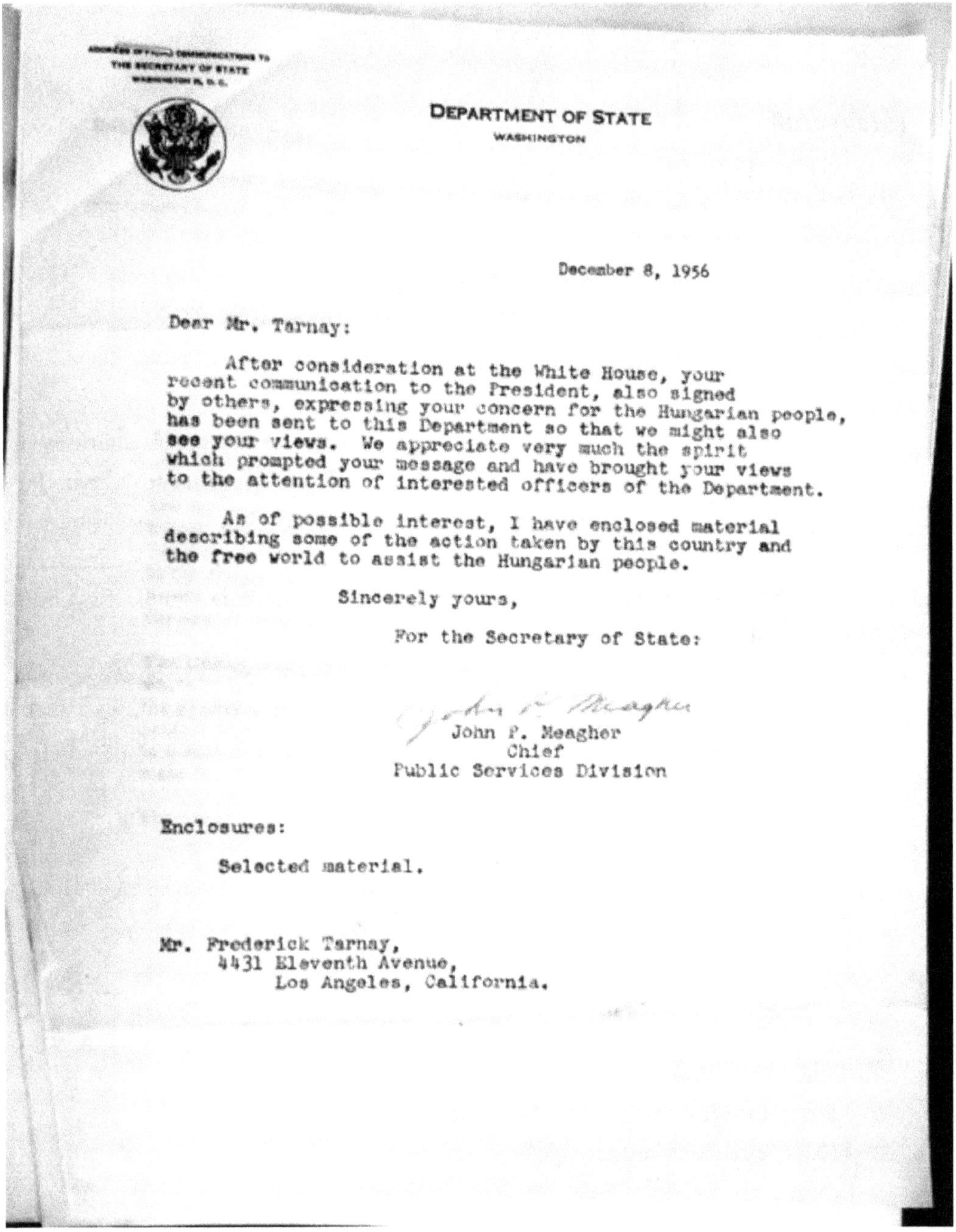

DEPARTMENT OF STATE
WASHINGTON

December 8, 1956

Dear Mr. Tarnay:

After consideration at the White House, your recent communication to the President, also signed by others, expressing your concern for the Hungarian people, has been sent to this Department so that we might also see your views. We appreciate very much the spirit which prompted your message and have brought your views to the attention of interested officers of the Department.

As of possible interest, I have enclosed material describing some of the action taken by this country and the free world to assist the Hungarian people.

Sincerely yours,

For the Secretary of State:

John F. Meagher
Chief
Public Services Division

Enclosures:

Selected material.

Mr. Frederick Tarnay,
4431 Eleventh Avenue,
Los Angeles, California.

101. kép: Az Egyesült Államok Külügyminisztériumának válasza

[A fenti levél mellékleteként csatolva]

[Magyarul]

Az Amerikai Egyesült Államok ENSZ missziója

Az 1956. november 4-i sajtóközleményből

2 Park Avenue New York 16, N.Y.

AZONNALI KIADÁSRA
2500. számú sajtóközlemény
1956. november 4., reggel 03:30-kor

Az Amerikai Egyesült Államok képviselőjének, Henry Cabot Lodge Jr. nagykövetnek, a Biztonsági Tanács ülésén elhangzott nyilatkozata a magyarországi helyzetről

Tisztelt Elnök Úr!

Ha volt valaha olyan idő, amikor az Egyesült Nemzetek cselekvése valóban élet és halál kérdését jelentette egy olyan helyzet tekintetében, amely egyértelműen a békét fenyegeti, ez olyan kérdés.

Néhány perccel ezelőtt Magyarország miniszterelnöke segítségért fordult az egész világhoz, mialatt fővárosa lángokban áll. Megtudtuk, hogy Budapestet, saját rádióadása szerint, ebben a pillanatban ezer szovjet tank veszi körül, amelyek foszfor bombákat lőnek a városra, hogy felégessék azt. A Budapesti Rádió hírei között a Magyar Nemzeti Himnusz csendül fel, amely úgy zárul: „itt élned halnod kell".

A Pravda a következőket közölte a tipikus szovjet kommunista kifordított stílusában: Nagy Imréről félreérthetetlenül kiderült, hogy a reakciós erők bűntársa. Nagy Imre nem akar és nem tud a reakciósok sötét erőivel harcolni. A reakciósok feltartóztatását Magyarországon haladéktalanul véghez kell vinni a megtörtént események fényében. Nagy kérte az orosz csapatok bevonulását Budapestre „közli a Pravda", mivel a szocialista rend érdekében ez elengedhetetlen, vagyis más szavakkal „közli a Pravda", bevallotta, hogy veszély fenyeget az ellenforradalmárok részéről, majd Nagyról kiderült, hogy a reakciós erők bűntársa. Ez pedig súlyosbította a helyzetet Budapesten és az egész országban. A Szovjet Kormány látván, hogy a szovjet csapatok budapesti jelenléte csak súlyosbítja a helyzetet, kivonásukra adott utasítást.

De az események további sora azt mutatta, hogy a Nagy kabinet nyújtotta toleranciát kihasználják a reakciós erők és még messzebbre mennek. A dolgozó osztály elleni véres terror eddig nem látott mértéket öltött, a Nagykormány szétesett, szabad utat biztosítva ezzel a népellenes elemeknek. A káosz egyre jobban eluralkodik Magyarországon, megbénítva ezzel a gazdaságot és a kultúrát". (TOVÁBB)

-2-

Néhány órával ezelőtt a Biztonsági Tanács jelen ülésén a Szovjetunió képviselője végül válaszolt kollégái kérdéseire a Szovjetunió és Magyarország közötti, a szovjet erők Magyarországról való kivonására irányuló tárgyalásokról szóló jelentés kapcsán. Válasza a következő volt: „Azzal a kéréssel fordultak hozzám, hogy erősítsem meg a magyar és szovjet képviselők közötti tárgyalások folytatását, a szovjet csapatok magyarországi tartózkodását illetően. Megerősítem, hogy a tárgyalások továbbra is zajlanak."

Tisztelt Elnök Úr, annak fényében, amit tudunk a Magyarországon jelenleg zajló eseményekről, ez a nyilatkozat nehezen elfogadható, tekintettel az őszinteség teljes hiányára, és az emberi szenvedések iránt megnyilvánuló közömbösségére. Vessük ezt össze azzal a ténnyel, hogy a szovjetek azok, akik egész Ázsiában hírdetik lojalitásukat, mint az ún. „békés együttélés öt alapját". Hogyan állhatnának a tettek és a szavak ennél távolabb egymástól?

Tisztelt Elnök Úr, nem sokkal éjfél után vasárnapi ülés összehívását kértem a Biztonsági Tanácstól a magyar emberek szenvedéseinek megoldása érdekében. Öt perccel később ezt a tényt a Budapesti Rádió is közölte. Ez megmutatja, hogy amit mondunk vagy csinálunk, mennyire gyorsan befolyásolja a magyar emberek küzdelmét.

Ahogyan a Közgyűlésen körülbelül egy órával ezelőtt közöltem, budapesti kirendeltségünk tájékoztatása szerint Budapestet hevesen bombázzák, a személyzetnek pedig a kirendeltség épületének pincéjében kellett menedéket keresnie.

Épp most kaptam a következő tájékoztatást, mely egyenesen budapesti kirendeltségünkről érkezett. „Mindszenty bíboros és titkára megjelent az Egyesült Államok Nagykövetségén ahol kérésükre menedéket biztosítottak számukra. Ez a tény kiemelkedő jelentőséggel bír.

Most már valóban elmondhatjuk a magyar embereknek: Hősies

küzdelmük egy rövid pillanatot biztosított az Egyesült Nemzetek részére, amikor a világ figyelmét Önökre irányíthatták. Megragadjuk ezt a pillanatot és nem hagyjuk Önöket cserben.

Benyújtottam a magyarországi helyzettel kapcsolatos határozatunk módosított javaslatát, melyet, bízom benne, hogy elfogadnak.

*****

A szovjet képviselő támadásaival kapcsolatban, amelyben az Egyesült Államok magyarországi tevékenységét bírálja, csak ennyit mondok. Nyilvánvalóan azt hitette volna el velünk, hogy az amerikai programunk, melynek célja az emberek gyomrának élelemmel való megtöltése, alsóbbrendű ahhoz a szovjet programhoz képest, amelynek célja az emberek gyomrának ólomgolyóval való megtöltése, ahogyan ennek a tragikus éjszakának az eseményei erre világosan és szívbemarkolóan rávilágítanak.

A módosításokkal kapcsolatban pedig engedjék meg a következőket. Rendkívüli módon értékelem a kínai képviselő indokait, amelyek módosítási javaslatának benyújtására sarkallták és az előadott nyomós érveket. Nem állítom, hogy a benyújtott javaslatunk tökéletes, ahogyan egyetlen emberek által írt dokumentum sem az, de véleményem szerint a probléma kezelésére alkalmas, és amennyiben elkezdjük tovább módosítani, az súlyos késedelmet fog okozni.

Éppen ezért szeretnék minden módosításra irányuló kísérletet megakadályozni, bármennyire is szeretnék nagyszerű kínai barátom javaslatához csatlakozni és a legnagyobb tisztelettel és udvariassággal kérem, hogy módosításának elfogadását ne erőltesse.

~~~

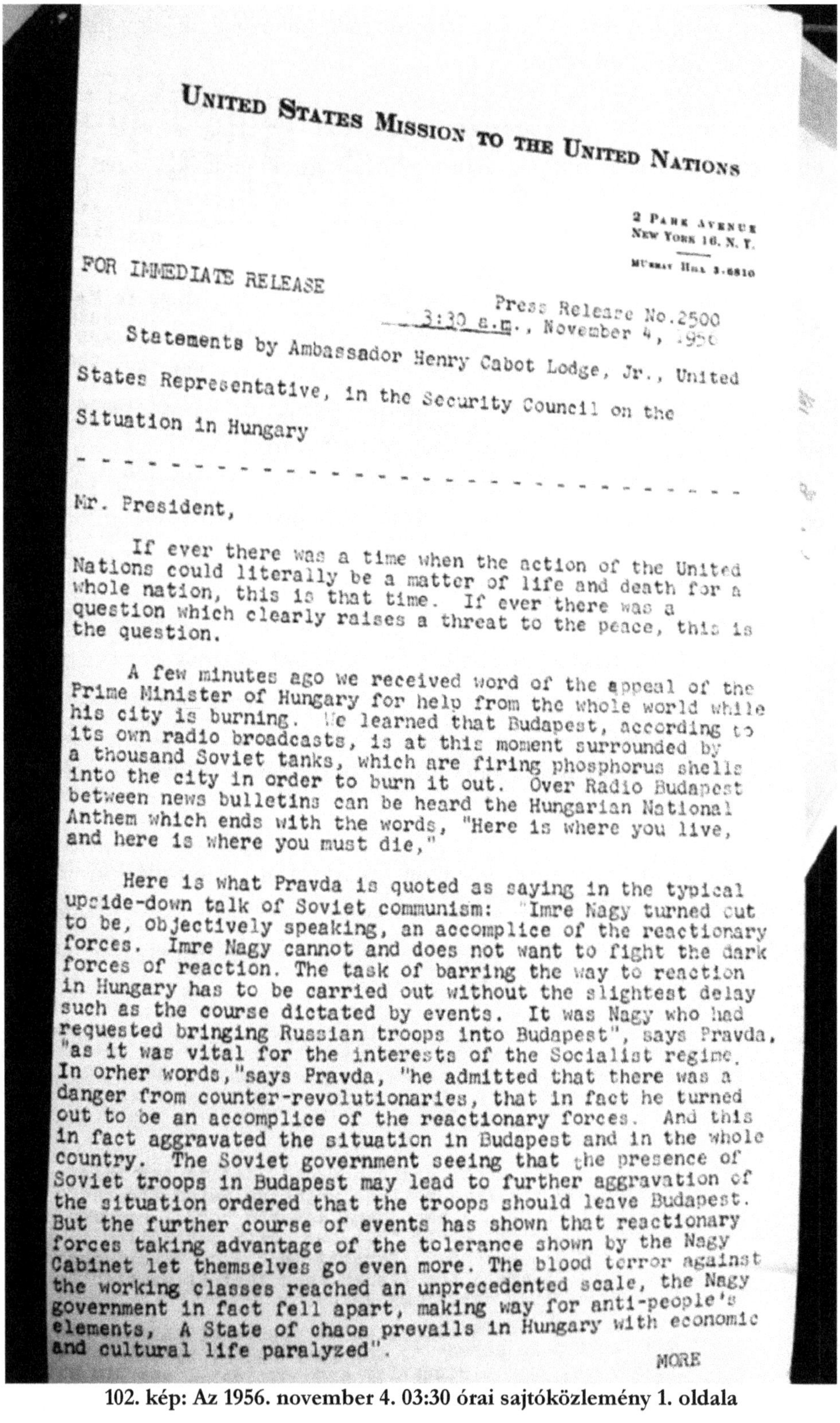

> UNITED STATES MISSION TO THE UNITED NATIONS
>
> 2 PARK AVENUE
> NEW YORK 16, N. Y.
>
> MURRAY HILL 3-6810
>
> FOR IMMEDIATE RELEASE
>
> Press Release No.2500
> 3:30 a.m., November 4, 1956
>
> Statements by Ambassador Henry Cabot Lodge, Jr., United States Representative, in the Security Council on the Situation in Hungary
>
> ------------------------------
>
> Mr. President,
>
> If ever there was a time when the action of the United Nations could literally be a matter of life and death for a whole nation, this is that time. If ever there was a question which clearly raises a threat to the peace, this is the question.
>
> A few minutes ago we received word of the appeal of the Prime Minister of Hungary for help from the whole world while his city is burning. We learned that Budapest, according to its own radio broadcasts, is at this moment surrounded by a thousand Soviet tanks, which are firing phosphorus shells into the city in order to burn it out. Over Radio Budapest between news bulletins can be heard the Hungarian National Anthem which ends with the words, "Here is where you live, and here is where you must die,"
>
> Here is what Pravda is quoted as saying in the typical upside-down talk of Soviet communism: "Imre Nagy turned out to be, objectively speaking, an accomplice of the reactionary forces. Imre Nagy cannot and does not want to fight the dark forces of reaction. The task of barring the way to reaction in Hungary has to be carried out without the slightest delay such as the course dictated by events. It was Nagy who had requested bringing Russian troops into Budapest", says Pravda, "as it was vital for the interests of the Socialist regime. In other words,"says Pravda, "he admitted that there was a danger from counter-revolutionaries, that in fact he turned out to be an accomplice of the reactionary forces. And this in fact aggravated the situation in Budapest and in the whole country. The Soviet government seeing that the presence of Soviet troops in Budapest may lead to further aggravation of the situation ordered that the troops should leave Budapest. But the further course of events has shown that reactionary forces taking advantage of the tolerance shown by the Nagy Cabinet let themselves go even more. The blood terror against the working classes reached an unprecedented scale, the Nagy government in fact fell apart, making way for anti-people's elements, A State of chaos prevails in Hungary with economic and cultural life paralyzed".
>
> MORE

102. kép: Az 1956. november 4. 03:30 órai sajtóközlemény 1. oldala

LODGE   - 2 -

A few hours ago in the Security Council in this very chamber the representative of the Soviet Union finally responded to the questioning of his collagues concerning reported negotiations between the Soviet Union and Hungary for withdrawal of Soviet forces from Hungary. His answer was, "A request has been made to me to comment on the report concerning the continuation of negotiations between Hungary and Soviet representatives with regard to Soviet troops in Hungary. I can confirm that such negotiations are in progress."

Mr. President, in the light of what we now know is going on at this very moment in Hungary, that statement can scarcely be equalled for its total lack of candor and its indifference to human suffering. It should be matched against the fact that it is the Soviets who all over Asia have been proclaiming their fealty to the so-called "five principles of peaceful co-existence". How far can actions and words be apart one from the other?

Mr. President, shortly after midnight I requested a Sunday meeting of the Security Council to deal with this agony of the Hungarian people. Five minutes later the fact of this request was broadcast to Radio Budapest. This shows how quickly what we say and do here affects the people of Hungary in their struggle.

As I stated in the General Assembly an hour or so ago, we have heard from our legation in Budapest that large scale bombing is taking place on Budapest and that the staff have had to take refuge in the cellar of the legation building.

I have now just been handed the following information, which comes direct from our legation in Budapest: "Cardinal Mindszenty and his secretary presented themselves to the offices of the American Legation and have been given refuge at their request." Now, there is a fact of profound significance.

We can truly say to the Hungarian people: By your heroic sacrifice you have given the United Nations a brief moment in which to mobilize the conscience of the world in your behalf. We are seizing that moment and we will not fail you.

I have presented a revised draft of our resolution on the situation in Hungary and hope that it will be adopted.
* * * * *

In connection with the Soviet representative's attacks on United States activities regarding Hungary, I will merely say this. He would apparently have us believe that our American program, which aims to fill the people's stomach with food, is somehow inferior to a Soviet program which fills their stomachs with lead, as this night's tragic dispatches all too plainly and poignantly attest.

As far as amendments are concerned, let me say this. I fully appreciate the fine motives which animated the representative of China in offering his amendment and the cogent arguments which he advanced. I do not claim that our draft resolution is perfect, because no human document is perfect, but I do submit that it is adequate, that it meets the issues, and that if we start changing it now we will cause dangerous delay.

I therefore feel constrained to oppose all amendments, much as I dislike not to accede to the proposal of my eminent friend from China, and in all sincerity and courtesy I ask him not to press his amendment.

* * * *

103. kép: A sajtóközlemény 2. oldala

104. kép: 1956. október, egy kisfiú magyar és amerikai zászlót tart. A losangeles-i Kossuth-szobornál szimpátia tüntetés zajlott a magyar forradalom mellett.

SZABADSÁG, SZERETET, ARANY

105. kép: A családunk részt vett ezen a tüntetésen, kifejezve az 1956-os forradalom támogatását.

106. kép: Poszter feliratok: „A magyarok halnak meg a demokráciáért", „Oroszok haza", „Mentsük meg a magyar gyerekeket".

7. fejezet

„Ezek a kötelékek még a síron túl is kötnek"

Los Angeles
1957

1957. április 16., „Az én drága Fricim - nyugodjon békében."

A magyar forradalom elbukása utáni időszak szomorú volt, és ez apánkra különös mértékben hatott. Szeretett hazájába való visszatérésről szőtt álma semmivé lett. A veszteséget az egészsége sínylette meg. 1957. március 18-án hunyt el fiatalon, életének 51. évében.

Anyánk Fáncsinak, apánk egyik közeli rokonának írott levele arról, mi történt, amikor apánk meghalt. Anyánk nem tudta elmondani nagyanyánknak, és Fáncsit kérte meg, hogy tegye meg. Ebben az időben kicsit összezavarodott az események sorrendjét illetően valószínűleg azért, mert az előtte álló nehézségek hatalmas súllyal nehezedtek rá.

Apánk családi boldogságunk és az amerikai álom megvalósításának csúcsán hunyt el. Egy újabb küldetés valósult meg. Apánk tudta, hogy anyánk milyen erős, és hitt abban, hogy tudja folytatni, ahogyan akkor is tette, amikor a vonattal elhagytuk Magyarországot.

~~~

1957. ápril 16.

Édes Fancsikám! Jól esett leveled, egy csepp öröm és jóság a tenger szomorúságban, mert mióta Frici elment, csak baj és szerencsétlenség ért bennünket. Nem is értem rá teljes egészében átlátni, hogy mi történt velünk, és csak halványan, bizonytalanul látom a jövőt.

Egy héttel Frici halála után egy reggel elájultam, és egy apáca ismerősöm jött ki, először papot, azután orvost hívott, vagyis kórházba vittek. Most már én is megkaptam az utolsó kenetet. Két napig voltam csak bent, addig a gyerekek egyedül, idegen kézen voltak. Azután haza kellett jönnöm, mert bár rászorultam volna még kezelésre, de nem volt biztosításom, és miután az orvos hála Isten megállapította, hogy nincs baja a szívemnek, hazaengedtek. Nagyon vigyáztam magamra, és ápr. 2-án a gyerekeket elengedtem iskolába, és éppen készültem új állást keresni, ahol többet fizetnek, hogy el tudjam tartani a gyerekeket valahogy.

Szól a telefon, Istvánt a mentők vitték be, gyorssegélyre, autóbaleset érte, más kórházba kell vinni, mondták. 3 óra hosszat tartott, amig telefonáltam, össze-vissza, hogy biztosítás nélkül felvegyék. Másnap tudtam csak meg, hogy nem tört el semmije, a térdét csapolták és a bokája rándult. Ő is 2 napig volt bent a kórházban. Most már 2 hete itthon fekszik, de húsvét után talán már sántikálhat az iskolába.

Ma, ez a 4. heti esemény, Fricike rándult bokával, sántán jött haza az utolsó napi iskolából szünet előtt. Fáncsikám, a jó Isten meglátogatott bennünket, még ma is rámjön a reszketés néha, Frici 10 napos irtózatos szenvedése láttán, ez az, ami tulajdonképen levett a lábamról.

István miatt és a sok elintéznivaló miatt nem tudtam dolgozni menni, szabadságon vagyok, kapom a fizetésemet, ez még szerencse. Közben volt egy pár nap, mikor egyedül voltam, és össze tudtam szedni gondolataimat, és Fáncsi, nem tudom honnan veszem az erőt ahhoz, ami rám vár.

Csak magamról írok, pedig hidd el, Frici van mindig eszemben, várom haza, hiszen oly sokat voltam egyedül, hogy megszoktam az érzést, de eddig mindig visszajött. 19 évi házasságból 5 évet töltöttünk együtt, és annyit, de annyit dolgoztunk, hogy a gyerekeknek nyugodt, boldog otthont nyújtsunk.

Mintha a jó Isten hozzá akart volna szoktatni az egyedülléthez, már hónapok óta olyan keveset beszéltünk, csak rohantunk, dolgoztunk, hogy majd egyszer pihenünk is. Az utolsó napokban nem is mertem beszélni hozzá, csak pár szót, nehogy felizgassam, és annyi morfiumot kapott, hogy inkább aludt egész nap. Utolsó este már nem volt magánál, beszélt arról, ami legjobban izgatta, a gyerekek és a betegsége, de csak behúnyta a szemét és elaludt.

Nem tudom elmondani, mit éreztem, hogy ott kell hagynom utolsó perceiben a kórházban, a látogatásnak vége volt, és a gyerekeket nem mertem ott tartani, bár az orvos a legerősebb kábítót adta Fricinek, mégis a gyerekeknek sok lett volna. Hazajöttem, imádkoztam, hátha mégis visszajön. Éjjel kaptam a telefont. Olyan csendesen, igénytelenül, panasz nélkül ment el, mint amilyen mindig volt, magába zárta még az utolsó nagy szenvedését is.

A DRÁGA DUDÁM

Nem tudom elmondani, mit éreztem,
hogy ott kell hagynom utolsó perceiben a kórházban,

A látogatásnak vége volt
és a gyerekeket nem mertem ott tartani,

Bár az orvos a legerősebb kábítót adta Fricinek,
mégis a gyerekeknek sok lett volna.

Hazajöttem,
Imádkoztam,
hátha mégis visszajön.---

Éjjel kaptam a telefont.

Olyan csendesen, igénytelenül,
és panasz nélkül ment el,
--mint amilyen mindig volt.

Magába zárta még az utolsó nagy szenvedését is.

~~~

Pénteki napon, márc. 8-án lett rosszul, vasárnap délben rosszul találtam, és délután kétségbeesetten lefeküdtem, imádság közben elaludtam, és azzal ébredtem fel, el kell hívjam a gyerekek egyik paptanárját Fricihez. Hogy mi adta a gondolatot, nem tudom, felhívtam az iskolát, a tanár otthon volt, és megígérte, hogy este kijön velünk a látogató órában. Így vette fel Frici az utolsó kenetet, de áldozni nem tudott, az ételt akkor nem bírta. Később azt hiszem megáldoztatták, mindenesetre kétszer is beküldtem hozzá a kórházi papot, de még nem volt időm felhívni őt telefonon azóta.

Kb. 20 km távolságra van tőlünk a kórház. István és Fricike felváltva hajtottak ki kétszer naponta az apjukhoz, másfél óra vezetés egyszerre.

Itt a temetés előtt a templomban rózsafüzért mondanak előtte való este. Már írtam talán, hogy mikor hajnalban meghallottam a telefont, hiszen ébren, lázban voltam, utána vártam reggel 6-ig és elkezdtem telefonálni barátokhoz, hivatalokba, iskolába, temetőbe, kórházba, utána kis Fricivel kimentünk a kórházba a holmiért, és mégegyszer megnézni az apját.

Ezután a gyerekeket mindenüvé magammal vittem, együtt választottunk koporsót, sírhelyet, virágot. Bátrak és erősek voltak a kicsinyeim.

Este másnap 19-én rózsafüzér volt Friciért, a nagy templom egész megtelt, sok barátja volt, ha sehova sem jártunk, de mindenki szerette, tisztelte makulátlan becsületességéért és jóságáért. A gyerekek iskolájából (Loyola Gymnasium) vagy 14 pap jot el, a főigazgató maga is (Pap, Plushkell SJ), úgy éreztem, hogy nagy megtiszteltetés, hiszen eddig még senkinek sem tették meg, pedig mi soha nem vettünk részt semmi mozgalomban ott, idő híján.

Itt a templomban mégegyszer kinyitották a koporsót, és búcsút vehettünk egymástól. A temetés 21-én volt, napsütésben, és szép sírhelyet kaptunk, egy pálmafa alatt, amilyet Frici különösen szeretett. Pár virágot a sírjáról és egy feszületet a koporsóról kaptam, ez jelenti ma nekem mindazt a szeretetet és boldogságot, amit tőle kaptam.

Mit mondjak még Fancsikám, Te is úgy ismerted őt, mint én, és majd ha ráérsz és nem terhes Neked, keress ki egypár régi képet, ha megvan az esküvői képünk - nekem nincs meg, és juttasd el hozzánk. A gyerekek akarnak egy albumot csinálni az apjukról, és régi képünk alig van. Egy barátnőm nagyítja a legjobb fényképét, abból mindannyiótoknak küldök majd. - Az anyagiakról is be kell számoljak.

Most 235 körül kapok havonta, Frici kb. 100-al többet keresett, így a felénél több elesik. Kapok a két kicsi után segélyt 18 éves korig, és megkapom Frici életbiztosítását, ami kb. 1 évi fizetése. Ez van most. Éppen ma este volt itt a háziúr, illetve a volt tulajdonos, akinek 100-at fizettünk törlesztésképpen havonta, még 12 évig törlesztjük a házat, ha tudjuk. Sokat számoltam, és persze a befolyó 320-ból nem tudok kijönni, hiszen Fricivel együtt sem tudtunk félretenni semmit. A biztosítási összeg a gyerekeké, teljesen, és a mi körülményeink között, így támasz nélkül, nem szabad hozzányúlnom. Elhatároztam, hogy segélyért folyamodom valami jótékony egyesülethez, amiből itt van elég - bármennyire is nehezemre esik, de most csak a gyerekek sorsa a fontos.

Meg is írtam a kérvényt, amire persze még nem jött válasz, csak remélem és imádkozom érte. Addig is, megmondtam kis Fricinek, meg kell mutatnunk, hogy megpróbálunk egyedül lábraállni, neki kell munkát vállalni mint legidősebbnek, és ha szükség van rá, segíteni, hogy azt, amit az apjuk szerzett, el ne veszítsük. Nehezen szokik hozzá a gondolathoz a gyerek, bár nem valami szorgalmas tanuló, pedig jó esze van hozzá, de fiatal, tele igénnyel, ilyen a természete. Meg kell még mondanom, hogy az egész borzalmas csapást csak úgy tudtam elviselni, hogy aranyos idős szomszédnőm mint anyám állt mellettem. Ő vitt be kórházba, etette a gyerekeket, és minden gondomban résztvesz, józan és okos, melegszívű, osztrák származású asszony. Isten különös kegyelme, hogy ő lakik mellettünk, és olyan nagyon szerette Fricit.

107. kép: 1940. körül a szüleink ünneplőbe öltözve, egy csokor virággal, valószínűleg egy Margit-szigeti MNB-s ünnepségen a két világháború között.

A gyerekeknek gyámot választottam, az egyetlen lehetőt, mert rokon itt nincs nekünk, és kevés barátunk mind kezdő munkás, akárcsak mi. Így a szürke nővérek főnöknőjét, akit régen ismerek kértem meg, és nem is tudom minek köszönhetem, hogy elvállalta. Persze szerénynek kell lennem és nem szabad mindig zavarjam, hiszen rengeteg dolga van, de sürgős és fontos ügyben mindig megkérdezhetem, és ő magyar származású lévén, meg is érti problémáimat. Mellettem állt a temetésen, és első volt, aki eljött hozzám, mikor Frici meghalt. Hapsikának nem lévén sötét ruhája, őt fel is öltöztette, ami szegénykének olyan örömet szerzett. Jók voltak az emberek hozzám akkor, talán egypár barát meg is marad későbbre, az majd attól függ, meg tudjuk-e mutatni, hogy érdemesek vagyunk rá.

A jó Isten úgy akarta, hogy egyedül maradjak, hogy miért, azt úgyis csak a végén tudjuk meg. Büntetni akart, vagy szeret és sokat vár tőlem, nem tudom.

Tudom, hogy Frici nehezen ment el, imádta a családját és ha 3 szép fiamra nézek, bár kettő most mankóval sétál, de mégis mindig fáj a szivem, hogy apjuk nem látja.

Azt tudod Fáncsikám, hogy életemnek csak egy célja van és lesz, hogy jó embert neveljek a 3 fiúból, és kérve kérem az Istent, segítsen ebben. Jó mind a három, de a két kisebb valósággal csodálatos. Fricikét rázta meg talán legjobban apja elvesztése, ő a legidősebb és a legnehezebb korban, amikor ambícióját, terveit az érettségi után kell esetleg feladnia. Nagyon ideges természet is.

Frici kedvence a pici, most mutatja meg igazán, milyen, és még én sem tudtam mennyi erő és okosság van benne, az apja mindig mondta. Most, hogy István beteg, minden idejét arra használja, bátyja helyett dolgozik, elvégzi a saját munkáját, azután Istvánét, és este későn még vizsgára készül. Közben mindenkihez van egy kedves szava, jó humora még most sem hagyja el, azt mondta, mama, nekem nem kell a pénz, csak szólj ha kell neked, hogy odaadhassam. Hihetetlenül alkalmazkodó és melegszívű kisfiú, az iskolában is szeretik, és Frici olyan büszke volt rá, hogy jól tanul. Istvánnal nagyon szeretik egymást, igazi önfeláldozó szeretettel. István nagyon Frici természete, szótlan, dolgos, és bölcs természete van, még apró szokásaiban is apjára hasonlít. Nagyon megrázta ez a pár hét, és bár hősiesen viselte a kórházat, mégis tisztában van azzal, hogy csodával határos, hogy megmenekült. Az utánahaladó kocsi vezetője - ő a motor- biciklijén ült - azt mondta, hogy a gyerek feje fél méterre volt az úttesten az előtte átvágó kocsitól, alig hitte el, hogy nem történt komolyabb baja; hiszen az úttestről szedték fel a mentők. Holnap viszem Istvánt és most már Fricit is kórházba vizsgálatra, 4 hét alatt a harmadik kórház és legalább 6-ik ovos, akivel dolgunk van. Minden nap új helyre telefonálni, kérni, elintézni és íveket kitölteni.

Alig marad időm a háztartásra, és amit legjobban vágyom, hogy egy kis időt Frici emlékének szenteljek.

Márc. 19-én kilencedet kezdtünk a gyerekekkel Szt. Józsefhez, hogy viselje gondunkat mint apánk. Kérd Te is őt Fáncsikám, és irjál többször, hogy érezzük, velünk vagytok. Édes jó Fánni nénit vigasztald meg helyettem is, Frici olyan nagyon ragaszkodott hozzá, és csak azért írom, hogy megértsétek az ő szeretetét, mi nem vettünk egymásnak semmi karácsonyi ajándékot, egyik este elmentünk a boltba és összevásároltunk mindenfélét, ami Nektek, Piriéknek, mamáéknak nincsen, hogy elküldhessük. Legnagyobb része elment, a többi a zárlat miatt ittmaradt nekünk. De a svájci csomag még idejében megérkezett, ebből Ödi is kapott, neki előbb nem küldött Frici, akkoriban még furcsa hangú leveleket kaptunk tőle.

Fáncsikám, még egyet kérek Tőled, nincsen erőm sem időm még egy ilyen hosszú levelet írni, és szeretném, ha Zsuzsi is tudná, mi van velünk. Anyámnak írtam levelet a temetés után, de megint az Ég gondoskodása, az is visszajött. Talán jobb, ha lassan tudják meg a rettentő valót, még ápr. 7-én nem tudtak mást, minthogy valami baj van nálunk. Azóta csak Zsuzsinak írtam, közben megkaptam a címét, egy nyílt lapot, szárazon. A többi levél valószinűleg útban van visszafelé. Kérlek, hogy ezt küldd el neki, hogy amit jónak lát, elmondhassa Anyámnak, és azt a lapot küldd el a levelemből, amit jónak találsz. -

Igen Fáncsi, a kereszt, a húsvéti szenvedés, most én is végigjárom a Kálváriát, és mikor láttam Frici néma szenvedését, eszembe jutott, mekkora lehetett azé, aki a világot megváltotta, mikor ez is olyan volt, hogy a lélegzete szakadt meg, aki látta.

Adjon a jó Isten erőt mindent elviselni, és legyen igaza a gyerekek tanárjának, aki egyszer meglátogatott - ne aggódjak, a gyerekek az apjuk fiai, és majd lesznek olyan emberek, mint ő volt.

Isten áldjon édes Fáncsi, öleld meg Fánni nénit helyettem is, és ha csak lapot is, de írok többször magunkról, úgy vágyom utánatok. Sok sok szeretettel

Kati

Ápr. 17-án.

Most jöttem a kórházból, Fricikének nincs komolyabb baja, csak erős ütés, István még egy hétig itthon marad, a térdét kell még erősítenie. Öditől, Piritől sok szeretettel tele levelet kaptam, nekik külön válaszolok majd. Vigyázz Fánni nénire, Fáncsikám, leveledet várja sok szeretettel

Kati

~~~

A XVI. századi Walder Újszövetség, betlehemi csillagunk

Családunk legértékesebb tulajdona, amelyet az Egyesült Államokba is magunkkal vittünk, egy ritka XVI. századi Újszövetség. Svájcban, Bázelben nyomtatta 1531-ben Johann Walder. Ez az Újszövetség testesítette meg Magyarországot és családunknak a hitét. Erőt adott és utat mutatott utunkhoz az Új Világba, ahogyan adott Magyarországnak és ahogyan adott a Betlehemi Csillag a három királynak.

Anyánk ezt a Loyola Gimnázium igazgatójának, Plushkell S.J. atyának adta, viszonzásképp, hogy apánk halála után segített mindhárom fiának kijárni a Loyola Gimnáziumot.

Ez az Újszövetség, mely jelképezi a mi magyar örökségünket, kultúránkat és szellemiségünket, a Loyola Marymount Egyetemen tekinthető meg, ahol jelenleg ki van állítva.

Lehet, hogy valamikor ez a nemzeti történelmünkhez kapcsolódó Biblia visszatér majd Magyarországra, és elfoglalja az őt megillető helyet, az Országházban kiállított, a kereszténységet jelképező Szentkorona mellett. Magyarország lelke és azonossága megmutatkozik a Bibliában, a Szentkoronában valamint a nemzeti aranykincsben, melyeket az Egyesült Államok biztonságba helyezett, majd a II. Világháború után visszaadott.

108. kép: Családunk Új Testamentuma (A képeket Cynthia Becht készítette, Loyola Marymount Egyetem, 2012)

109. kép: A könyv belseje (A képeket Cynthia Becht készítette, Loyola Marymount Egyetem, 2012)

1958, „Húsz karácsonnyal ezelőtt a kis Fricit a karácsonyfa alá tettem"

Ebben a rövid kézzel írt levélben anyánk összefoglalja családunk sorsát az elejétől kezdve. Anyánk a karácsonyokat magyarországi történetünk elmesélésének kereteként használta.

~~~

Húsz karácsony

Mert ez a Te élettörténeted. 1938-ban első otthonunk egy új ház harmadik emeleti kis lakása volt. Minden berendezése új volt.

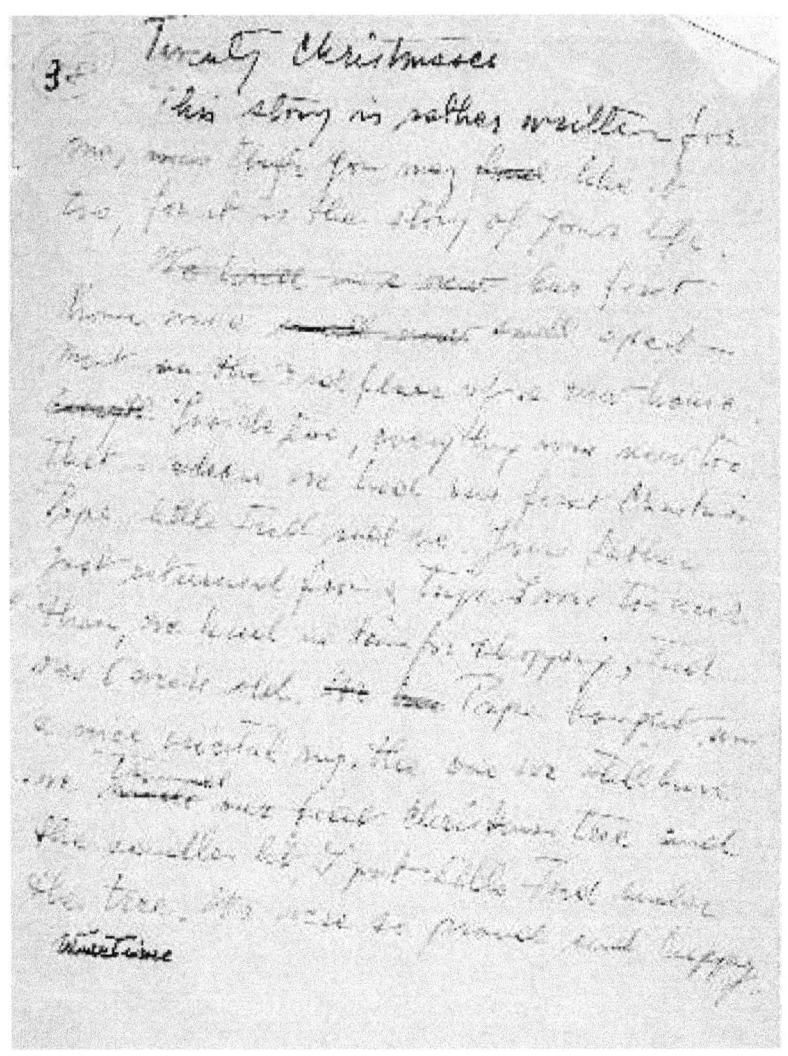

110. kép: 1958, az anyánk által írt eredeti Karácsonyi történet első oldala

SZABADSÁG, SZERETET, ARANY

~~~

Itt esett az első karácsonyunk. Papa, kis Frici és én. Apád csak nemrég érkezett vissza egy útról. Még túl gyenge voltam, nem volt időm vásárolni. Fred hat hetes volt. Papa egy szép keleti szőnyeget vett nekem, azt, ami még mindig megvan. Felállítottuk az első karácsonyfánkat, és meggyújtottuk a gyertyákat. A fa alá kis Fricit tettem. Olyan büszkék és boldogok voltunk.

Ugyanott éltünk még néhány évig. Miután belaktuk, még otthonosabbnak és még melegebbnek tűnt. A kiságy felváltotta a bölcsőt, és már egy kisfiú mászkált a lakásban. A szokásos karácsonyi süteményeket megsütöttük a karácsonyfára, és játékokkal raktuk körbe. Egy kis madzaggal húzós játék, színes építőkockák, felhúzható játékok, amennyire emlékszem.

Nagypapa és nagymama mint mindig, eljöttek karácsonyra. Néztük, ahogy Frici szaloncukrot eszik a fáról, és szinte elvesztünk a sok játék és a lelkesen nézelődő család között.

Apádat előléptették a Banknál, csupa öröm és boldogság voltunk. Újév estéjén órákig sétáltunk a városban a tömeget és a kivilágított utcákat bámulva.

Egy köteg lufit vettünk a kis Fricinek. Éjfélkor koccintottunk. Fricinek nagyon jó kedve volt, és nagyon örült a lufiknak.

Harmadik karácsonyunk előtt egy nagyobb lakásba költöztünk a Várnegyedbe, a Hunyadi János út 15. szám alá, és újból együtt töltöttük a Szentestét a szüleimmel és a szűk családdal. Volt egy hatalmas fánk és megint rengeteg játékunk. A felhúzhatós kisautók voltak Frici kedvencei. A vacsora kiváló volt. Még nagypapának is tetszett, aki pedig kritikus volt a főztömmel szemben.

Papának novemberben volt először vérző fekélyes rohama, ezért egy hetet töltöttünk a Balatonnál az ünnepek előtt egy nagy hotelben, hogy jobban legyen. Karácsonyunk elég csendes volt. Mindkettőnknek influenzája és magas láza volt.

Istvánnal voltam terhes, és nem igazán akartam mászkálni. Valami érződött a levegőben. „Politikai változások".

Ezen a karácsonyon két gyerekünk volt. István erős, pirospozsgás kisfiú a fa körül kacsázott, és csak bámulta a fényeket és a csillogó díszeket. Nagypapa ki nem hagyta volna a csillagszórózást...István csodálkozva bámulta. Nem félt úgy, mint Frici az első alkalommal; és megpróbálta elkapni a szikrákat...

~~~

1959. április 12., „Ezek a kötelékek még a síron túl is kötnek"

Apánk és Leopold Scheffler története két „ellenség" története, akik az életüket tették kockára. Mint hivatásos bankárok, volt erkölcsi érzékük és bátorságuk kiállni a meggyőződésükért.

A berlini Reichsbank német biztosa és apánk a háború előtt együtt dolgoztak a szokásos magyar-német tranzakciók kapcsán. Egymás iránti tiszteletük és kapcsolatuk természete egyértelműen kitűnik Leopold Scheffler anyánknak írt leveléből, miután apánk meghalt 1957-ben.

~~~

Kedves Tarnayné!

A Jó túl gyorsan hagyott itt minket. Gyakran gondolok rá, különösen amikor a társalgás Magyarországra terelődik. Olyan nyugodt volt, gyakorlatias és felelősségteljes. Mindig élveztem, ha hivatalosan vele kellett dolgoznom. Soha nem voltak nézeteltéréseink, mindig nyíltan tudtunk egymással beszélni. A háború vége felé még együtt is éltünk egy kicsit. Ezek a kötelékek még a síron túl is kötnek.

1959. április 12.

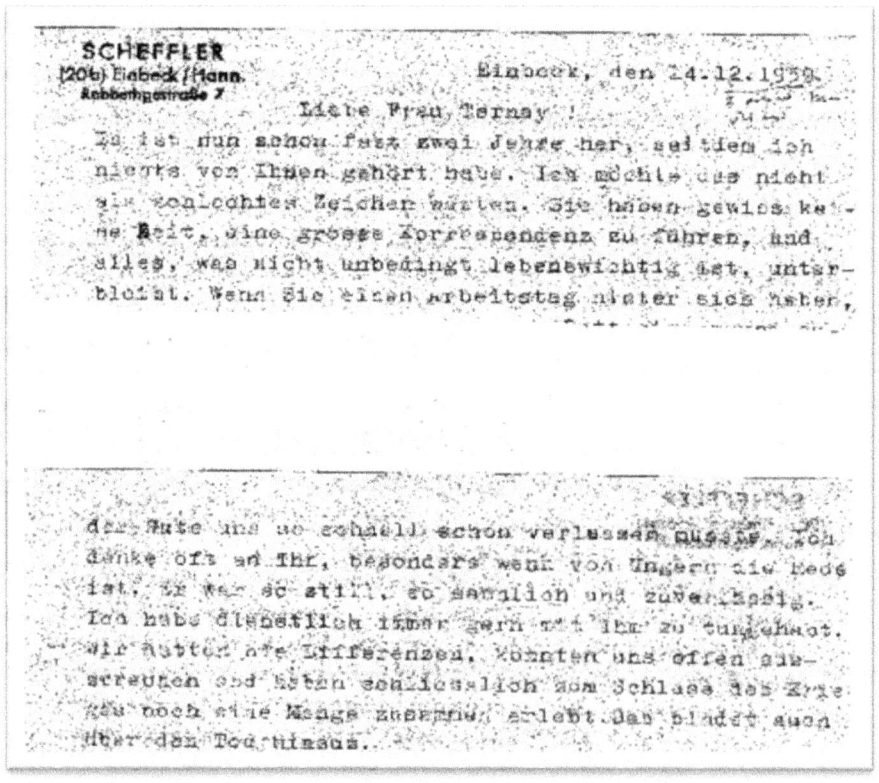

111. kép: Leopold Scheffler anyánknak 1959. április 12-én írt levele

SZABADSÁG, SZERETET, ARANY

112. kép: Tarnay István, Leopold Scheffler, anyánk és Scheffler asszony a jobb oldalon 1965-ben Németországban. Anyánk és István a II. világháború után meglátogattak rokonokat és barátokat. A látogatás során sokat beszéltek a családunkról és a Magyar Államkincstár megmentéséről.

113. kép: Leopold Scheffler, felesége és anyánk Németországban 1965-ben.

1961. december 10., „Nem félek anyától"

Ezt Torzsay-Biber Vera írta 1961-ben. Nagyon közel állt anyánkhoz a Spital am Pyhrnben töltött idő alatt. Ez is mutatja, hogy az MNB dolgozói szinte családként tekintettek egymásra.

~~~

Palo Alto Dec – 10 – 61

Katikám, édes Katikám!

Ne haragudj rám, bocsáss meg nekem, hogy olyan ügyetlen kézzel megérintettem begyógyult, fájó sebeidet. De mi semmit sem tudtunk a Te nagy szomorúságodról. Amit most el akarok – legalábbis megpróbálom – mondani Neked, talán nem fogod elhinni – de mi nagyon gyakran beszéltünk Rólatok, s én a hosszú évek alatt sokszor gondoltam Rád.

Vivi mondta egyszer, már itt voltunk Amerikában, „hát olyan emberekkel mint a Kati néniék úgysem fogunk már soha az életben találkozni", – nem is találkoztunk. – Katikám, úgy sírtam tegnap miutan letettem a kagylót, pedig már nem szoktam sírni, mert már tudom, hogy a sírás nem használ, nem segít. Gyuri azt mondta, miért nem beszéltél tovább Katival – ő is egészen letört a hírtől, – nem akartam neki mondani, hogy nem akartam bele sírni a telefonba. Mindig úgy emlékszem Rád, mint aki csupa finom kis acélrugókból van összetéve s tudom, hogy azok a kis rugók nem roppanhattak össze, de tudom, hogy az összeroppanás előtt még sok minden van. – És nagy úr a „muszáj". Hapsi –, édes kis kölyök volt, „István, te félsz a mamától, én nem félek a mamától" – ez nálunk közmondássá vált, ha mérges vagyok néha, Gyuri azt mondja, hogy ő nem fél a mamától, vagy fél a mamától, aszerint, ahogy éppen érez. Ha karácsonyfát díszítettünk, mindig eszembe jutottak a Te díszeid, amiket oly gondosan elmenekítettél az oroszok elől. És milyen igazad volt, még biztosan van egy pár a díszekből, míg a többi holminak már nyoma sincs.

A fiaidat persze nem tudom elképzelni, Fricike, a sötét szemű komoly kis fiú, István a mama kedvence s a kövér, guruló, mindig jókedvű Hapsi gyerek. Mennyi tejbegrízt meg tudott enni! – Mi még mindig a régi, könnyelmű Pipás Pisták vagyunk. Gyuri ősz és csendes, nagyon csendes, én még mindig nem őszülök (60 éves múltam áprilisban) de ezt csak Neked merem bevallani, itt mindenki azt hiszi, hogy festem a hajam, hja… változnak az idők.

Vivinek van egy bűbájos Veronikája – már 5 é fél éves – de a szülei még mindig nem tudnak magukhoz térni a csodálkozástól, hogy nekik ilyen szép kis lányuk sikerült. Amióta a világon van, még 1500 mile-nél közelebb nem laktunk egymáshoz, nem sokat látjuk egymást. Telefon számláink persze óriásiak. – Egy könnyelmű pillanatban egyszer megígértem Veronikának, hogy sosem fogok meghalni, de az utóbbi időben aggályaim vannak, hogy ezt az ígéretemet esetleg nem fogom tudni megtartani – bár jelenleg makk egészséges vagyok, de mégis ...

Katikám, én egy nagyon „clumsy" levélíró vagyok, de egy pillanatra sem aggódom, hogy Te félre fogsz érteni, ismerlek én Téged, csak azt Te nem tudod, meg nem is hiszed. Nem is tudom most hirtelen megmondani, hogy melyikőtöket szeretem jobban, Téged-e, vagy a komoly Tarnay Zsuzsikát, akit csak a szeme árult el néha?

Tél az idő, hullik a hó
Vígan szalad a kis szánkó. ----- Ugye nem haragszol?
Virgonc fiúk ülnek rajta
Egyikük a kecskét hajtja.

Ölel Vera

... összetörött a kis szánkó... bizony sok kis szánkó összetörött...

Tél az idő, hullik a hó
vígan szalad a kis szánkó.
Virgonc fiúk ülnek rajta,
egyikük a kecskét hajtja.

....

...............öszetörött a kis szánkó,
bizony sok kis szánkó öszetörött.

Ölel, Vera
Palo Alto, December 10, 1961

~~~

1965. jún. 12, „Magyar zene következik, amit főleg az itteniek óriási tapssal fogadtak"

Ez majdnem tíz évvel apánk halála után volt. Még mindig Los Angeles-i házunkban éltünk a 11th Avenue-n. Testvérünk Matt esküvőjét ünnepeltük. Anyánk leírja, milyen boldog. Az emberek

114. kép: „Madeleine egy gyönyörű, hosszú ujjú csipkeruhát viselt, és a koszorúslányok ruhája is gyönyörű volt. A korall brossom, a kék lószőr kalap és a pávakék cipő egyszerűen csodás volt."

tisztelték őt erejéért, bátorságáért és azért, ahogyan apánk halála után folytatta az életét. Örömét lelte magyar gyökereiben és a magyar kultúrában.

~~~

1965. június 12.

Édes Mamuskám, Nem is tudok mást tenni, most, esküvő után, mint Neked levelet írni. Úgy tele van a szívem boldogsággal, hogy jólesik Neked elmondani. Nemcsak én, de félfüllel hallott megjegyzések és őszinte barátok is mind azt mondták, hogy gyönyörű volt.

Nem is lehetett más, én tudom, mert mind a ketten bájosak, természetesek voltak, és az őszinte szeretet úgy sugárzott rajtuk, hogy mindenkire ráragadt.

Emellett az anyóstársam tökéletes esküvőt rendezett. Mindenki a helyén volt, nem volt kavarodás. 200 ember volt az ebéden. Egy óriási teremben körül asztalok és egy oldalon egy hosszú asztal a násznép részére. Én is ott ültem a nagymama mellett, és mindenkit láttam, a közepén nagy tér, ahol táncoltak ebéd után.

Tegnap este kisírtam magam örömömben, és ma végig mosolyogtam a napot, csak akkor tört ki belőlem, mikor a nagy tér közepén a fiatalok egyedül elkezdtek táncolni.

Mamuka, gyönyörű volt. Hapsi olyan finom és nyugodt volt, Madeleine olyan bájos és boldog – olyan volt, mint egy álom. 10-kor kezdődött a mise, utána elmentünk a vendéglőbe, ott egy óra hosszat fényképeztek, utána mi – a család felálltunk sorba és fogadtuk a gratulációkat. Elég lassan ment, mert vendégkönyvbe is bele kellett írni a nevüket, de azután megindult a menet és jött a sok kézfogás. Hapsi nem panaszkodhat, mert barátaink mind kivonultak, és nem hagytak cserben.

Irtózatos tömeg ajándékot kaptak, és azt hiszem, pénzt is, mert mikor Hapsinak egy kis útravalót adtam benzinre, azt mondta, bőven van pénze. Madeleine gyönyörű volt szép csipkebetétes ruhában, hosszú fátyollal, és a koszorúslányoknak csodaszép ruhája volt. Édes volt a négy testvér együtt és az én 3 fiam, Rónay Péter volt a negyedik fiú. A ruhám, Mamuska, gyönyörű volt, nem tévedek, ha a felnőttek közül az enyém volt a legszebb. A korallos ékszer csodaszép volt egy kék lószőr kalappal és pávakék cipővel.

Nem vallottam szégyent. Picu és Magdi egész oda voltak és Katkó alig ismert meg. Nem sok részem volt az egész sikerben, hiszen Hapsi maga intézte a sorsát, mégis örömmel fogadtam a sok elragadtató bókot, mert tudom, hogy ha másképp nem is, de szeretettel és jósággal megtettem azt, amit lehetett. Egy nagyon érdekes jelenet volt. Tudod, Madeleine édesapja egyszerűen elhagyta a családot, de a fivére és nővére ott voltak. Beszélnek az anyóssal, de ő büszke és csak röviden érintkezik velük és kizárólag családi alkalmakkor. Egy régi ismerősöm, leveleimből ismered, István barátjának az édesanyja ült a Flynn családdal és egyszer csak odajön hozzám és kér, hogy menjek át, a Flynnék meg akarnak ismerni. Agyondicsérték Hapsit, – ezek nagyon gazdag emberek, a fivér milliomos, és nagyon kedvesek voltak velem is, a nővérnek a férje többször is elvitt táncolni, és utánam ültek a másik asztalhoz.

Úgy éreztem, hogy meg kell mutatnom, hogy nem jöttmentek vagyunk, és ez sikerült is.

Persze – barátnőm Rosemary – biztosan mindent elmondott rólunk, hiszen ők voltak, akik Frici halála után felkaroltak és mindent tudtak rólunk. A végén mondták, hogy szeretnék minél előbb a fiatalokat vacsorára hívni, és a Flynn papa nővérének a férje, aki egy nagy építkező vállalatnál dolgozik, szeretné Hapsit odavenni.

Egész álomszerű, amilyen csak itt történik, ha valaki jó, azt kapkodják, és az én Hapsim nagyon jó.

Nem tudom, az anyós mit szól hozzá, hogy a családdal összebarátkoztam, de a fiatalok érdekében tettem, és ők közeledtek.

Reggel tüneményes volt, mikor a fiúk 4-en tömték bele magukat a kemény ingekbe és vesződtek a sok gombbal és madzaggal, ami egy zsakettal jár, de nagyon szépen néztek ki. Kis Frici katonai gyakorlatával tükörfényesre pucolta a cipőket és úgy összedolgoztak, olyan vidámak voltak, Hapsit nem hagyta el a humora. Azért mindegyikbe belenyomtam egy nyugtatót, hogy minden rendben és csendben menjen.

Fricike korán elment, 4-kor kellett dolgoznia, de István most hullafáradtan alszik szegény, tudod ő olyan komolyan vesz mindent és mindenütt segít. Úgy érzem, kissé rosszul esik neki, hogy most már csak ő van egyedül, megértem, hogy nehéz, különösen neki, aki annyit áldozott a testvéreiért. Azért imádkozom, hogy a jó Isten őt is megsegítse.

Sharon aranyos volt, ő fuvarozott még egypár barátnőmmel együtt. Persze mindenüvé magammal vittem, bemutattam büszkén, mert szép és kedves. Úgy ismeri Fricit, és okosan tudja vezetni és szerény. Szép volt ma is, Pista nagy szakértő, azt mondta, nagyon elegáns volt. Felhívott otthon, hogy megmondja, milyen szép volt az esküvő, pedig ő kritikus és meg is mond mindent, sokat kritizált eddig is, hogy elkényeztetem a gyerekeket, hiába mondtam, hogy az csak szeretet. Most talán megérti. Az esküvőn nem beszéltem senkivel a magyarok közül, csak futólag, inkább a családdal beszélgettem.

Most még összevissza, ami az eszembe jut. – Nagyban öltözködtek a fiúk, mikor Péter megérkezett, Hapsi azzal fogadta, „végre itt van, aki a helyemet átveszi ma!" Péter egész megijedt, óriási nagy kölyök, 2 méter felett és olyan mackó és nagy gyerek. A fiaim nagyon szeretik.

A zenekar mellettem volt és kérdeztem, nem tudnak-e egy magyar számot. Egyszer csak bemondták a megafonon: magyar zene következik, amit főleg az itteniek óriási tapssal fogadtak.

Madeleine nagymamája Veled egyidős, tüneményesen aranyos öreg hölgy, első perctől kezdve megszerettem. Azt mondta, ha elmegyek, „give my love to your mother" add át szeretetemet – magyarul. Mikor a táncnál elsírtam magam, megfogta a kezemet szótlanul.

A végén – itteni szokás ellenére, mindenki összevissza ölelkezett, Frici régi barátai mind könnyes szemekkel üdvözöltek. Még megvártuk, míg a fiatal pár átöltözik az útra, közben a fiúk feldíszítették a kocsijukat, itt mindenféle viccet csinálnak, írnak az ablakra, valami zörgő szerszámot kötnek a kocsira, és nagy tülköléssel elkísérik a fiatal párt. Ebben persze csak a fiatalok barátai vettek részt. – Önkénytelenül is azt motyogtam barátainknak, amit emlékszel papa mondott, hogy nem hittem, hogy ezt megérem egyszer. Később jutott eszembe, hogy ugyanazokat a szavakat használtam.

Ugye tudod, Hapsiban sok van nagypapából – a stílus érzéke, a modora, és egész úgy táncol, olyan régimódian, széles mozdulatokkal – ezért volt olyan finom és disztingvált a tánc – mindenki csak őket nézte – soha nem fogom elfelejteni. Valaki filmezett és rengeteg fényképet csináltak a fényképészek. – A végén hogy összegezzem – olyan mázlisnak érzem magam az Isten ilyen bőséges áldásával. Nem tudom, mivel érdemeltem ki. Hapsit persze nem sokat láttam – pár percig táncoltunk. [Mama] – mondta – de régen volt, mikor utoljára táncoltam Veled. Mikor kisgyerek volt, elcipeltem őt is. Mind a három fiam olyan, mint Frici, nem érzelmesek kifelé, de nagyon tudnak szeretni.

A sok ünneplés és tisztelet, ami körülvett, azt mind ők szerezték nekem, és büszke voltam a barátokra, akik Frici emlékéért jöttek el, hogy mi lett a fiúkból. Még ugyan nem készek, de remélem, ez az idő már csak elmúlik nyugodtan.

Kis Fricit kell majd segítenem, de Sharon olyan okosan vezeti, hogy talán ők is mennek valamire. Egy szalvétát teszek a levélbe, aláírva a gyerekek nevével – és majd ha elkészültek a képek, azt is küldök.

Mamuska, minden sokkal szebb és melegebb volt, mint ahogy leírtam, de azt nem is lehet leírni szóval.

Most a házat pucoljuk, és sürgetem az ügynököt az eladásra. Nincs időm sokat elmélkedni, újból jön a sok munka. Tudom, várod levelemet, és sietek feladni.

Sok sok szeretettel boldogan ölel

65. jún. 12-én

Katitok

~~~

Magyar tánc: Egy Új Dal és a „Cserki" csárdás

Egyik nagybácsink, Tarnay Alajos népszerű, romantikus csárdás dalt írt Megy a gőzös lefelé címmel. Anyánk egy, a nagybátyánkéhoz hasonló csárdás dalt kért Matt esküvőjén. Ez magyar örökségünk, kultúránk és hagyományaink folytatásának jelképe is.

A Tarnay István írta „Új Dal" egy népszerű, gyors tempójú „Cserki" lett. Lojzi nagybátyánk szerezte az eredeti szöveget és zenét. A szöveget megváltoztatták, hogy illeszkedjen családunk történetéhez. A „Cserki Csárdást" már az új magyar táncos generációnk fogja élvezni.

~~~

Megy a gőzös

Megy a gőzös külfelé
Az arany kincs a zsebébe
Barna füstje fölfelé,
Benne ül a családja,
Ki van a szeme sírva,
Ki van a szeme sírva.
Hull a könnyem, mint a zápor az arcára,
Isten veled, Magyarország utoljára.
Én már innen elmegyek
Ne feledd a nevemet,
Hogyha szeretsz engemet, engemet.

Jön a gőzös

Jön a gőzös visszafelé,
Bodor füstje fölfelé,
Barna füstje fölfelé
Benne ül a családja,
boldog a szeme sírva,
boldog a szeme sírva.
Hull a könnyem, mint a zápor az arcára,

Isten hozott engem visszafelé
Én most, máma érkezek
ismerted a nevemet
Hogy ha szeretsz engemet, engemet.

115. kép: Írta Tarnay Alajos

Tarnay István visszaemlékezései

Ha szüleink még ma is élnének, valószínűleg azt mondanák, hogy Magyarország megfeszíti, keresi önmagát. Reméljük, hogy a magyar fiatalságot egy olyan kis csoport hősies küzdelmével inspirálhatjuk, akik szerették gyönyörű országukat és annak az örökségét.

Ez a történet bemutatja kultúránkat azon a rengeteg levélen keresztül, amelyek szüleink szeretetéről tanúskodnak. A két elemi erő, a család és a haza szeretete irányította mindig útjukat. Konfliktus mindig volt kettejük között, de egymás iránt érzett szeretetük soha nem halványult el. Ez motiválta és segítette apánkat, hogy hőstetteit véghez vigye. Szüleink tudták, hogy a történelem egy fontos fejezetének alakításában vesznek részt.

Az MNB elnökének titkárnőjeként, anyánk nőként a lehető legmagasabb pozíciót töltötte be az MNB-nél. Ő volt az a nő, aki a legnagyobb befolyással volt a magyar nemzeti kincsek és az aranytartalék sikeres megmentésére. Ha apánkra úgy tekintünk, mint a történetünk Királyára, anyánk minden bizonnyal a történet Királynője.

Bár ma az arany a Forintban lehet, a nyelvben és a keresztény hitben él az a fény és csillogás, amely ezt a kultúrát életre keltette, és a Magyar Királyságot egyben tartotta több mint ezer éven keresztül. A gyökerei még mindig jelen vannak, és a ragyogás idővel visszatérhet. E könyv célja, hogy bepillantást engedjen az új generációnak, mit is jelent magyarnak lenni, így segítve a megbékélést önmagukkal és gyönyörű nyelvükkel.

Amikor azt írtam, „Ne felejts el engem, ha szeretsz... drága Magyarországom, itt vagyok. Vigyél vissza karjaidban. Szeress ismét és örökké." Ezt azért írtam, mert Magyarország lelke visszatérőben van. Ez az, amit szüleink szerettek volna. A történetüket elmesélték. Nyugodjanak békében.

~~~

Visszaemlékezés: Írta Tarnay Katalin fiainak 1965. körül

Háború sújtott bennünket, 1942 márciusától. 1944-ig [helyesebben 1944-ben] hazánkat megszállta a német hadsereg. Harmincnégy év telt el azóta. Sok mindent el is felejtettem, magatok pedig nem is tudtatok róla, hiszen csak 2-4 éves gyermekek voltatok akkoriban, nem elég nagyok ahhoz, hogy megértsétek, mennyi megpróbáltatást, szorongást és légitámadást kellet elviselni családunknak. Ti, fiaim mindezt úgy éltétek meg, hogy nem tudtátok, mi történik körülöttetek. A múlton merengve, régi levelezéseket olvasgatva és a múlt helyszínein járva, jóllehet azok megváltoztak, felidéződnek emlékezetemben a viharos idők és az emberek, akik már rég nincsenek ugyan, de valaha életünk részesei voltak. Az események nagy részét velem is elfeledtették a mindennapi teendők, ennyi idő után visszatekintve mégis körvonalazódik előttem a letűnt valóság. Lehet, hogy az élet egyszerűen ilyen és ilyen mások számára is, azzal a különbséggel, hogy mi a történelem forgatagában voltunk: háború, zűrzavar, szétválások, mind a szó igazi értelmében. Most már látom, mit lehetett volna jobban csinálni, mi az, amit én és mindannyian tévesen fogtunk föl, hiszen az egész fölkészületlenül ért bennünket, nem kaptunk tájékoztatást és csak a híresztelésekre tudtunk hagyatkozni. Vajon maguk a felelősök átlátták-e a helyzetet? Mind Isten kezében voltunk, amiből ma bátorságot, hitet és reményt kell merítenünk, hogy helytálljunk a jelenben és a jövőben. Bárhogy is lesz, Szent Pál szavait idézhetjük: „Ama nemes harcot megharcoltam", bölcsen tettük-e akkor vagy sem, nem tudjuk, csak azt, hogy LEGJOBB tudásunk szerint tettük…

~~~

2011. december 22., Mise Budapest ostromának és apánk emlékére

Budapest egy szentmise keretében ismerte el apánk hősies küzdelmét, és egyben megemlékezett Budapest ostromáról is 2011-ben. A szentmise alatt felhangzott egy Ave Maria himnusz. A himnusz szövegét írta és zenéjét szerezte Tarnay Alajos nagybátyánk 1920 körül. Liszt Ferenc kortársa és barátja volt, ő maga is híres zeneszerző. A himnuszt latinul énekelték a 2011. december 22-én Mátyás-templomban tartott szentmisén.

Ahogyan apánk írta anyánknak oly régen Budapest ostroma alatt „Minden misén imádkoznak értünk. Szólnak a harangok. Ránk gondolnak."

Consummatum Est.

Tarnay István

116. kép: Misekártya

Emlékmise

~~~

Ave Maria

Írta Tarnay Alajos

Drága szűz Anyám!
A nap alkonyán, Gyújts világot, Mária!
Jó úton halad, Szép napra virrad
Aki felett te virrasztasz, Mária.
Ha te vagy velem, Boldog éjjelem,
Béke ringat, Mária!
Ölén pihenek
S reggel áldás harmatoz be, Mária!

VÉGE

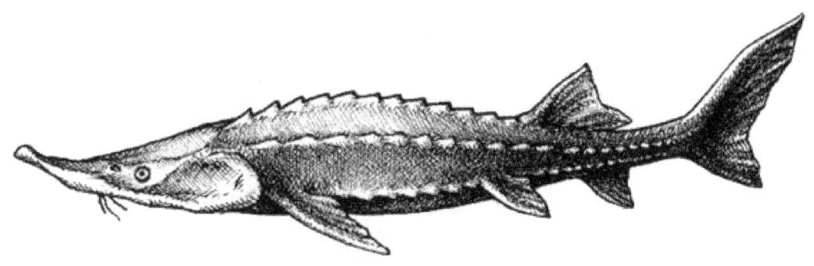

Függelék

Köszönetnyilvánítás

Lee Tarnaynak, a fiamnak, nagyanyja (Tarnay Katalin) gyászbeszédéért

Lorena Tarnay-nak, lányomnak, ihletért és bátorításért

Irén Tarnay-nak és Joe Hári-nak, feleségemnek és nevelt fiamnak, a szeretetért és támogatásukért

Erdélyi Lujzának a kézzel írt magyar levelek átiratáért

Bényi Eszternek családi anyagokhoz hozzájárulásáért

Feketéné Balogh Juditnak a fordításért és tanácsokért

Puskás Attila ügyvédnek, a jogi tanácsért

Musci Rékának a fordításért

Kiss Sándornak a fordításért

Pomozi Árpádnénak a fordításért és tanácsokért

Adam Schmidtnek a tanácsokért

Ladányi Katinak az MNB történetéért

Agnes Engelmeyernek a történelemi ismeretekért

William Lowernek a tanácsokért és a támogatásért

Puski Irénnek a tanácsokért

Tóth Attilának fordításért és szöveg-ellenőrzésért

Bathó Editnek a történelmi ismeretekért

Jankovics Rozalinnak (in memoriam) támogatásáért és a történetekért

Magyar Nemzeti Bank archívumának

Liesa Scholze-nak a német fordításért

Michael Ross-nak a lektorálásért

Daniel Hoffmannak a német fordításért

Nancy Pelosi képviselő asszonynak a bátorításért és támogatásért

Cythis Bechtnek a Loyola Marymount Egyetemről az archívumokért és a történelmi ismeretekért

Stephen Újlakinak a LMU Dean of Film and Television-ból a lektorálásért és tanácsokért

Dr. Vásáhelyi Juditnak a budapesti Széchenyi Nemzeti Könyvtárból

Mary M. Hedge szerkesztőnek

Francie Hedge-nek a Musical Illustrations-tól

Vapreszán Krisztinának a fordításért

Dr. Horváth János parlamenti képviselőnek, a Budapesti Nemzeti Örökségtől

Balázs Vaszkun a fő angol-magyar fordító

Cserepi Judit, angol-magyar fordítás ellenőr

Dr. Jim Doti, a Chapman University elnöke, könyvajánló

Barack Obama és Michelle Obama, elismerésért és támogatásért

Judit Cseres, angol-magyar fordítás felülvizsgálat

Réka Szemerkényi magyar nagykövet az Egyesült Államok, a könyv elismeréséért és bátorításért.

Szapáry György, magyar nagykövet az Egyesült Államokban, a könyv elismeréséért és bátorításért.

Különleges elismerés

Tarnay Istvántól a felesége, Mary Hedge-Tarnay (1925-2016) felé az ő feltétel nélküli szeretetéért, lelkesítéséért és támogatásáért, melyek nélkül ez a könyv nem született volna meg.

117. kép: Mary Hedge Tarnay

Drága Úristen!
Írta Tarnay István

Te megáldottál minket a Mária életével
A Te hasonlatosságodra,

és ő utolsó lehelletéig a Te nevedet dicsérte.
Fogd meg hát Mária kezét, és vezesd be őt
a Te mennyei dicsőségedbe most és mindörökké!

Az események időbeli sorrendje

1932. Apánk, Tarnay Frigyes (eredetileg Puschmann Frigyes) az MNB-nél kezd dolgozni.

1932. Anyánk, Tarnay Katalin az MNB-nél kezd dolgozni.

1938. február 13., szüleink esküvője.

1939. A II. világháború kezdete (szeptember 1-én Németország megtámadja Lengyelországot).

1943. Apánkat előléptetik az MNB Valuta és Klíring Osztály osztályvezetőjévé.

1944. március 19., Leopold Scheffler német biztost nevezik ki az MNB aranytartalékának és személyzetének Németországba való költöztetésének irányítására. Németország megszállja Magyarországot.

1944. október 15., Németország átveszi az irányítást Magyarország felett. A Nyilaskeresztes Párt Temesváryt nevezi ki az MNB élére. Jankovics László az MNB ügyvezetője lesz.

1944. november 12., a Bank Veszprémbe költözik. Magukkal viszik Szent István koronáját.

1944. december 4., a Szent István koronájának őrzésével megbízott személyzetet elválasztják a veszprémi MNB-től.

1944. december 5., vasárnap, Jankovics feljegyzése Schefflerről és apánkról. Apánk és Scheffler elhagyják Budapestet.

1944. december 7., Scheffler és apánk megérkezik Veszprémbe.

1944. december 8., péntek, az első vonat elindul Veszprémből Fertőbozra.

1944. december 15., péntek, a Bank üzleti részlege teherautóval Veszprémből Sopronba költözik.

1944. december 25., karácsony a vonaton Fertőbozban.

1945   január 15., Egyezmény aláírása az MNB és a németek között az MNB-s arany őrzésére.

1945.   január 17., az első vonat elindul Spital am Pyhrnbe Fertőbozról tele bankjegyekkel és élelmiszerrel.

1945.. január 20., Scheffler utasítása a fertőbozi vonat indulására.

1945.   január 22., a második vonat is elindul Spital am Pyhrnbe Fertőbozból arannyal tele.

1945.   március 30., Nagypéntek, Magyarország utolsó darabját is elfoglalja a Vörös Hadsereg.

1945.   május 4., apánk útja a német vonalak mögé, hogy felvegye a kapcsolatot az amerikaiakkal Salzburgban.

1945.   május 7., a német SS utolsó kísérlete az arany elrablására Spital am Pyhrnben.

1945.   május 7., az amerikaiak megérkeznek Spital am Pyhrnbe és megmentik az aranyat.

1945.   május 8., a II. világháború vége az európai hadszíntéren.

1945.   június, Az MNB személyzet Frankfurtba utazik az arany amerikaiakkal való leltározásra.

1945.   november. Apánk visszatér Frankfurtból.

1946.   július. Az arany visszakerül Magyarországra.

1946.   augusztus., Családunk Innsbruckba megy Spital am Pyhrnből.

1948.   november 13., Családunk menekültként támogató levelet kap New Yorkból, McLeantől.

1949.   július 15., Családunk Innsbruckból, Ausztriából az Egyesült Államokba indul.

1949.   augusztus 12., Megérkezünk Bostonba, az Egyesült Államokba.

1957. március 18., Apánk 51 évesen meghal az 1956-os forradalmat követően.

1984. február 4., A német biztos, Leopold Scheffler meghal.

2005. december 26-án Anyánk elhuny 97 éves korában.

Háttér - Családtörténet

Apánk ifjabb Puschmann Frigyesként született 1906. január 25-én Magyaróváron. Édesapja idősebb Puschmann Frigyes, magyaróvári főállatorvos, édesanyja Steiner Aranka, háztartásbeli és szintén állatorvos. Puschmann Frigyes szülei Puschmann Ignatius és Mészáros Amália voltak a híres Mészáros családból. Lentebb látható a családi címer. Steiner Aranka édesapjának, a mi dédnagyapánknak két testvére volt, akik papok voltak; a fiatalabb Steiner Fülöpből érsek lett. Családunk nevét a német megszállás után 1942-ben biztonsági okokból Puschmannból Tarnayra változtattuk.

Anyánk szülei Tarnay Kálmán, jászberényi királyi miniszteri tanácsos, és Tótth nagymama Révfülöpről. Ő örökölte a híres balatoni nyári Tótth villát, amelyet a levelekben is emlegetnek. Nagyapánk testvére Tarnay Alajos híres zongorista, zeneszerző és tanár volt a híres budapesti Zeneakadémián 25 éven keresztül.

A Tarnay név 1848-ból ered, amikor Jászberényben Taczmann István és felesége Szalay Krisztina felvette családnévként. A Taczmann család a magyar Tarnayra változtatta nevét. A név a Jászberény melletti Tarna patak nevéből ered.

A szüleink ifjúságának nagy része I. Ferenc József királysága idejére esik.

Ez az időszak képviseli az igazi Kárpát Magyar kultúrát, a magyar nyelvet és hitet, melynek ábrázolása megvan ebben a könyvben.

118. kép: Puschmann címer: A Mészáros család címere apánk részéről. Dédanyjának lánykori neve Mészáros Amália.

PUSCHMANN CSALÁDFA

1736 - PUSCHMANN JÓZSEF = BENKNER REBECCA
Leichtenstein *Besztercebánya*

1773 - PUSCHMANN JÓZSEF II = WEINMANN ELIZABETH
Besztercebánya *Besztercebánya*

1806 - PUSCHMANN IGNATUS = KELLNER CECILIA
Besztercebánya

1841 - PUSCHMANN GYULA = MÉSZÁROS AMÁLIA
Kismarton

1872 - PUSCHMANN FRIGYES = STEINER ARANKA
Magyaróvár *Magyaróvár*

1906 - PUSCHMANN ELMER FRIGYES (TARNAY-1942) = TARNAY KATALIN
Magyaróvár *Budapest*

TARNAY B. FRIGYES — TARNAY A. ISTVÁN — TARNAY G. MÁTÉ
Budapest *Budapest* *Budapest*

119. kép: Taczmann (Tarnay) címer anyánk oldaláról

TARNAY CSALÁDFA

- TACZMANN MIHÁLY = PESTI KLÁRA
- 1777 - TACZMANN (TARNAY) ISTVÁN = SZALAY KRISZTINA
  Jászberény — *Jászberény*
- 1825 - TARNAY ALAJOS = MERTSE ILONA
  Jászberény
- 1878 - TARNAY KÁLMÁN = TÓTTH MÁRIA — TARNAY ALAJOS II
  Jászberény — *Hedgyesd* — *Jászberény*
- 1938 - PUSCHMANN (TARNAY - 1942) E. FRIGYES = TARNAY KATALIN — TARNAY ZSUZSANNA
  Magyaróvár — *Budapest* — *Budapest*
  - TARNAY B. FRIGYES — TARNAY A. ISTVÁN — TARNAY G. MÁTÉ
    Budapest — *Budapest* — *Budapest*

A család kezdeti évei Magyarországon

120. kép:Puschmann Frigyes és nagyanyánk, Puschmann (Steiner) Aranka Mosonmagyaróváron, Magyarországon.

121. kép: Apánk a jobb oldalon és testvére Ödi 1914 körül Mosonmagyaróvár mellett, Magyarországon.

122. kép: Apánk családja rádiót hallgat 1920 körül. Apánk, testvére Ödi, nagyapánk, ifj. Puschmann Frigyes és nagyanyánk, Puschmann (Steiner) Aranka. Mosonmagyaróvár, Magyarország.

123. kép: Apánk vadászat során 1925 körül..

SZABADSÁG, SZERETET, ARANY

„Puschmann Frigyes Úr. Született
1906. január 22-én a magyarországi Magyaróváron, a magyarországi
Mosonszentmiklós illetékességi területén, tanulmányait a Világkereskedelmi
Főiskolán az 1924/25, 1925/26, és 1926/27 -es tanévekben sikeresen elvégezte, majd
a záróvizsgákat sikerrel teljesítette a Kereskedelmi, Feldolgozóipari és Szállítási
(kereskedelmi) Minisztérium és ezzel egyetértésben a Szövetségi Oktatási
Minisztérium kijelölt vizsgabiztosa előtt."

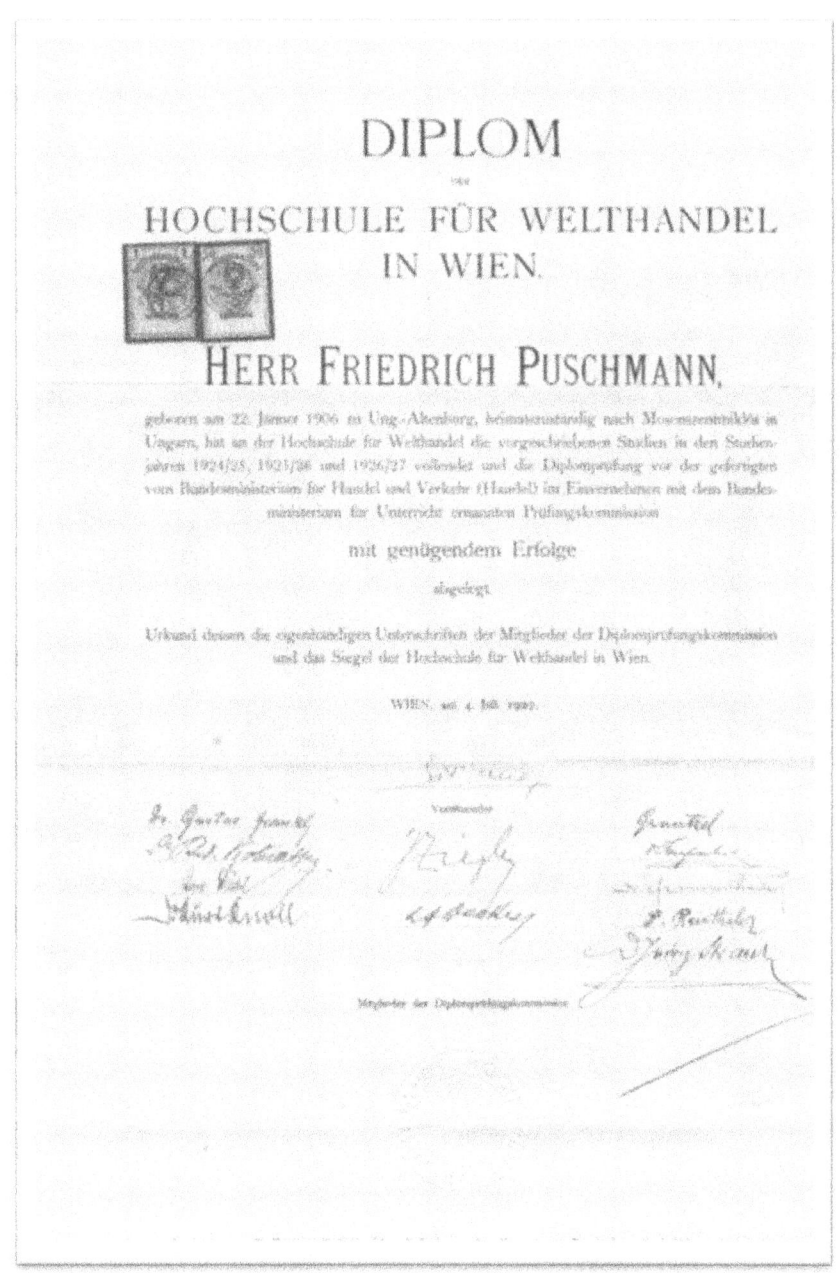

124. kép: Tarnay E. Frigyes diplomája Bécsből

125. kép: Katolikus bál a híres Vigadóban Budapesten, 1936-ban. Apánk az asztal jobb végén az előtérben. A háttérben atillát viselő férfiak.

126. kép: Jászberény vezetőinek találkozója Tarnay Károly villájában 1900 körül.

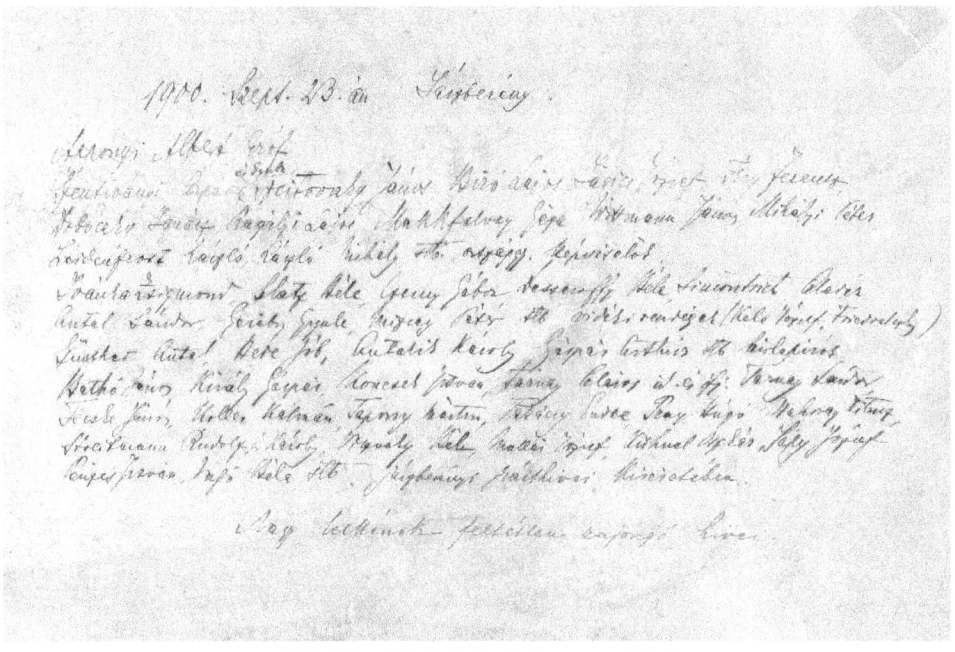

127. kép: A kép hátoldala a nevekkel

128. kép: Tarnay Alajos (1825-1908) anyai ükapánk.

129. kép: 1915 körül, családi összejövetel a Tarnay villánál és szőlőnél Révfülöpön.

~~~

130. kép: Családi összejövetel, részlet (nagyítás)

131. kép: Teniszverseny a budapesti Margit-szigeten. Sok MNB-s összejövetelt tartottak a Szigeten.

132. kép: MNB-s bankett a Ritz Hotelben a Dunapalotában, Budapesten. A Ritz a Lánchíd mellett volt, amelyet a II. világháborúban lebombáztak. Apánk jobbról az első. A Dunapalota népszerű volt az MNB-s dolgozók és családjaik körében.

~~~

133. kép: 1940 körül, anyánk az íróasztalánál dolgozik az MNB elnökének titkárnőjeként

Házassági engedély

Mivel mindketten az MNB-nél dolgoztak, engedélyre volt szükségük ahhoz, hogy összeházasodjanak

~~~

P u s c h m a n n Frigyes urnak,
A Magyar Nemzeti Bank felülvizsgálója,

<u>Budapest</u>

Múlt hó 25-én kelt beadványával előadott kérelmére a Magyar Nemzeti Bank hozzájárulását adja ahhoz, hogy Ön Tarnay Katalin úrleánnyal, Dr. Tarnay Kálmán nyug. m.kir. ministreri tanácsos és neje szül. Tótth Mária leányával házasságra léphesssen.

A házasságkötésről szóló anyakönyvi kivonatot, másolat kíséretében, annakidején szolgálati helye útján a Bank üzletvezetőségéhez fel kell terjesztenie.

Budapest, 1938. évi február hó 9-én.

Aláírás BARANYAI - az MNB elnöke

~~~

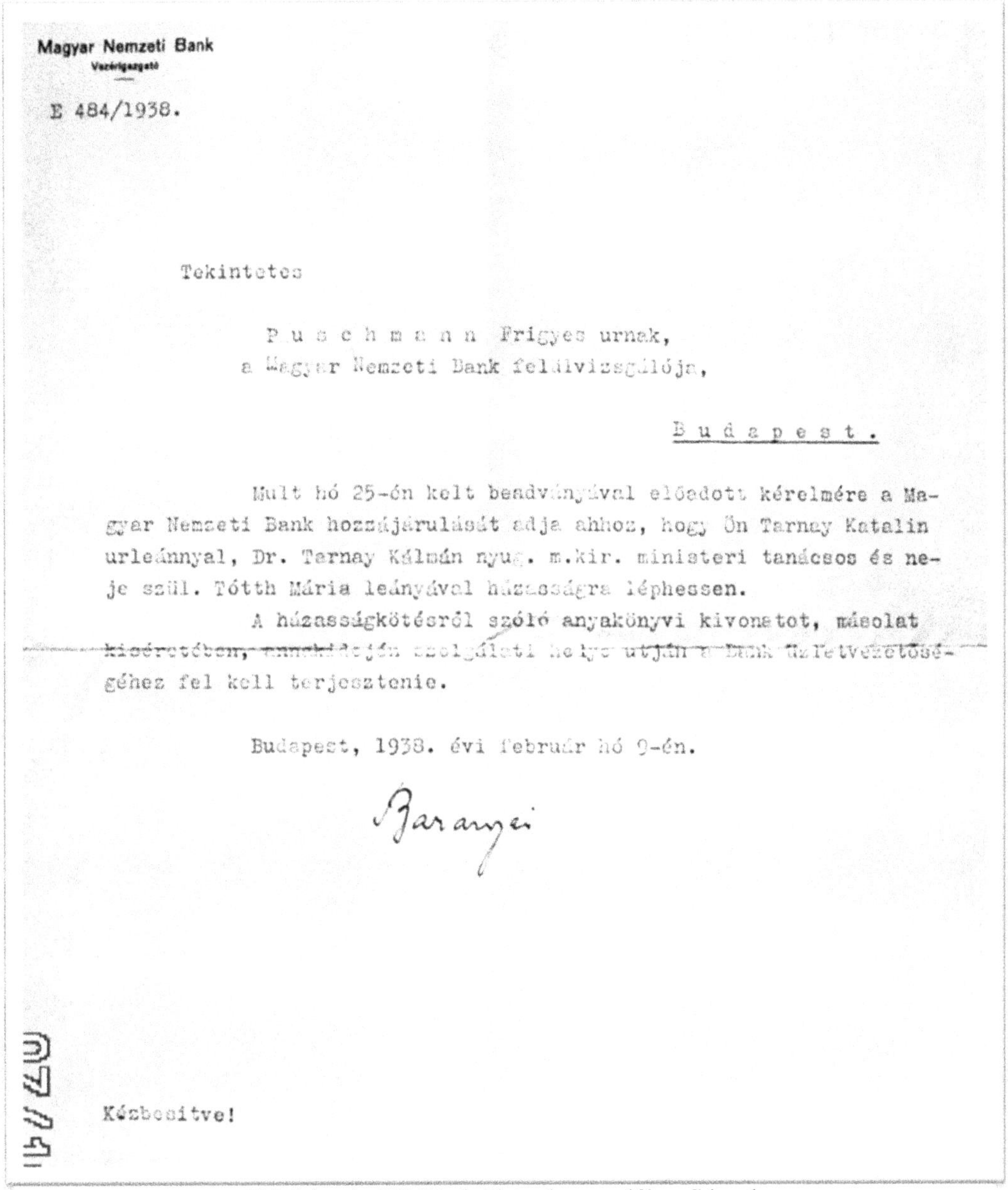

Magyar Nemzeti Bank
Vezérigazgató

E 484/1938.

Tekintetes

P u s c h m a n n Frigyes urnak,
a Magyar Nemzeti Bank felülvizsgálója,

B u d a p e s t.

Mult hó 25-én kelt beadványával előadott kérelmére a Magyar Nemzeti Bank hozzájárulását adja ahhoz, hogy Ön Tarnay Katalin urleánnyal, Dr. Tarnay Kálmán nyug. m.kir. ministeri tanácsos és neje szül. Tótth Mária leányával házasságra léphessen.
A házasságkötésről szóló anyakönyvi kivonatot, másolat kiséretében, annakidején szolgálati helye utján a Bank üzletvezetőségéhez fel kell terjesztenie.

Budapest, 1938. évi február hó 9-én.

Baranyai

Kézbesitve!

134. kép: Az MNB elnökének engedélyező levele

135. kép: 1938. február 13., szüleink esküvője Budapesten az Árpád Alsóvízivárosi Szent Erzsébet templomban. 1687-ban alapították.

136. kép: Szüleink kilépnek Budapesten az Árpád Alsóvízivárosi Szent Erzsébet templomból. 1687-ban alapították.

Zsuzsi nénénk

~~~

Ezért a könyvért nagy köszönettel tartozunk nagynénénknek, Tarnay Zsuzsannának, aki könyvtárosi szakmájának köszönhetően összegyűjtötte és megőrizte a dokumentumok, levelek és képek jó részét, amely e történet megírását lehetővé tette.

Tarnay Zsuzsanna anyánk testvére volt. Könyvtárosként dolgozott az MNB-ben 1939. május 16-tól 1946. augusztus 31-ig. Szerepelt az 1944-es személyzeti állomány listán. Ausztriából, Spital am Pyhrnből visszatért Budapestre nagyszüleinkkel együtt.

Nem engedélyezték, hogy folytassa munkáját az MNB-ben, és állandó felügyelet alá helyezték. Otthonát nagyszüleink házához hasonlóan államosították. Halálukig gondoskodott nagyszüleinkről.

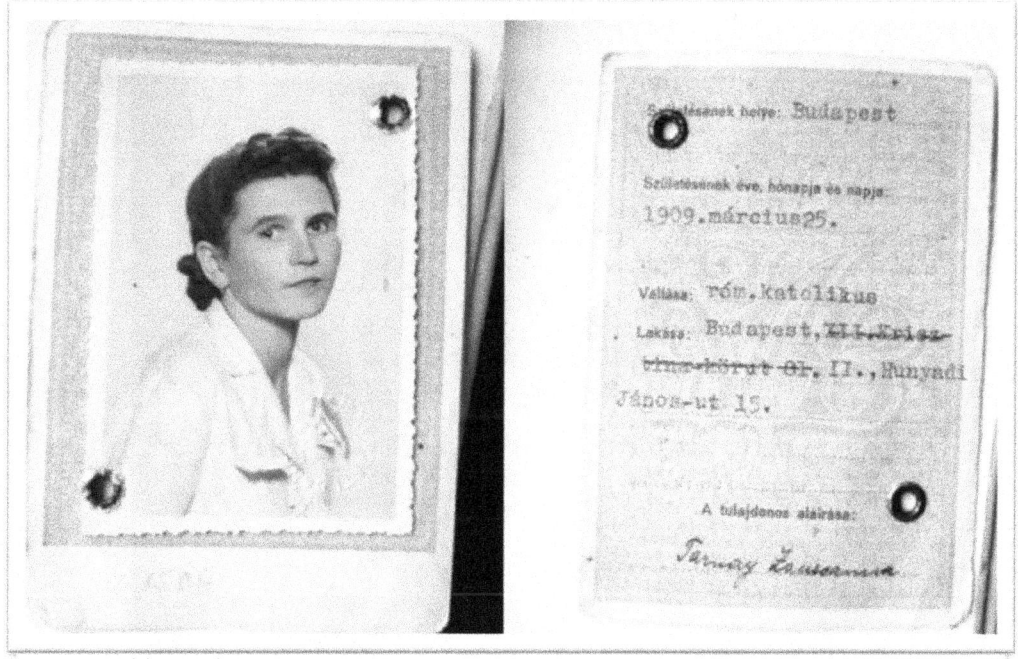

137. kép: Tarnay Zsuzsanna MNB-s személyzeti igazolványa, mint az MNB könyvtárosa

~~~

138. kép: Zsuzsa nénénk dunai tokhal kitűzője (Tarnay István fotója)

~~~

139. kép: I. Ferenc József első osztályú háborús polgári Kereszt (1915-1918). A kitüntetett a Tarnay E. Frigyes nagyapja. Díj megkülönböztetett szolgáltatásért kiemelkedő buzgalommal és

1944, révfülöpi emlékek

Írta Tarnay B. Frigyes (a fia)

Révfülöp a legbékésebb hely, amire csak emlékszem. Hat éves voltam, amikor elhagytuk, de mindig úgy gondoltam rá, mint arra a helyre, ahol felnőttem. A Balaton mellett elhelyezkedő, a vízig ereszkedő szőlők, az őszibarack, a sárgabarack, a virágzó mandulafák és a szüretre érett szőlők; a hatalmas ablakokkal körülvett, a vízen felkelő napra néző verandás ház még mindig megmelengeti a szívem. Ez még mindig az otthonom. Nagyszüleink háza volt, amelyhez 8 hold föld tartozott. A házat nagymamám ősei, a Tótthok építették, és ők ültették a szőlőt is. Nagyapa változtatott néhány dolgon, és hozzátoldott a melléképülethez, sőt a gyümölcsöst is ő ültette.

A háború és a városi életben rejlő veszélyek miatt szüleink elvittek minket Budapestről, hogy a várostól 96 km-re Nyugatra éljünk. Az iskolát Budapesten kezdtem, de a dolgok úgy alakultak, hogy átírattak a révfülöpi általános iskolába. Nem emlékszem, hogy hányadik osztályos voltam, de arra igen, hogy a négyes számot sok százszor írtam a palatáblámra.

Apám vonattal vagy autóval járt a városba, de néha budapesti lakásunkban maradt hétköznap, és csak a hétvégén jött vissza...

Nagyszüleink gondoskodása és figyelme mellett cseperedtünk. Nagypapa és én a városba mentünk hajat vágatni és utána citromos gyümölcsfagylaltért. Keresztül sétáltunk a szőlőkön, miközben a szőlőről beszélt és arról, hogy honnan tudjuk az érettségét ellenőrizni.

Átsétáltunk a telket szegélyező, tavat övező fák között, és megmutatta, hogyan kell zöld mogyoróvesszőből sípot készíteni, amelyre a mai napig emlékszem. Veszel egy 2 hüvelyknyi hosszú darabot, fellazítod a kérgét és lehántod a fáról. Készítesz egy lapos bevágást a levegőnek, egy bevágást a sípnak, és aztán visszahajtod a kérget. Nyisd szét ott, ahol a bemetszetted.

Emlékszem a bicskájára, amivel beoltotta a szőlőt. Zsuzsi eltette ezt nekem; még mindig használom néha a kertben. Segítettem nagymamának borsót fejteni és a víz melletti nagy cseresznyefáról szedett cseresznyét kimagozni. Valamit mindig kellett csinálni a szőlőben, de az igazi nagy esemény a szüret volt nyár végén.

Nagypapának volt egy kicsi fa vödre, amely hátra csatolható volt, amit nekem készíttetett, a szüretelők igazi teljes méretű puttonyához hasonló, hogy abba lehessen szedni a szőlőt. Együtt dolgoztam a férfiakkal, akik a szőlőt szüretelték és akik a teli puttonyt hordták a szőlőpréshez. Megkóstoltuk a présből kifolyó illatos szőlőlevet. Amikor a nagy boroshordók üresek voltak, nagypapa elküldött, hogy másszak bele a hordóba és súroljam a belsejüket tisztára. A tetejükön volt egy nagy nyílás, amelyen keresztül befértem.

Nem voltak teheneink, de a szomszédunknak volt egy csordája, ezért minden reggel hoztam tejet és tejszínt. Nagymama mindig adott ilyenkor egy vajköpülőt. Én köpültem a vajat, de nem szerettem csinálni, mert unalmas volt.

Az őszi szüret a téli készülődés ideje is volt. Nagymama a kinti hatalmas tűzhelyen szilvalekvárt főzött. Egy hatalmas fakanállal keverte lassú tűzön, amelyet szintén Zsuzsi tett el nekünk. (Még megvan.) A lekvárt üvegekbe rakta, és egy részét más szükséges árucikkre cserélte.

Volt disznónk, bárányunk, csirkénk, libánk és kecskénk. Disznót ősszel vágtunk, bárányt pedig tavasszal húsvét előtt. Segítségre is szükségünk volt a jószágok tisztításánál és a vágásnál. A szomszédok segítettek, és cserébe megkapták a vágás egy részét. A disznó minden részét felhasználták valamire. A tisztított bélből kolbász készült.

Minden nagy mennyiségben készült eladásra, és hogy egész télen kitartson. A konyha tele volt szomszédasszonyokkal, akik kenyeret és meggyes rétest készítettek. Egy nagy asztalt állítottak fel a konyha közepén. Az asszonyok minden oldalról addig húzták a papírvékony rétestésztát, míg beborította az asztalt. A asszonyok rengeteget beszéltek, és emlékszem, nagyon hangosak voltak. Azután cukrot, vajat, meggyet és fűszert szórtak a tésztára, és hosszú csíkokba tekerték fel. Ilyenkor nagymama egész konyhája nagyszerűen illatozott. Fatüzelésű sütője és tűzhelye volt.

Kiválasztottak egy libát a közelgő karácsonyra és elkezdték tömni. Gabonát tömtek le a torkán, amíg a bendője tele nem lett. Ezt karácsonyig folytatták, amikor megsütötték és feltálalták.

Egyik nap apánk meglátott egy menyétet a farakásban, hozta a puskáját és lelőtte. Néhány gyümölcsfa annyi madárral volt tele, hogy szinte alig lehetett látni a leveleket. Apa ekkor elsütötte a puskát, és a madarak leestek. Ekkor használtam először puskát életemben. Nem kellett sokat célozni, csak egyenesen a fára. A föld tele lett madarakkal, amelyeknek eltemetett teteme a fákat táplálta a következő évben.

A szőlőhöz és a tanya fenntartásához szükséges eszközöket és dolgokat a melléképületben tartottuk. Az épület egy része Gongáé volt. Gonga csak a beceneve volt, az igazi nevét soha nem is ismertem. A nagyszüleim tulajdonképpen akkor vették már magukhoz, amikor nagykorú volt, azután, hogy megárvult. Mindössze ez az, amit tudtunk róla. Dolgozott a földeken, és segített a nagyszüleimnek a takarításban, varrásban és főzésben. A melléképületben két kis szobája volt, egy háló és egy olyan nappali féle. Makulátlan volt, a falak pedig fehérek voltak. Az egerektől egy szelet kenyér és a beléje tuszkolt üvegtörmelék keverékéből készített gyurma segítségével szabadult meg, amit az egérlyuk mellé rakott. Körülöttünk, gyerekek körül is segített, szerető dada volt. Gonga nem sokkal azután halt meg, hogy nagymama elhunyt.

Kedvenc időtöltésünk volt lemenni a tóhoz. Mindig is imádtuk a vizet, azt hiszem, ez mint gyerekekbe, belénk ivódott. Csak egy rövid sétányira volt a telek mögötti úton.

Minden családnak megvolt a maga stégje a homokos parton. Pancsoltunk, csobbantunk és majdnem megtanultunk úszni. A szomszédokkal beszélgettünk, és a nap nagy részét a víznél töltöttük.

A barátainknak volt csónakjuk, amivel vitorlázni vittek minket. A Balatont átszelő komp nem messze állomásozott. Néha csak mentünk vele egyet a szórakozás kedvéért.

Apa egyik hétvégén hozott nekem egy piros játékrepülőt. A veranda lépcsőjéről lőttük fel, átrepült a szőlő felett, de sajnos olyan szerencsétlenül esett le, hogy nem lehetett megjavítani...

~~~

1946. január 29. Az MNB korábbi elnökének, Stephen Cottely-nek helyesbítő jelentése

Stepehen Cottely apánkkal együtt vett részt az amerikaiakkal az arany leltározásában 1945 nyarán és őszén. Stephen Cottely megírta visszaemlékezéseit az MNB magyarországi meneküléséről és az arany megmentéséről. Cottely ezt a jelentést Torzsay-Bibernek írta, aki Spital am Pyhrnben az ügyvezető elnök volt.

Frigyes a következő helyesbítést írta Richard Quandt, nyugalmazott MNB elnök részére, akit az amerikaiak neveztek ki az MNB vezetésére és a MNB tulajdonának megőrzésére. A Bank hivatalosan visszaköltözött Magyarországra, azonban jogos tulajdonát még mindig nem adták vissza. Ez körülbelül 1945 novemberében történt, miután Torzsay-Biber MNB elnököt Budapesten börtönbe vetették.

Apám Schefflerrel együttműködve képviselte a Bankot. Ebben a dokumentumban tisztázza Leopold Scheffler pozícióját és szerepét a Bankban.

Scheffler nyíltan szembement a Nyilaskeresztes Párt MNB elnökével, Temesváryval és más német hatóságokkal, akik az aranyat Németországba akarták szállítani. Scheffler mint az arany és a személyzet kezelésével megbízott biztos engedélyezte, hogy a személyzet a vonattal együtt Veszprémből Spitalba menjen. Az osztrák hatóságok Scheffler tárgyalásai nyomán jelölték ki Spitalt az arany és a dolgozók elhelyezésére.

Frici elmeséli azokat az eseményeket, amelyek a MNB rendeltetési helyének Vorauról Spital am Pyhrnre való változtatásakor történtek Veszprém elhagyása után. Egy nagyon fontos helyesbítésben Frici leírta, hogy Scheffler német katonák segítségét vette igénybe a vonat megrakodásához, hogy a vonat időben elinduljon Veszprémből. A német katonákat az MNB fizette.

~~~

1946. január 29.

Megjegyzések a „Felterjesztéshez", mint igazoló jelentéshez.

A „Feltejesztésnek", mint igazoló jelentésnek az elkészítését és továbbítását nem tartom időszerűnek és célszerűnek, mert nem tudjuk, ki mivel vádol, és így csak feltételezett vádlóval és váddal szemben védekezünk.

Ettől függetlenül szükségesnek tartom a Bank menekítésének történetét, különös tekintettel a kijövetelt kényszerítő körülményekre, minden érzelmi és szubjektív szemponttól mentesen, pusztán a száraz tényeket lerögzítve leírni, hogy az szükség estén bármikor redelkezésre álljon. Okvetlenül szükségesnek tartom továbbá, hogy ez a leírás Quandt ny. Vezérigazgató úrnak, mint a Bank kirendelt vagyongondnokának átadassék a saját és esetleg mások tárgyilagos tájékoztatása végett.

Észrevételeimet tehát ebből a szemszögből nézve teszem meg, hangsúlyozva, hogy csak azokhoz az eseményekhez szólok hozzá, amelyeket szolgálati beosztásomból kifolyólag ismerek.

Általánosságban a „Felterjesztés" törekszik ugyan a tárgyilagosság látszatára, mégis sűrűn át van szőve szubjektiv és érzelmi momentumokkal, amelyek a benyomást kelthetik, hogy a dolgok leírása bizonyos beállításban igyekszik visszatükrözni az eseményeket. Erősen mosakodás íze van annak, hogy apró jelentéktelen események és incidensek sorát írjuk le, és ebből vonunk le kényszerítő következtetéseket.

7.old. Schefflernek kétségtelenül nemcsak az értékek, hanem megfelelő személyzet áttelepítésére is volt megbízatása, tehát nemcsak az értékek érdekelték őt. Kezdetben a Bank adatai alapján 250-300-as létszámú keretet vett tudomásul, és intézkedéseit és jelentéseit ezen az alapon tette meg az illetékes német hatóságok felé. A későbbi létszámemeléseket tehát nem elvi, hanem gyakorlati okokból nehézményezte, mert attól tartott, hogy ez a Bank elhelyezését meg fogja nehezíteni. Nem tárgyilagos tehát az a beállítás, mintha az elnökkel együtt a minél kisebb létszám híve lett volna. Erre rácáfol az a tény, hogy a Bank szorgalmazására - az elnök álláspontjával szemben – a keret lényeges bővítéséhez hozzájárult, és az Ausweiseket kiállította, holott kétségtelenül móndjában lett volna ezt kereken megtagadni. Ezt azért tarton szükségesnek megemlíteni, mert német részről a kényszer nemcsak az értékek menekítése, hanem megfelelő számú személyzet áttelepítése tekintetében is megnyilvánult, amit azt hiszem nem lehet figyelmen kívül hagyni. A Szlovák Nemzeti Bankot pl. kitelepítették annak dacára, hogy tudomásom szerint aranykészletük úgyszólván semmi sem volt. Amikor múlt év februárjában hivatalos úton Pozsonyban voltam, dr Virsik, a Szl. Nemzeti Bank igazgatója, panaszkodva közölte velem, hogy a németek az áttelepítést elrendelték, és bár lényesebb értékkészletük nincs, a parancsot teljesíteniök kell.

9.old. A III. fejezet bevezetése helyett az alábbi szöveget javasolom: az eredeti szöveg ugyanis Scheffler csaknem rendszeres Banknál /?/ való tartózkodásából /?/ és egyéb magatartásából következtet arra, hogy érdeklődött az arany iránt. Erre a feltevésre és következtetésre véleményem szerint nincs szükség, mert köztudomású volt, és ő maga is kijelentette, hogy a Bank és vele az arany áttelepítése a feladatai közé tartozik. A német hatóságok előtt, amikor a Bank áttelepítésével kapcsolatban eljárt, mindig úgy mutatkozott be, mint „der deutsche Betreuer der Ung. Nat. Bank". Gyengítjük tehát a német kényszer megnyilvánulását, amikor csak ilyen külső jelenségből kiindulva következtetünk Scheffler szerepére.

„A Bank értékeinek megtartása és megóvása szempontjából az országos kiürítési kormánybiztosság felszólalásán kívül nem kevésbbé fenyegető volt az az érdeklődés értékeink iránt, amelyet a Magyarországot megszállva tartó katonai és polgári hatóságok tanúsítottak."

Az 1944. március 19.-i események után a német kormány a magyar-német gazdasági kapcsolatok rendezése és a magyar gazdasági élet ellenőrzése céljából dr Boden személyében állandó gazdasági megbízottat rendelt a magyarországi német meghatalmazott és követ mellé. Ennek a megbízottnak a törzséhez tartozott Scheffler Reichsbankigazgató, akinek feladata volt a magyar-német fizetési forgalommal kapcsolatos ügyek intézése, a Magyar Nemzeti Bank működésének szemmeltartása és később a Bank áttelepítésének a lebonyolítása. Ez utóbbi minőségében az érckészlet mielőbbi menekítését állandóan sürgette, mert minden más német hivatalos hely megnyilatkozásával szemben a harctéri helyzet gyors megromlásának bekövetkezésétől tartott.

„Amikor a Bank a működését Veszprémbe helyezte át, Scheffler törzsétől elválva /ez Sopronbánfalva mellé tette át székhelyét/ 1944. December 7-én Veszprémbe költözött át. A város ekkor már fenyegetett helyzetben volt. <u>Aznap jelentek meg stb.</u>"

A tisztviselők a rakodásnál derekasan dolgoztak, de kimerültek. Ezért a Bank napszámosokat is fogadott, és magyar katonaság segítségét kérte, majd amikor a rakodás üteme mégsem érte el a kívánt mértéket, felmerült a gondolat, hogy nem lehetne-e német katonaság segítségét kérni. Scheffler ezt a segítséget meg is szerezte. A Bank vezetősége a német katonáknak fejenként és naponként 100 pengőt és ½ kg zsírt utalt ki. Ez a jutalmazás kétségessé teszi azt, mintha a német katonaság önkényesen és erőszakosan avatkozott volna be a kiürítésbe.

<u>12. old.</u> Endre László kivel közölte, hogy a szerelvénynek este 7 óráig el kell hagynia az állomást?

Hiányzik a felterjesztésben annak a megemlítése, hogy a Külügyet az elnök útján feljegyzés formájában megkerestük az államközi szerződés megkötésére. Ennek szövege melléklendő volna, mert felterjesztés csupán állítja, hogy az elnök ezzel a kérdéssel nem törődött, de ezt semmivel sem bizonyítja. A Külügy – bár az elintézés megsürgetésére a Bank az elnököt felkérte – erre a feljegyzésre nem válaszolt, és a Bank semmiféle elintézést nem kapott. Ezért a Bank maga vette kezébe az ügyet, és a pénzügyminisztert kérte fel, hogy Boden útján a szerződést hozza létre.

Célszerűnek tartanám Tornay igh. és Bethlen e. kirchdorfi és a magam salzburgi útjával kapcsolatban megemlíteni, hogy ebben a vállalkozásban Tuboly e. és Sipos gépkocsivezető is résztvettek, egyrészt azért, mert mint tanúk a vállalkozás megtörténtét és lefolyását igazolhatják, másrészt, mert a vállalkozás kockázatát ők is vállalták.

A 27. oldalon a szöveg javítandó volna: Tornay és Bethlen nem Linzbe, hanem Kirchdorfba utaztak, ami helyes is volt, mert tudomásom szerint az amerikaiak hamarabb érték el, mint Linzet. A következő bekezdés negyedik szava „mindketten"helyett „mindhárman" szót kell helyezni.

A Felterjesztés nem mutat rá azokra az erőfeszítésekre, amelyeket a Bank abban az irányban tett, hogy amikor Varau nem bizonyult megfelelőnek, a Bank olyan helyre kerüljön, ahol az értékek a személyzettel együtt maradhassanak. A legfelsőbb német hatóságok már úgy döntöttek, hogy a Bank értékei és a személyzet külön helyeztessenek el, ezzel szemben sikerült a Banknak Schefflert is olyan irányban befolyásolnia, hogy az ausztriai hatóságoknál igyekezzék olyan telephely kiutalását elérni, amely a Bank érdekeinek megfelel. Célszerű volna tehát Spitalnak, mint végleges telephelynek a megszerzésére vonatkozó eseményeket és adatokat is leírni.

A leírás teljességéhez tartozna Sopron, a fiókok és a veszprémi nyomda menekítésének története is.

Spital am Pyhrn, 1946. január 29.

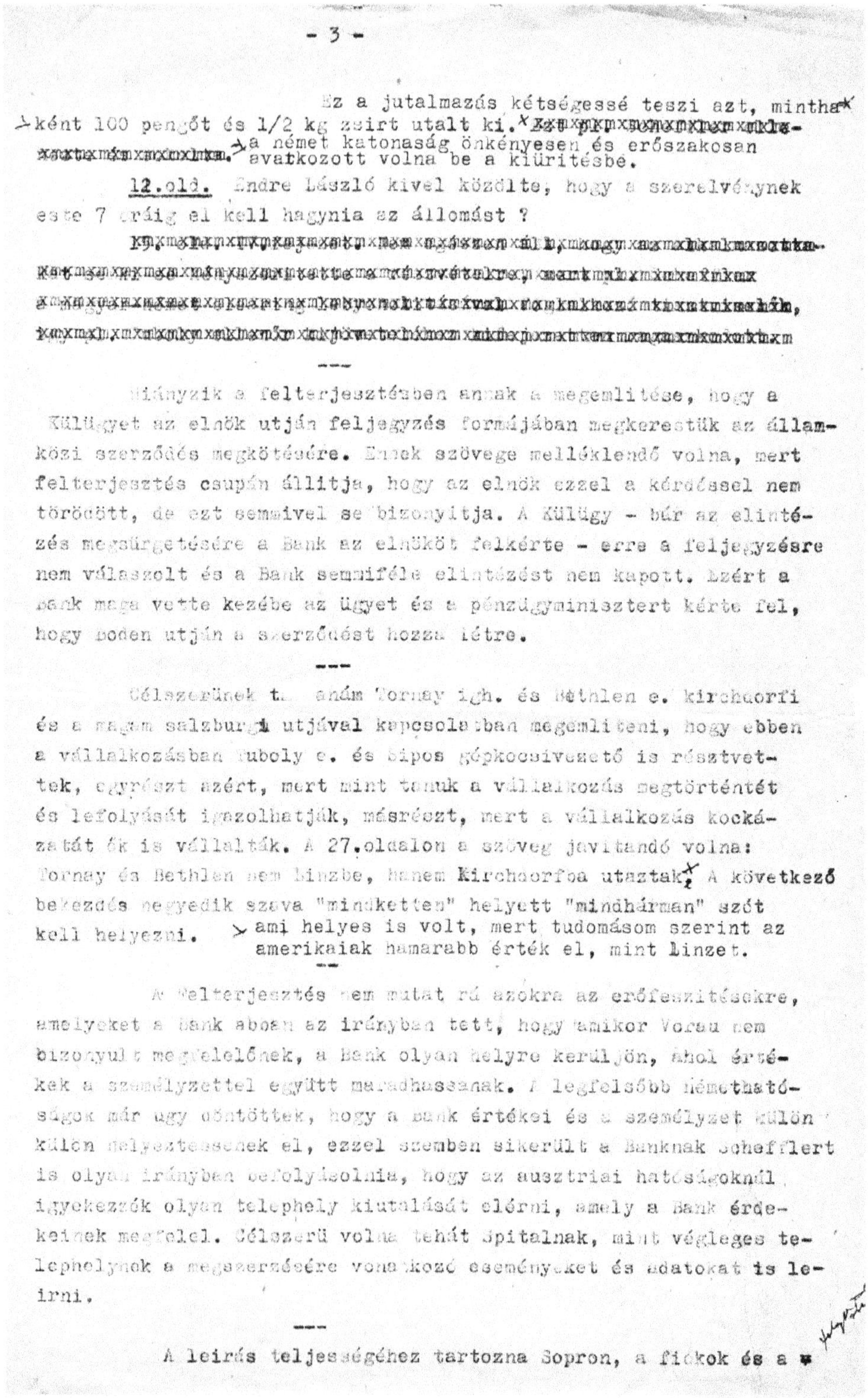

- 3 -

Ez a jutalmazás kétségessé teszi azt, mintha ként 100 pengőt és 1/2 kg zsirt utalt ki. ~~xxxxxxxxxxxxxxxxxxxxx~~ a német katonaság önkényesen és erőszakosan ~~xxxxxxxxxxxxxx~~ avatkozott volna be a kiüritésbe.

12.old. Endre László kivel közölte, hogy a szerelvénynek este 7 óráig el kell hagynia az állomást ?

~~xxxxxxxxxxxxxxxxxxxxxxxxxxxxxxxxxxxxxxxxxxxxxxxxxxxxxxx~~
~~xxxxxxxxxxxxxxxxxxxxxxxxxxxxxxxxxxxxxxxxxxxxxxxxxxxxxxx~~
~~xxxxxxxxxxxxxxxxxxxxxxxxxxxxxxxxxxxxxxxxxxxxxxxxxxxxxxx~~
~~xxxxxxxxxxxxxxxxxxxxxxxxxxxxxxxxxxxxxxxxxxxxxxxxxxxxxxx~~

Hiányzik a felterjesztésben annak a megemlitése, hogy a Külügyet az elnök utján feljegyzés formájában megkerestük az államközi szerződés megkötésére. Ennek szövege mellékelendő volna, mert felterjesztés csupán állitja, hogy az elnök ezzel a kérdéssel nem törődött, de ezt semmivel se bizonyitja. A Külügy - bár az elintézés megsürgetésére a Bank az elnököt felkérte - erre a feljegyzésre nem válaszolt és a Bank semmiféle elintézést nem kapott. Ezért a Bank maga vette kezébe az ügyet és a pénzügyminisztert kérte fel, hogy Boden utján a szerződést hozza létre.

Célszerünek tartanám Tornay igh. és Bethlen e. kirchdorfi és a magam salzburgi utjával kapcsolatban megemliteni, hogy ebben a vállalkozásban Ruboly e. és Sipos gépkocsivezető is résztvettek, egyrészt azért, mert mint tanuk a vállalkozás megtörténtét és lefolyását igazolhatják, másrészt, mert a vállalkozás kockázatát ők is vállalták. A 27.oldalon a szöveg javitandó volna: Tornay és Bethlen nem Linzbe, hanem Kirchdorfba utaztak. A következő bekezdés negyedik szava "mindketten" helyett "mindhárman" szót kell helyezni. ami helyes is volt, mert tudomásom szerint az amerikaiak hamarabb érték el, mint Linzet.

A felterjesztés nem mutat rá azokra az erőfeszitésekre, amelyeket a Bank abban az irányban tett, hogy amikor Vorau nem bizonyult megfelelőnek, a Bank olyan helyre kerüljön, ahol értékek a személyzettel együtt maradhassanak. A legfelsőbb némethatóságok már ugy döntöttek, hogy a Bank értékei és a személyzet külön külön helyeztessenek el, ezzel szemben sikerült a Banknak Schefflert is olyan irányban befolyásolnia, hogy az ausztriai hatóságoknál igyekezzék olyan telephely kiutalását elérni, amely a Bank érdekeinek megfelel. Célszerű volna tehát Spitalnak, mint végleges telephelynek a megszerzésére vonatkozó eseményeket és adatokat is leirni.

A leirás teljességéhez tartozna Sopron, a fiókok és a

140. kép: Apánk Cottely István jelentését helyesbítő jelentésének egy része.

„Aranyhajsza Magyarországról"

Apánk 1956-ban írta ezt a történetet. Az időzítés nem is lehetett volna megfelelőbb. Később, ugyanezen év október 23-án kezdődött a magyar forradalom. A kemény évek kikezdték az egészségét, és sürgős szükségét érezte, hogy megírja saját változatát a vonat útja során kibontakozó történelmi eseményekről.

Apánk szétküldözgette történetét, remélve, hogy valaki kiadja, azonban ez nem történt meg. Amikor kitört a forradalom, nem volt ideje, hogy folytassa történetének kiadását, mivel annyira elfoglalta a forradalom megsegítése. Az események sodra egészségén hagyott nyomot, és nem sokkal ezután 1957. március 18-án elhunyt. A nemzeti aranyat meg tudta menteni, de az országát nem.

Az MNB vonat megtet utja

141. kép: Az MNB-s vasúton megtett út kb. 560 km hosszú volt Budapesttől Spital am Pyhrnig, Ausztriáig. A Veszprémből Fertőbozba tartó út 3 napig tartott. Éjszaka utaztunk, gyakran megálltunk, és cikcakkban haladtunk, hogy kikerüljük az előrenyomuló oroszokat vagy egy esetleges rablást. Fertőbozból a közvetlen út néhány napig tartott az ausztriai Spital am Pyhrnbe. (Sopron és Linz között 180 km a távolság) Az útvonalat Rékassy Eszter rajzolta, a térkép forrása: „Historische Landkarten / Wappen (1880-1898): Österreich-Ungarn - Politische Einteilung." *Historical Geographical Encyclopedia of the World 1880-1898.* N. old. *Www.hicleones.com.* Internet 2013. július 27.

Tárgy: „Aranyhajsza Magyarországról"

Írta: Tarnay E. Frigyes, 1956

Kísérő levél

Mellékelten olvasható az általam írt igaz történet kézirata „Aranyhajsza Magyarországról" címmel. A történetet Leland Stowe „A brit kincsek titkos útja" a Reader's Digest 1955 novemberi számában megjelent írása ihlette, amely tulajdonképpeni történetünk párja, mivel egy hasonló esetet tár fel a tengelyhatalmak részéről a II. világháború alatt. Azonban az én írásom inkább a személyes beszámolója egy olyan történetnek, amelyben magam is meghatározó szerepet játszottam.

1906-ban születtem Magyarországon. Mivel a bécsi Világkereskedelmi Főiskolán végeztem, a Magyar Nemzeti Banknál kezdtem el dolgozni 1932-ben a bank Nemzetközi Valuta és Nemzetközi Kereskedelmi Osztályán. 1944-ben, amikor a II. világháború a végéhez közeledett, én a Nemzetközi Kereskedelmi Osztály vezetője voltam.

Amikor 1944 októberében az alkotmányos kormányzást elsöpörték a németek, és a helyére egy náci báb kormányt állítottak, benyújtottam lemondásom az Igazgatótanácsnak. Ezt azonban nem fogadták el, és az új igazgató figyelmeztetett, ha nem maradok továbbra is hivatalban és nem követem az új rendszer utasításait, halálra ítélnek.

A családom orosz megszállás előtti menekülését cikkemben írom le. Nem akartam Magyarországon maradni, mert: 1.) nem akartam látni, ahogy a feleségemet a vörös katonák halálra erőszakolják, engem pedig száműznek valahova Szibériába; 2.) mindenki, akinek egy kis esze is volt, kitalálhatta, hogy a szégyenletes Párizsi Békeszerződés és a szovjet katonai megszállás előbb vagy utóbb Magyarország kommunista országgá való válásához vezet... és nem akartam osztozni egy kommunista állam áldásaiban.

Amikor a háború véget ért, menekültekként 4 évig Ausztriában maradtunk, amíg az otthonukat elhagyni kényszerült személyekről szóló törvény meg nem nyitotta a kapukat, és 1949-ben ez az ország befogadott minket. Nehéz volt új életet kezdeni egy teljesen új világban három kisgyerekkel, de aki keményen dolgozik és van kitartása, nem bukhat el ebben a csodálatos országban. Most már állampolgárok vagyunk, állandó munkánk van, saját otthonunk, más szóval egy boldog amerikai család lettünk.

Előszó

A Reader Digest 1955. novemberi számában Leland Stowe A brit kincsek titkos útja címmel elmeséli, hogyan csempészték a Bank of England kincseit Kanadába a tengeralattjáróktól hemzsegő Észak-Atlanti óceánon keresztül a II. világháborúban.

Amikor a történet végére értem, emlékek tömkelege tolult elmémbe, emlékek, egy kis délkelet-európai nemzet hasonló kalandja, amely megpróbálta megmenteni a németek által „bebiztosított" kincseit attól, hogy az oroszok azt elrabolják a leghányatottabb és legkalandosabb körülmények közepette, a Vörös Hadsereg és a német erők harcainak kellős közepén. Ez az ország Magyarország volt.

A kincsek értéke természetesen nem érte el a brit kincsek értékét, de egy kis nemzet számára ugyanolyan sokat jelentettek, mint a világ egyik vezető hatalmának a maga kincsei... A Magyar Nemzeti Bank teljes aranytartaléka, a Bank által kezelt összes betét és biztosíték Magyarországról egy kis ausztriai alpesi faluba került, a Bank alkalmazottaival és azok családjával karöltve. Az arany és a betétek mellett 700 000 000 dollár névértékű ki nem bocsátott bankjegy is Ausztriába került.

Az elmozdított javak összértéke megközelítette az egy milliárd dollárt. Maga a probléma és a feladat hasonló volt a Bank of England-éhoz, azonban a kivitelezés módja és körülményei alapvetően különböztek.

A szállítás és tárolás kezdetleges módja a legalapvetőbb biztonsági és óvintézkedéseket sem elégítette ki, és nem csak a szakértőket, de bárkit, aki csak egy kicsit is tisztában van a pénz és értékbiztosítás mikéntjével, megbotránkoztatta volna.

Ha ehhez még hozzátesszük, hogy mindezt egy vesztes háború utolsó szakaszában hajtották végre, amikor sem rend sem jog nem érvényesült, be kell vallanunk, hogy az, hogy minden biztonságban az Egyesült Államok Hadseregének kezébe került, a csodával határos.

J.F Montgomery amerikai nagykövet szavaival élve Magyarország a tengelyhatalmak „vonakodó csatlósa" volt a II. világháború során. Kis országként a két nagy totalitárius ellenség – Németország és a Szovjetunió – közé ékelődve nem sok esélye maradt a háború elkerülésére. Négy éven keresztül megúszta a német megszállást, azonban 1944-ben, amikor Románia megadta magát a Vörös Hadseregnek, Hitler pedig nem akarta Magyarországgal ugyanezt a kockázatot vállalni, ezért 1944. március 19-én lerohanta az országot.

Technikailag Magyarország továbbra is a tengelyhatalmakhoz tartozott, azonban de facto német hadifogoly volt, és mint ilyen, egyáltalán nem lelkesedett a Vörös Hadsereg általi felszabadításáért.

A legjobb megoldás Magyarország számára a nyugati hatalmak általi megszállás és felszabadítás lett volna a Balkán-félsziget irányából, azonban a jaltai értekezlet csírájában fojtotta el ezt az ötletet 100 millió ember (lengyelek, csehek, szlovákok, magyarok, románok, bolgárok és balti államok) valódi felszabadításban bízó reményeivel együtt.

„Aranyhajsza Magyarországról"
Írta Tarnay Frigyes (kiadatlan kézirat)

1944. októberében Magyarország felét lerohanták az oroszok. Magyarország kormányzója, Horthy Miklós úgy döntött, hogy felhagy ezzel a reménytelen háborúval az ország érdekében, és katonai egyezséget köt a szovjet Oroszországgal.

1944. október 15-én közvetítették a háború megadásáról szóló nyilatkozatot a lakosságnak. A németek ezzel természetesen nem értettek egyet, a reakciójuk pedig gyors és radikális volt. Letartóztatták Horthy Miklós kormányzót, szélnek eresztették a kormányát és egy náci bábkormányt ültettek a helyébe.

Az új kormány azonnal nagyfokú evakuálási programba kezdett, és parancsba adta, hogy minden értéket szállítsanak el. Az első helyen természetesen az aranytartalék és a kincsek Németországba vitele állt, nehogy azt az oroszok megkaparintsák. Gyakorlatilag nem volt más választás, tekintettel arra, hogy a kincsek német területen voltak és kétség sem volt afelől, hogy amennyiben a magyar kormány nem szállítja el a kincseket, a németek, ha kell, inkább erőszakkal is Németországba viszik, csak nehogy a Vörös Hadsereg kezére kerüljenek.

A Magyar Nemzeti Bank kincseinek védelme érdekében földalatti rejtekhelyeket és tárolókat kezdett építtetni 1938-ban, mivel a nemzetközi helyzet nem hagyott sok kétséget afelől, hogy előbb vagy utóbb háború lesz. Ezekben a masszív és modern óvóhelyekben a Bank a szirénák és légi riadók hangjának zavarása nélkül tudta folytani munkáját. Az egyike ezeknek a hatalmas rejtekhelyeknek a Duna nyugati oldalán, a város legrégebbi részén, a Budai Várnegyedben az Úri utca 72. szám alatt épült. A hegy belsejében rengeteg természetes barlang és üreg található, amelyek már 400 éve, a török háborúk idejétől szolgálnak menedékként és rejtekhelyként. A II. világháború alatt számtalan, a Várnegyedben székelő Kormányhivatal épített ezekben a barlangokban óvóhelyet. Néhányukat nyilvános óvóhelyként használták vagy utolsó menedékként szolgáltak az éhező és szörnyű szenvedéseket eltűrő lakosság számára a Vár hosszúra nyúlt orosz ostroma alatt.

A második és még nagyobb óvóhely Magyarország közép-nyugati részén, a Balatonhoz közeli Veszprém városában épült a Jókai utca 31. szám alatt. Modern nyomtató berendezésekkel és minden egyéb olyan eszközzel felszerelték, amely biztosította a Bank háború alatti működését.

1944 novemberében Magyarország fővárosában, Budapesten a helyzet kritikussá vált. A Vörös Hadsereg a város szélén állomásozott, és aki úgy érezte, akár villamossal is kiruccanhatott a frontvonalra.

Budapestnek hét gyönyörű Dunát átszelő hídja volt. A németek mindet aláaknázták készen arra, hogy felrobbantsák, ha a folyó nyugati oldalára kell visszavonulniuk. Akkor sem éreztem magam jobban, amikor minden nap a hidak egyikén kellett átkelnem, hogy eljussak az irodámba, és nem volt felemelő érzés, hogy egy reggel az egyik bomba véletlenül felrobbant a legnagyobb forgalom kellős közepette, amikor az utak tele voltak villamosokkal, lovas kocsikkal, automobilokkal és gyalogosok százaival, akik mind a jeges Dunába estek.

Az egykor oly vidám és gyönyörű Budapest utcáin fegyvereket, tankokat és mindenféle harci felszerelést állítottak csatarendbe, és éjszakánként puskalövések villogását lehetett látni a frontvonalaknál. Mindennek tetejében minden nap és éjszaka az amerikai légi erő gépeinek hangja, a légelhárító fegyverek észveszejtő ropogása és a bombák robbanása hallatszott.

A majdnem állandó szirénázás és légi riadó miatt a Bank az első óvóhelyre költözött a Várnegyedbe. De nem maradt ott sokáig. Amikor Tolbukhin marsall serege átkelt Délen a Dunán és a Budapest körbevételét fenyegető veszély a küszöbön állt, a Bank elhatározta, hogy Veszprémbe költözik második és egyben utolsó óvóhelyére.

32 tonna aranytartalékunkat és minden egyéb vagyontárgyat már ott tároltak. Nem csak az értékeinket kellett ott biztonságba helyezni, de a Szépművészeti Múzeum remekműveit, a Történeti Múzeum kincseit és még a nemzet legszakrálisabb relikviáját, az ezeréves Szent Koronát is ott őrizték, amelyet II. Szilveszter pápa ajándékozott Szent István királynak, amiért a pogány magyarok a kereszténységet felvették.

1944. december 5-én hagytuk el Budapestet egy automobilokból álló konvojt alkotva, és megpróbáltunk a főúton Veszprémbe jutni. Az út már le volt zárva, az oroszok fegyveresen őrizték, ezért a mellék- és földutakat kellett használnunk, amelyek tömve voltak menekülőkkel és visszavonuló német egységekkel. A sofőr nehéz tapasztalatokkal lett gazdagabb. Az út igen próbára tette képességeit. Képzeljünk el egy forgalmi dugót a saras földúton, amelyet tankok és nehéz harci járművek túrtak fel, és amely tömve van a járművek legkülönbözőbb fajtáival, a talicskától az ökrös szekéren át Tigris tankokig.

Amikor végre megérkeztünk Veszprémbe, csak néhány napunk volt, hogy új irodáinkba berendezkedjünk. A katonai helyzet olyan veszélyessé vált, hogy a Balaton partjánál lévő falvakban és településeken elhelyezett dolgozói családokat teherautók hordták az óvóhelyünkre, hogy készen álljanak a Bankkal együtt a továbbindulásra, amennyiben az oroszok keresztültörnének a fővároson.

1944. december 9-én a rossz hír, amely szerint a Vörös Hadsereg elérte a Balatont és kevesebb, mint 25 km-re van a fővárostól, hozzánk is elért. Kitört a pánik. Az arany és az egyéb értéktárgyak a pincékben voltak, és egyetlen alkalmas teherautó vagy vasúti kocsi sem állt rendelkezésünkre az elszállításukra. Mindenáron vasúti kocsit kellett szereznünk, ha el akartuk hagyni a veszélyzónát. Minden erőfeszítés, hogy az Állami

Vasutaktól és Magyar Vasúti Központtól szerezzünk vagont teljesen reménytelen volt, mivel az összes vasúti vonal a német hadsereg ellenőrzése alatt állt.

Azt kell mondanom, hogy szerencse, hogy a Banknak volt egy, a német kormány által delegált német tisztje, aki felügyelte a banki műveleteket az ország német megszállása óta. Tájékoztattam őt a helyzetről, és néhány órán belül megkezdhettünk egy személy- és hét tehervagon megpakolását.

Azon az éjszakán a Bank összes dolgozója lázasan rakodták a kocsikat, hogy olyan gyorsan elhagyják a várost, amilyen gyorsan csak lehet. 32 tonna arany 33 millió dollár értékben, 50 kg-ot nyomó fadobozokban három, 15 tonnás kocsi padlóján volt elhelyezve. A kocsik teherbírása 40 ember vagy 6 ló volt, mivel azonban az arany meglehetősen nehéz, még mindig rengeteg hely maradt a 2 őr és családjaik számára, hogy ezen a hihetetlenül értékes padlón lakjanak két hosszú téli hónapon keresztül.

A nőket és a gyerekeket a személyvagonba préselték, végül a vonat éjfélkor hagyta el a várost százmilliónyi dollár értékű rakománnyal, és kétségbeesett, síró nőkkel és gyerekekkel azzal az utasítással, hogy olyan közel menjenek a nyugati határhoz, amilyen közel csak tudnak, de további utasításig ne lépjék azt át.

A bizonytalan célállomású úton az értékek biztosítására a Királyi Magyar Csendőrség egyik egységét vezérelték ki. A férfiaknak maradniuk kellett megtölteni a kocsikat, amelyeket az elkövetkezendő napokban vártunk a németektől. Az ország vasúti vagonok szűkében volt, így bármilyennel be kellett érnünk, legyen az nyitott vagy zárt teherkocsi. Példának okáért 100 tonna ezüst kincstári rudat kellett felpakolnunk 7 nyitott tetejű kocsiba, mintha csak szenet szállítanának.

Szerencsére az orosz előrenyomulást megállították, és a német ellenhadművelet visszaverte őket Veszprémtől biztonságos távolságba.

Egyik nap még üzleti ügyben vissza szerettem volna menni Budapestre, de úgy 30 kilométer vezetés után 3 orosz harci gép jelent meg az autónk felett, és tüzelni kezdtek. Egy pillanat alatt az út mentén lévő csalitosba hajtottam. Az egyik lövedék nem messze tőlem csapódott be, de amikor folyamatosan tüzelve továbbrepültek vettem csak észre, hogy valódi célpontjuk egy kis falu vasútállomásán állomásozó, német tankokat szállító vonat volt.

A gépek a vonat felett köröztek folyamatosan tüzelve. Mindezt zavartalanul tették, mivel a németek sem a levegőből, sem a földről nem reagáltak. Egyetlen kocsit vagy tankot sem találtak el, azonban a környékbeli falu több háza is lángra gyulladt a lövedékektől. Minden bizonnyal meglehetősen gyenge pilóták és lövészek voltak. Ez az incidens és a Budapest irányából visszafelé tartó sofőröktől szerzett információim tervem feladására késztettek, így visszatértem Veszprémbe.

A német ellenhadműveletnek köszönhetően elegendő időt nyertünk arra, hogy mindent, amit magunkkal szerettünk volna vinni, elrakjunk. Egymás után körülbelül 80 kocsit rakodtunk meg és kapcsoltunk össze egyetlen vonattá a Fertő-tó és Sopron mellett, a nyugati határnál fekvő Fertőboznak nevezett kis állomáson.

Körülbelül 500 ember élt ezen a vonaton – beleértve a családomat is – a két hideg téli hónap folyamán.

A fűtés szinte megoldhatatlan problémát jelentett. A vasúti kocsiban gőzradiátor volt, azonban nem volt gőzmozdony, ami működtetni tudta volna. A vagonok természetesen nem voltak fűtéssel felszerelve. Sürgősen kályhára lett volna szükségünk, de nem volt lehetőség ezeket beszerezni. Az üzletek zárva voltak, és amúgy is üresek voltak. Ebben a helyzetben, bármennyire is hihetetlen, az oly sokat szídott bürokrácia mentett meg minket.

Amikor egyik nap a számunkra kijelölt kocsik megrakodására igyekeztünk az állomásra, a legnagyobb meglepetésünkre az egyiket kályhákkal tömve találtuk. Olyan típusú tábori kályhákkal, amelyek alkalmasak voltak a vasúti kocsik fűtésére. Ennek ellenére jelentettük a helyzetet a vasúti tisztnek és kértük a kocsi kicserélését. Ő azonban figyelmen kívül hagyta az adott körülmények között nyilvánvalóan kicsinyes, és be kell vallanom, nevetséges kérésünket. Azt állította, hogy a rendelkezésére álló adatok szerint az a kocsi üres, ezért annak üresnek is kell lennie, ezért nem fog nekünk másikat adni. Látván, hogy csökönyösen ragaszkodik a papírjaihoz, nem tartottuk tovább fel. Bezártuk a vagon ajtajait és továbbküldtük a családjaink után Fertőbozra. A fűtőanyag kérdése is megoldódott.

Az állomás sínjei mellett, ahol a vonat állt, volt egy kis erdő fiatal fákkal. A fák kivágása túl nagy kísértést jelentett a didergő családos férfiaknak, semhogy hagyták volna őket továbbnőni. Amikor a vonat két hónappal később elhagyta az állomást, a tulajdonos egyetlen problémája az volt, hogy nem tudta, hogyan ültesse újra az erdejét.

A legnagyobb problémát mégis az jelentette, hogy biztonságos helyett kellett találni ennek az egyszerű tehervagonokban elhelyezett felbecsülhetetlen kincsnek, amely ki volt téve az amerikai légierő mindennapos légitámadásainak. Azt azonban látni kellett, hogy ezeknek a légi támadásoknak a célja a stratégiailag fontos vasúti vonalak, hidak és főutak német utánpótlástól való elvágása volt. Éppen ezért a vasútállomás a lehető legrosszabb hely volt értékeink és családjaink elhelyezésére. Minden egyes légitámadáskor a nőknek és gyerekeknek el kellett hagyniuk a vonatot és árkokban és bokrokban elrejtőzniük olyan messze, amennyire csak volt idejük elfutni.

A másik ok, amiért olyan gyorsan el kellett hagyni az állomást amilyen gyorsan csak lehetett az volt, hogy az állomásnak csak egy mosdója és egy kútja volt 500 ember részére. A higiéniai körülmények egyszerűen tűrhetetlenné váltak.

Tudtuk, hogy nemsokára valahova Németországba kell mennünk, mivel kétség sem volt afelől, hogy a Vörös Hadsereg hamar el fogja Magyarországot foglalni.

Kitartóan ragaszkodtunk ahhoz az elképzeléshez, hogy a kincsek, a dolgozók és azok családjai egymástól elválaszthatatlanok, és egy oszthatatlan testet alkotnak, amelyben a családok védőfalat alkotnak az arany és a kincsek körül.

Ennek érdekében elsődleges célunk egy olyan hely felkutatása volt, ahol a kincsek és a személyzet családjaikkal karöltve közösségként biztonságban letelepedhet és védve van. Ezek után, mielőtt elhagytuk volna az országot, megegyezésre kellett jutnunk a német kormánnyal arról, hogy garantált az, hogy a kincsekkel együtt maradjunk és mozogjunk. Hogy azokat még német területen is mi magunk őrizzük, függetlenségünk és egységünk németországi tartózkodásunk során biztosított legyen.

Az arra tett kísérletek és erőfeszítések - mi diplomáciai kapcsolatokon keresztül próbálkoztunk, a Bank pedig létrehozott egy különleges küldöttséget -, hogy a német kormány találjon számunkra megfelelő helyet, megbuktak, és azt az utasítást kaptam, hogy lépjek kapcsolatba a német biztossal, a probléma minél gyorsabb megoldása érdekében.

Mindenképpen gyorsan kellett megoldást találni, mivel egy esetleges gyors orosz előrenyomulás esetén a németek erőszakkal is elvitték volna az értékeinket Németországba, a dolgozókkal pedig nem törődtek volna. Jelen voltam, amikor a német biztos telefonhívást kapott Berlinből, amely során javasolták, hogy az aranyat zárják el a bécsi Reichsbank trezorjaiba, az ezüstöt szállítsák Magdeburgba, a múzeumi kincseket pedig Berlinbe. A személyzet pedig...nos, ők menedékre lelhetnek a Felső-Ausztriai tartományban (ebben az időben ezt Felső-Dunának hívták) mint más magyar menekültek. Ez az értékeink feletti teljes kontroll elvesztését jelentette volna.

Szerencsére a német biztos osztotta a szétválaszthatatlanságról vallott elveinket, és figyelmen kívül hagyta ezeket az utasításokat.

Amikor letette a telefont, és látta, hogy mennyire feldúltak a berlini „javaslatok", azt mondta, ne aggódjak. Ismét biztosított arról, hogy „találunk valamit a kincseknek, de gyorsan kell cselekednünk." Így is tettünk.

Az volt az ötletünk, hogy az egyik felső-ausztriai kolostort választjuk ki, mivel ebben az időben azokat (a kolostorokat) elkobozták a vallási rendektől. Információkat szereztünk régi apátságokról, tanulmányoztuk a térképet, majd Felső-Duna tartomány kormányzójához, (a Gauleiterhez) fordultunk kérésünkkel és javaslatainkkal.

Tudtuk, hogy nem lesz könnyű dolgunk, tekintettel arra, hogy a kormányzó tartományát már elárasztották a menekültek. Értékeink és dolgozóink biztonságba helyezése iránti kérelem csak púp volt a hátán. Mégis legnagyobb meglepetésünkre nagyon együttműködő volt, és bár nem tudta az általunk választott helyet kijelölni számunkra, biztosított arról, hogy egy elhagyatott kolostorban sokkal jobb helyen leszünk egy Spital am Pyhrn nevű faluban.

Azonnal telefonált is a polgármesternek (Bürgermeisternek). Amikor nem tudta elérni, a telefonos kisasszonynál tudakolózott a kolostorban uralkodó állapotokról, majd üzenetet hagyott a polgármesternek, miszerint Magyarország aranyát az ő falujában helyezik el, és a következő napon további utasításokat fog kapni. „Fiúk, maguk híresek lesznek", fejezte be a telefonos kisasszonnyal folytatott beszélgetését erős felső-ausztriai akcentusával.

Tehát végül megtudtuk, merre fognak letelepíteni minket. Mivel most már megvolt a végállomás, legégetőbb problémánk, úgy tűnt, legalább egy időre megoldódott. Jobban szerettünk volna egy nyugatabbra eső helyet, azonban a magyar menekültek számára Felső-Ausztria volt kijelölve, és sokkal tovább tartott volna helyet szerezni egy másik tartományban. A kormányzó felhatalmazást adott a polgármesterrel való kapcsolatfelvételre és a faluban való letelepedésünk részleteinek kidolgozására.

Amint aláírtuk a megállapodást a német kormánnyal, és új szállásunk a faluban elő lett készítve, a Magyarországon lévő kis vasútállomáson vesztegő vonatunk zöld utat kapott az ausztriai határátlépéshez.

A vonat bankjegyekkel és élelemmel teli része 1945. január 17-én indult el. Az aranyat, egyéb értékeket, dolgozókat és családjaikat szállító másik vonat szerelvény egy héttel később hagyta el Magyarországot. Az Aranyvonat egyik kocsiját elvesztették az egyik rendező pályaudvarnál a Spital am Pyhrnbe tartó út során. Egyebekben biztonságban megérkeztek. Volt „némi" izgalom az elveszett kocsi miatt, de gyorsan megtalálták, és pár nappal később csatlakozott a másik szerelvényhez Spital am Pyhrnben.

Spital am Pyhrn Felső-Ausztria déli részén helyezkedik el az alpesi Pyhrn hágó lábánál egy római időkbe visszanyúló stratégiai és kereskedelmi út mentén. A korai középkorban ezt az utat és a Pyhrn hágót keresztesek és zarándokok használták a Szentföldre menet. Menedéket a jelenlegi falu szélén elhelyezkedő kórházban leltek. Ezért lett a neve Spital, ami németül kórházat jelent. (Ausztriában még két másik település viseli a Spital nevet, ami egy rendkívül kellemetlen félreértéshez vezetett, amelyet a későbbiek során mesélek el.)

A XII. században egy templomot építettek ide, amely természetesen az évszázadok alatt számtalan felújításon és átépítésen esett át. A XVIII. században újjáépítették a jelenlegi gyönyörű barokk stílusában.

A templom alagsora egy hatalmas kripta, ahova a falu papjait és elöljáróit temették. Ma már nem használják. Majdnem az összes sír és koporsóknak való kamra üres, a halottak csontjait és koponyáit elmozdították, és a kripta egyik elkülönített, felszentelt termében helyezték el.

Bankjegy-ládákból álló vastag fallal volt elzárva, ami gyenge helyettesítője volt egy páncélozott trezor acél falainak. A többi érték a kolostorba került, ami egy hatalmas régi épület volt rengeteg teremmel és tároló helyiséggel. Ezek a helyiségek és maga a kripta azonban messziről sem volt ideálisnak mondható tárolóhely értékeink és kincseink számára. Rendes körülmények között bármelyik szakértő szörnyülködött volna egy olyan javaslat hallatán, hogy ezeket a rendkívüli értékeket egy sima rozsdás vasajtó mögé rejtsük egy egyszerű lakattal lezárva, mint ahogyan az a kriptában is volt.

Nincs páncélozott acél tároló... nincs automata riasztó berendezés... nincs kombinált számos zár... hacsak két egyszerű lakatot nem tekintünk kombinált zárnak. A két primitív kombinált zár kulcsainak két tisztviselőre való bízásával azt a hamis tévképzetet dédelgettük, hogy eleget tettünk a Bank biztonsági előírásainak, vagy legalábbis minden tőlünk telhetőt megtettünk.

A kriptát majdnem mindig talajvíz borította, amely a bankjegyek nagy részét eláztatta, de természetesen semmilyen kárt nem okozott az aranyban. Annak ellenére, hogy mindent megtettünk, hogy olyan biztonságossá tegyük ezeket a tárolókat, amennyire csak tudtuk, e tekintetben nem sokat tehettünk, és leginkább egy 34 férfiból álló csendőrség éberségétől és megbízhatóságától függtünk, akik mindössze egyszerű karabéllyal voltak felfegyverkezve. Egyetlen automata pisztoly sem volt az egész egységnél, amely éjjel-nappal a kincseket őrizte.

A Bank hivatali dolgozószobái a kolostorban voltak, a dolgozók és családjaik szállásai falubeli hotelekben, apartmanokban és magánházakban voltak. Az egyedülálló nők és férfiak külön hálótermet kaptak a kolostorban, a családoknak egyetlen szobájuk volt főzésre, a nappali tevékenységekre és alvásra. Mégis megkönnyebbülés volt a vagonokban eltöltött zord tábori élethez képest.

A férfiaknak fát kellett vágni és aprítani a német hatóságok által kiszabott kvóták szerint. A hivatalosan megszabott kvóták mellett engedélyezték, hogy kimenjünk az erdőbe, és az elhullott száraz ágakat összeszedjük. Az idő előrehaladtával egyre kevesebb volt az élelem. Amíg volt magyarországi tartalékunk, a helyzet nem volt annyira rossz, de amikor az is elfogyott, nagyon nehéz lett.

Amikor a háborúnak vége lett, nyomorúságunk még nagyobb lett. Az igazság az, hogy a kiosztott fejadagok nem voltak elegendők az életben maradáshoz, de mégis sok volt az éhhalálhoz. Csak az amerikai élelmiszerellátás mentett meg minket a halálra éhezéstől.

És nem lenne tisztességes, ha nem szólnánk néhány szót, megemlékezvén az „ismeretlen" magyar lovakról. Ezek a szegény állatok menekültekkel és holmijaikkal megpakolt szekerek ezreit húzták el Magyarországról. Amikor a háború véget ért, amerikai katonák hátaslovaknak használták őket szórakozásból. Mivel nem volt elég takarmány az ő etetésükre, sem elég étel az embereknek, életük utolsó mozzanata is az emberek megsegítéséről szólt: levágták őket és húsukat szétosztották az éhező menekültek és az osztrák lakosság között.

Utasítottak, hogy az alirodánkkal együtt maradjak Magyarországon, Sopronban a nyugati határnál. Addig maradtam, amíg ezt a várost is meg nem szállták az oroszok. Őszintén szólva nem tudom hogy azért, mert az időm nagy részét az iroda épület földszintjén töltöttem, vagy azért, mert a légiriadó idejében figyelmeztetett minket, de a környező erdőkbe vezettem, ahol sokkal nagyobb biztonságban éreztük magunk, mint az egyemeletes irodánk földszintjén. Ha ezeket a kis épületeket közvetlen bombatalálat érte, a pince és a földszint lett a bent lévő sírja.

Mindemellett felváltva kellett fedezékeket és tankcsapdákat ásnom a hófedte fagyott földbe a város körül...

Budapest 1945. februári elesése után, az oroszok egy új és sikeres offenzívát indítottak egyre közelebb és közelebb kerülve az ország nyugati határához.

1945. március 30., Nagypéntek, Magyarország utolsó részeit is bevette a Vörös Hadsereg.

Consummatum Est....

Sopron orosz megtámadása derült égből villámcsapásként ért minket, irodánk kiürítése 80 km-nyi rémült rohanás volt az ausztriai Reichenau falujába a keleti Alpok magaslatainál, ahol azt hittük szusszanhatunk egyet, majd irány tovább a főhadiszállás. Hamar rájöttünk, hogy nem futottunk elég messzire. Az oroszok nem várt tempóban közeledtek. Mivel a főhadiszállásról a megmentésünkre küldött teherautót a német hadsereg elkobozta, ott kellett hagynunk a lerobbant teherautót, amely tömve volt magyar pénzzel, üzleti információkkal és minden személyes tárgyunkkal. A tisztviselők és családjaik gyalog, autóstoppal menekültek Spital am Pyhrnbe, 200 000 dollárt érő valutával a zsebükben...

A háború végét követően visszatértem az éppen akkor orosz megszállás alatt lévő Reichenauba, hogy megnézzem, mi történt hátrahagyott értékeinkkel és tulajdonainkkal. Megtudtam, hogy mindent kifosztottak azalatt a két hét alatt, amíg az oroszok és a németek egymással harcoltak, beleértve a lerobbant teherautón szállított valutát is.

Természetesen a teherautónyi pénz oda lett. A ládákat feltörték, és több millió dollárnyi pengőt osztottak szét katonák és polgárok között. Bankjegy kötegek feküdtek az utcán, és senki nem akarta elmulasztani a lehetőséget, hogy életében egyszer gazdag legyen. Senki nem hibáztathatja őket. A senki földjén a fegyverek uralkodtak, a jogot és igazságot elnémították.

Az egyetlen, ami megmaradt a nem túl vonzó látványt nyújtó üzleti jelentéseink és könyveink. Amikor a csatának vége lett, összegyűjtötték őket a többi szeméttel együtt, és hamuvá égették.

Amikor az oroszok elfoglalták a falut, elrendelték, hogy mindenki szolgáltassa vissza a bankjegyeinket. Azután az orosz katonák abból vettek bort és pálinkát Magyarországon. A pénz hivatalosan nem volt forgalomban, de ki merte volna megkérdőjelezni egy orosz tiszt által átnyújtott bankjegy érvényességét? Maga a tény, hogy valamiért egyáltalán fizetett, amúgy is csodaszámba ment.

Az elhagyott tulajdonunkkal kapcsolatos eseményeket egy panzióstól és a feleségétől tudtam meg. Halálra rémítettem őket, amikor egyik este bekopogtattam szobát és némi ételt kérve. Abban az időben ez meglehetősen szokatlan volt, mivel minden hotel és étterem zárva volt, és senki sem mert napnyugta után az utcákon mászkálni.

A városka tele volt orosz katonával, akik rendkívüli örömüket lelték ajándéktárgyak, főként karórák és töltőtollak felkutatásában, de a legjobban mégis a biciklizés tetszett nekik, és természetesen a biciklik tönkrétetele, amennyiben hozzájutottak egyhez.

A panziós keserűen mesélte, hogy egyik éjszaka egy csapat orosz katona kopogtatott az ajtaján. Miután kioktatták az orosz „kultúrát" illetően, mindent ami megtetszett nekik az otthonában, elvitték. A panziós elővett egy 50 pengőst a pénztárcájából és ajándékként átnyújtotta, mint az egyetlen megmentett példányát a lerobbant teherautón elveszett készletünknek.

Ausztria orosz megszállását a németek megállították néhány hétre a keleti Alpokban. Ez volt a német hadsereg utolsó valamire való ellenállása, és a harcok során napról napra nőtt a veszély, hogy az oroszok még azelőtt elkapnak minket, hogy az amerikaiak elérnék a falunkat.

Volt néhány kísérlet a kincsek nyugatabbra, biztonságosabb helyre való elköltöztetésére, de a kormányzó, aki egyben a terület teljhatalmú parancsnoka is volt, a tartomány elhagyásának leghalványabb ötletét is elvetette. „Abhauen gibt's net" (nincs szökés) volt a rövid és határozott válasz kezdeményezéseinkre.

Április második felében a helyzet kritikussá vált. Nyilvánvaló volt, hogy a Hitler által az elkövetkezendő legalább ezer évre létrehozott Harmadik Birodalom vége és összeomlása csupán néhány nap kérdése.

A Pyhrn hágón és a Spital am Pyhrnen keresztül haladó út meglehetősen zsúfolt lett. Visszavonuló német egységek és menekültek vonultak át a falun és indultak Nyugatnak. Az utakon csíkos ruhás rabok, a koncentrációs- és munkatáborokból zsidók hosszú sorait vezették.

Soha nem felejtem annak a zsidó embernek a pillantását az egyik sorban, aki közvetlenül az ablakunk előtt állt meg. Rám nézett és az ujjával a szájára mutatott, jelezve, hogy éhes. Felkaptam egy kis kenyeret és lesiettem a második emeletről az utcára, de a sor már továbbment és az emberem eltűnt. Csak a sor végét láttam, az őröket, amint siettették a betegeket és a gyengéket, akiket társaik támogattak, vagy talicskán toltak.

Az utak zsúfoltsága jelezte az oroszok gyors előrenyomulását, a helyzet pedig egyre kaotikusabbá vált. A környéken mindenki tudott a templom kriptájában elrejtett aranyról. Féltünk a tömeg támadásától, a hadseregen kívüli csapatoktól, szökött bűnözők bandáitól, akik az utolsó viharos napokat kihasználva kifosztanák a kolostort és a kriptáját.

A másik veszély az lett volna, ha az oroszok az amerikaiak előtt megszállták volna a falut, amellyel minden a Vörös Hadsereg kezére jutott volna. Vagyis a nagy kérdés az volt, hogy ki ér előbb a faluba és az aranyhoz? Az oroszok vagy az amerikaiak?

Cselekednünk kellett.

A személyzet egy csoportja úgy döntött, hogy amilyen gyorsan csak lehet, felveszi a kapcsolatot az amerikai hadsereggel. Két futárt küldtünk Kirchdorfba, amely 40 km-re Északra feküdt Spitaltól. Utasították, hogy maradjunk a városban amíg megérkeznek az amerikaiak, azután pedig adjunk át egy levelet, amelyben tájékoztatjuk az amerikai erőket az aktuális tartózkodási helyünkről, és sürgős védelmet kérünk kincseink számára.

Önként jelentkeztem a salzburgi útra, hogy ott megpróbáljak kapcsolatba lépni az amerikai erőkkel. Ez tulajdonképpen azt jelentette, hogy valahogy keresztül kellett jutnom a német vonalakon. Az ellenőrzési pontokon autóval való áthaladás érdekében szükségem volt iratokra a német hatóságoktól. Terveimet elmondtam a német biztosnak, és arra kértem, szerezze meg a szükséges papírokat az egyik kollégámnak, a sofőrnek és nekem.

Bár egy németnek ez összeesküvésre való felbujtásnak (hazaárulás) tűnhetett, személyesen ismertem annyira, hogy tudjam, nem jelent fel minket, és nem utasítja vissza utolsó kérésünket. Igazam volt! Egyetértett, és a következő nap megkaptam az iratokat.

Az iratokban feltüntetett utazás céljaként megadott tárgyalás a német követséggel, természetesen hamis volt, de a papírok rendben voltak. A német katonai rendőrség majdnem minden városban megállította az autónkat és ellenőrizte a papírjainkat.

Nem volt túl jó érzés arra gondolni, hogy ha megmotoznak és elolvassák az amerikaiaknak írt levelet, ott helyben kivégeznek minket hazaárulásért.

De szerencsénk volt, és biztonságban kijutottunk Salzburg külvárosába. Itt megtaláltuk a Német Rendőrség által lezárt utat. Azt mondták, hogy a várost átadták az amerikaiaknak, és a kisváros elfoglalása már folyamatban van. Ez jó hír volt számomra. Azt gondoltam, mindössze itt kell maradnom és várnom kell az első amerikai tank felbukkanására. Az autót visszaküldtem a kollégámmal, és egy nehéz hátizsákkal a hátamon az út mellett maradtam és figyeltem.

Végül két óra várakozás után egy amerikai tank tűnt fel és megállt előttem. A legénység nagyon barátságos volt, és amikor meghallották, hogy kicsit beszélek angolul, elsőként adtak egy csomag amerikai cigarettát (Chesterfield), amit már nagyon régóta nem láttam. Viccelődtek és nagyon boldognak tűntek.

Számomra ez volt a legfurcsább. Nem is tudom, mióta nem láttam boldog arcokat. Nálunk mindenki tele volt aggodalommal és unalommal, mindenki fáradtnak és agyonhajszoltnak tűnt. Ezek a fiúk jól tápláltnak, vidámnak, kipihentnek és mindig mókára késznek tűntek.

A legénység tanácsára a városba mentem, hogy felkeressem az Amerikai Katonai Kormányt. Bár a katonai hangosbemondó autó kijárási tilalmat hirdetett a lakosság részére, körbejártam a belvárost, de nem találtam semmilyen katonai hatósági központot, ezért visszatértem a külvárosban lévő szobámba.

A következő reggelen német orvlövészek tüzeltek a tank legénységére, és megsebesítettek egy katonát. Ez az incidens nem akadályozott meg abban, hogy ismét a belvárosba menjek és a Katonai Kormányt keressem.

Végül a városházán megtaláltam és sikeresen átadtam a levelemet egy amerikai tisztnek. Elolvasta, és azonnal hajlandó lett volna a kincsekhez menni, azonban amikor megmondtam, hogy a falu 109 km-re található, és még mindig német megszállás alatt van, csalódottnak és érdektelennek tűnt. A levelet a zsebébe tette, és egy másik kérelmezőhöz fordult. Ez nem volt túl biztató hozzáállás, és elhatároztam, hogy keresek valakit, aki több érdeklődést mutat a levelem iránt.

Az Amerikai Kémelhárító Hadtesthez fordultam, és megmutattam a levelem másolatát egy fiatal amerikai alhadnagynak. Amikor végigolvasta kijelentette, hogy nincs hatásköre az efféle ügyek intézésére, mégis, mivel hozzáfordultam ezzel a fontosnak tűnő levéllel, felelősnek érzi magát, és gondoskodni fog az ügyről.

Válaszolva a kérdéseire, elmondtam neki kincseink becsült értékét és a falu pontos elhelyezkedését. Készített néhány jegyzetet, az írógépén lemásolta a levelet és kirohant az irodából egy „Holnap jöjjön vissza" kijelentéssel. Másnap tájékoztatott, hogy a levelet és jelentését továbbították az amerikai hadsereg G-2 3. hadosztály részére, majd ezt az én kérésemre a levélre írva is megerősítette.

Nagy kő esett le a szívemről, amikor elhagytam az irodát. A küldetésem így végrehajtottam, és minden tőlem telhetőt megtettem a részemről. Most már minden az amerikai hadseregen múlott.

Addig mégsem tudtam teljesen megnyugodni, amíg meg nem tudtam, hogy Spital am Pyhrnt át nem vették az amerikaiak. Azonnal vissza akartam térni, de a civilek nem hagyhatták el a várost, és semmilyen kommunikációs csatorna nem állt a lakosság rendelkezésére. Bár a háborúnak vége volt, mindenhol háborús helyzet uralkodott.

Két héttel később a Bank autót küldött értem az amerikai hadsereg különleges engedélyével ellátva. Jó volt újra látni a családomat és a barátaimat. Csak azután hallottam, mi minden történt távollétem alatt, és hogy az amerikaiak bevonulása előtti utolsó napokban mennyire veszélyes helyzet alakult ki.

A Salzburgba való indulásomat követő napon egy három tisztből álló német katonai bizottság lépett a Bankba, és az igazgatósággal akartak beszélni. A küldöttség vezetője, a 6. Német Hadsereg delegációjaként igazolta magát, és azt mondta, a feladata a Bank kincseinek a biztonságba helyezése mielőtt az amerikaiak bevonulnak. Ellenvetéseinkre azt válaszolta, hogy a kincseket addig kell megmenteni, amíg erre a legkisebb esélyt is látnak. Ennek ellenére nem adtuk át a kincseket, és a biztos azt mondta, jelenteni fogja felettesének, majd elhagyta a Bankot.

A következő napon a tartomány kormányzója telefonált, és a szándékainkról érdeklődött. Az Igazgató azt mondta, maradni szeretnénk ott, ahol vagyunk, és majd mindent át szeretnénk adni az amerikaiak részére. Az Igazgatót arra kérte, hogy keresse fel a szomszédos faluban. Ott tájékoztatta, hogy szándékainkkal egyetért, de attól tart, hogy a Bankot félkatonai német alakulatok kifosztják, és szerette volna egy erős német egységgel őriztetni, amelyet egy megbízható német tiszt vezetett volna. A parancsnoknak meghagyta volna, hogy csakis az amerikaiaknak adhatja meg magát. Ennek megfelelően néhány órán belül egy 25 katonából és 5 tisztből álló német egység automata pisztolyokkal felfegyverkezve csatlakozott csendőreinkhez, és körbevették a templomot és a kolostort. A parancsnok megmutatta a kormányzó írásos parancsát, amely összhangban volt azzal, amit megígért, így nem volt kétségünk a Kormányzó szándékait illetően.

A következő nap, 1945. május 7. napja, forró nap volt. A helyzet kaotikus volt, senki nem tudta, mi történik vagy mi fog történni a következő néhány órában. Az a szóbeszéd járta, hogy a szűk völgyben német ellenállás készülődik, utakat és hidakat fognak robbantani. Mivel a földrajzi adottságok kitűnőek voltak az ellenálláshoz, attól féltünk, hogy a németek késleltetik a falu amerikai elfoglalását, és az utolsó pillanatban elveszítjük kincseinket.

A 6. Német Hadsereg küldöttjei visszatértek és tájékoztattak, hogy a parancsnok ragaszkodik az arany biztonságos helyre való szállításához, és ezért 6 vasúti kocsit bocsátott rendelkezésünkre. Tájékoztattuk őket a kormányzó parancsáról, és szóltunk a német őrség parancsnokának. Ő megmutatta a kormányzó írásos parancsát, és a küldöttség vezetőjének azt mondta, bizalmasan szeretne vele beszélni.

Amikor elmentek, a küldöttség vezetője az arany elszállításáról kezdte győzködni az igazgatót. Biztosította, hogy ő már mindent megszervezett: az aranyat egy olyan helyre szállítanák, ahol senki sem találja meg. Vigyázna rá, és csak az Igazgató és ő tudna a rejtekhely hollétéről.

Meglehetősen zavaros ajánlat volt, de persze az Igazgató nem utasíthatta vissza. A helyzetet a visszatérő őrség parancsnok mentette meg, aki kijelentette, hogy a kormányzó parancsának megfelelően a kincsnek ott kell maradnia, ahol van. Ezután a küldöttség sietve távozott.

Azt gyanítottuk, hogy a kormányzót megpróbálták rávenni utasításainak megváltoztatására. Az Igazgató megpróbálta elérni a Kormányzót, de sajnos sikertelenül. Ezért egy tiltakozó levelet írt neki. Épp hogy befejezte, amikor a szirénák hangja szólalt meg az utcákon, és az első amerikai tankok végigvonultak a falun.

Megmenekültünk. Kis különbséggel az amerikai hadsereg nyerte meg a versenyt az oroszokkal szemben, akik elfoglalták a falutól mindössze 5 km-re lévő Pyhrn hágót.

Az amerikaiak lefegyverezték a német egységet. A magyar csendőrök fegyvereit meghagyták, és beleegyeztek, hogy ők őrizzék a Bankot, ahogyan azt azelőtt is tették. Néhány hétig erősítést adtak a magyar egység mellé, de később csak a Magyar Királyi Csendőrség őrizte a Bankot a háború végét követő 4 évig.

Így történt, hogy bár a királyságot már régen eltörölték Magyarországon, a Magyar „Királyi" Csendőrség egy kis egysége továbbra is létezett, és magyar tulajdont őrzött egy idegen ország hegyei között.

Kincseink felfedezése szenzációt keltett és a „The Stars and Stripes" nevű újság a „Magyarország aranytartalékát egy alpesi faluban találta meg a 80. hadosztály" címmel közölte.

Közvetlenül azután, hogy a falut elfoglalták az amerikaiak, még Patton ezredes is, a 3. ezred parancsnoka is megtekintette a helyet és kincseinket.

Ezután elrendelték, hogy a Bank adja át az aranyat az amerikai hadseregnek. Elmozdvtották a templom kriptájából, és három amerikai katonai teherautót töltöttek meg vele. Két tank kíséretében az értékes rakományt Frankfurt am Mainba vitték, és a Reichsbank trezorjaiban helyezték el, amely abban az időben az amerikai erők pénzügyi részlegének főhadiszállása volt. Tehát az arany 5 hónapnyi furcsábbnál furcsább helyre való mozgatása után végül a kripta mélyéből a sokkal biztonságosabb banki trezorba került.

Négy tisztviselő (köztük jómagam) az amerikai főhadiszálláson Frankfurt am Mainban azon dolgozott, hogy minden, az amerikai hatóságok által szükségesnek tartott információt átadjon. Frankfurt am Main 600 km-re van Spital am Pyhrntől. Ebben az időben nem létezett semmilyen kommunikáció, még posta sem működött Németország és Ausztria között. Éppen ezért néhány hónapig semmit nem tudtunk családjainkról.

Az elfoglalt területek határai még nem voltak véglegesek, és az a szóbeszéd járta, hogy az amerikai terület egy részét átadják az oroszoknak. Biztosak szerettünk volna lenni, hogy semmi ilyesmi nem történhet családjainkkal Spital am Pyhrnben ezért érdeklődtünk a dologról az illetékes amerikai főhadiszálláson (bárcsak ne tettük volna). Egy amerikai őrnagy válaszolt kérdéseinkre, ami életem egyik legaggodalmasabb helyzetébe sodort: Spital am Pyhrnt két héten belül átadják az oroszoknak.

Nem emlékszünk hogyan jutottunk ki az irodából, de azt tudom, hogy rendkívül sápadtnak és kétségbeesettnek tűnhettünk. Szerencsére ez a kétségbeesett állapot csak néhány napig tartott, és felhőtlen örömbe csapott át, amikor egy amerikai alezredes tájékoztatott minket, hogy Spital am Pyhrnt a brit területekhez fogják csatolni.

Habár ez sem volt igaz, legalább elhittük. Az igazság az volt, hogy a falu mindvégig amerikai fennhatóság alatt volt, csak ez a két amerikai tiszt nem tudta, hogy három Spital létezik Ausztriában; az egyikük Spital am Semmeringre gondolt az orosz zónában, a másik Spital am Draura a brit zónában, és mindkettő figyelmen kívül hagyta Spital am Pyhrnt a saját zónájában.

Ha ez a két úr bármikor olvasná ezeket a sorokat, ezúton szeretném őket biztosítani, hogy tökéletesen tudatában voltunk jó szándékuknak és tudtuk, hogy csak segíteni szerettek volna.

Frankfurt am Mainban az aranyat az amerikai szakértők precízen átvizsgálták a nyilvántartásaink alapján súlyra, számra, darabra, és minden egyes gramm eredetét gondosan ellenőrizték.

Nagy megkönnyebbülés volt számunkra, amikor kiderült, hogy egyetlen gramm sem hiányzott, amikor ez az egész hazárdírozás véget ért.

A letét és a Bank egyéb értékei, a bankjegyeket és a múzeumi kincseket is beleértve, továbbra is Spital Am Pyhrnben maradtak, amit a Bank dolgozói és a csendőrök őriztek az amerikai katonai kormány felügyeletével. Néhány külföldi tulajdonú értéktől és a bankjegyektől eltekintve minden visszakerült Magyarországra. Mivel 1946-ban bevezették az új magyar valutát a (második) forintot, a Spitalban őrzött pengő bankjegyek elértéktelenedtek, és értelmetlenné vált azokat visszaküldeni Magyarországra. A 700 millió dolláros névértékű bankjegyeket egy osztrák papírgyárnak 400 dollárért adták el.

---- És az arany? Nos, a Párizsi Békeszerződés értelmében az amerikai kormány visszaszolgáltatta a szovjet uralom alatt álló Magyarországra.

Őszintén szólva, amikor ez az egész elkezdődött, nem igazán erről a befejezésről álmodtam. Azonban meg vagyok elégedve, hogy egy kiválóan együttműködő kollégák alkotta csapatban minden tőlem telhetőt megtettem. A kincsek korábbi hazámból való kimentéséből és biztonságos amerikai kezekbe való juttatásából kivettem a részem, remélve, hogy azok egyszer egy valóban szabad Magyarországra térnek vissza. Most csak azzal vigasztalhatom magam, hogy a vasfüggöny mögé juttatásban semmilyen részem nem volt.

A FORGATÓKÖNYV

Miután Tarnay E. Frigyes elhunyt 1957-ben, az özvegye, Tarnay Katalin vállalta a felelősséget és kötelezettséget azért, hogy ezt a történelmi eseményt megörökítse. Úgy határozott, hogy a legjobb módja annak, hogy „lefesse a történteket" egy film forgatókönyv elkészítése lesz.

Amint a történet a könyvben elmondja, Tarnay Katalin volt az egyedüli személy, aki az események során igazán tudta, valójában mi is folyik. Ő volt a bankigazgató titkárnője és a felesége Tarnay E. Frigyesnek, akit viszont a Magyar Nemzeti Bank (MNB) megbízott azzal, hogy összekötő tisztként képviselje a MNB-t a német megbízott, Leopold Scheffler felé. Ezidőtájt Katalin nagyon jól összeismerkedett e megbízottal és annak családjával. Ezért Tarnay Katalin vált az értesülések középpontjává a bank személyzete felé azoknak a cigarettafüstben úszó gyűléseknek alkalmával, melyek Spital am Pyhrn községben, a Post Hotelben lefolytak.

Az eredeti forgatókönyvet (1961) a család egyik ismerőse fogalmazta meg. Neki volt némi ismerete ehhez. Az alapanyagot Tarnay E. Frigyes könyvéből, az Aranyhajsza Magyarországról címűből vette. Az az eredeti kiadvány most benne foglaltatik a jelen kiadott műben, annak részeként.

A film tervezett címe:

KINCS

Tájékoztató egy izgalmas történelmi könyvről, mely valós történet a II. világháború végnapjaiból

Első vázlat/fogalmazvány 1961. telén
Felújítva 2015 szeptemberében

TÁRGY: Egy ember bátor kiállása a háború és pusztítás fizikai veszélyeivel és az erkölcsi lesüllyedéssel szemben. Valójában a hősies kötelességteljesítés története. A hazaszeretet ebből eredő megnyilvánulása tettekben, nem szavakban. A főszereplőknek be kell mutatniuk ezt a témát, amellett érdekes személyeknek kell mutatkozniuk.

SZEREPLŐK:
1. A magyar főszereplő Frigyest alakítja. MEGJEGYZÉS: mivel ez nem a Frigyes életrajza, hanem a bátorságáé, megbízhatóságáé és felelősségvállalásáé, szükségtelen, hogy a színész hasonlítson rá külsőleg vagy vérmérsékletében. A fő dolog az, hogy valaki e ritka tulajdonságokat meggyőzően tudja tolmácsolni.

2. A magyar főszereplő hitvese és családja. Igen fontos megmutatni az ellentétet, mivel az apa és férj a kötelességét nagy veszélyek között teljesíti. Tudja, hogyha nem óvatos vagy nem sikeres, többet veszít, mint a saját életét. Ez az ellentét azért is fontos, mert egy szerencselovag típus várhatóan virtuskodna és jobbára a fizikai tetteivel ámítaná magát. A magyar főszereplő nem szerencselovag, sem megalkuvó, stb. Komoly, civilizált családfő, aki polgári mivoltában olyan helyzetben van, amely a jellemétől többet elvár, mint akár egy katonától, aki csak személytelen parancsoknak és ellenőrzésnek van alávetve.

3. A német megbízott. Ő egyedül teszi lehetővé a katonai törvények különböző áthágásait azzal, hogy „másfelé néz" az engedélyek kiadása ügyében és abban, hogy a bank ügyeiben próbál a magyaroknak némi befolyást biztosítani: például megengedi, hogy a kincs a személyzettel maradjon; hamis okmányokat állít ki a német ellenőrzési pontokon való átjutásra; „együttműködik" abban, hogy a kincsek az amerikaiak kezébe jussanak, stb. Az ő személye alkalmas arra, hogy az „ellenség" emberként mutatkozzék, nem pedig a legtöbb háborús filmben szokásos sablonként.

4. A mellékszereplők

    a. A tartomány kormányzója

    b. A bankigazgató

    c. Spital polgármestere

    d. Az amerikai hatóságok és katonák

    e. A bank személyzete és családjaik

    f. A különböző helyi lakosok

    g. A többiek: visszavonuló németek, győztes oroszok, menekültek, stb.

Minden tömeges csoportból legyen kiemelve egy-két jellegzetes személy.

~~~

(Ez csak egy bevezető és minta a forgatókönyvre. Annak többi része kb. 20 lapnyi részletes forgatókönyv.)

Gyászbeszédek Tarnay Katalin halálára azoktól, akik szerették őt.

Gyászbeszéd

Írta unokája, Lee Tarnay

Életének 97 éve során Tarnay Katalin nagyon sok szerepet betöltött, de a testvéremnek, Lorenának és nekem a nagymamánk volt, az egyetlen nagymamánk, ő anyánk mellett hozzánk a legközelebb állt. Az ő korában a legtöbben csak csendes nyugdíjas évekre gondolnak. Igazából visszatérhetett volna szeretett hazájába, Magyarországra, hogy testvérével együtt legyen.

Isten vagy az események azonban közbeszóltak, és nagymamával közös utunk 1984 körül kezdődött, amikor István fia - az apánk - elvált. Ebben az időben nagymama a hetvenes éveiben járt, meggyengült egészséggel, és egyre inkább képtelen volt magáról önállóan gondoskodni. Amikor azonban látta, hogy szükség van rá, Északra jött, hogy segítségen fiának minket nevelni több, mint 8 éven keresztül. Ahogyan saját gyermekei esetében is, nagymama mindig ott volt, ha szükségünk volt rá, és azt hiszem, ezzel visszanyerte életereje nagy részét, és élete is új értelmet kapott.

A felszínen nagymamával való kapcsolatunk elég viharos volt serdülő korunkban, amikor a viselkedésünk és öltözködésünk szerinte csak a borzasztó szóra volt érdemes. Mégis mindezek ellenére tudtuk, hogy ez csak annak a jele, hogy mennyire törődik velünk. Csak csodálni tudtuk báját, akaratát, eleganciáját és azt, hogy a legjobbat hozza ki belőlünk, a hitét Istenben, magában és végtére is, bennünk.

Az utolsó hozzá fűződő emlékem ez év júliusából való, amikor egy egész éjszaka autóztunk hozzá Yosemite-be, miután apánk, István felhívott és elmondta, hogy nagyanyánk nagyon rosszul van. Soha nem felejtem az arcát, amikor beléptünk a szobába. A teste megrándult, mintha csak hirtelen visszatért volna azok mögül a felhős, széles szemek fátylai mögül. Az arca felderült, minden ránc szeretettel és jósággal telt meg, amit szavakkal többé nem tudott kifejezni. A komoly, összeszorított arckifejezés, amelyet oly sokszor magára öltött, sehol sem volt.

Ahogy leültem és néztem őt, miközben próbáltam csevegni és meggyőzni arról, hogy tartson még ki egy kicsit, hogy még több dédunokával találkozhasson, de szavaim csak lógtak a levegőben. Végül abbahagytam, és csak őt néztem. Ő is engem nézett ragyogó szemekkel, amelyek a kórház félhomályában azt mondták „én is szeretlek", és szinte játékosan vállat vont, amelybe azért vegyült némi bosszúság. Mégis mit lehetne még mondani, amikor eljön a vég? Az egyetlen, amire gondolni tudtam az volt, hogy köszönöm nagymama.

Bár nem halt meg aznap este, miután elköszöntünk, volt egy olyan érzésem, hogy soha többet nem találkozunk. Valószínűleg az akaratának köszönhetően még egészen karácsony másnapjának kora reggeléig élt. Tudós embernek tartom magam, mégis szeretem azt gondolni, hogy az a hatalmas szél, villámlás és dörgés, amely aznap felébresztett minket az ő utolsó szereretetteljes és mégis velős, „borzasztó" emlékeztetője volt, mikor eltávozott.

~~~

Gyászbeszéd Anya halálára - 2005. január 5.

Írta a fia, Tarnay Matté

Kalifornia, Culver, Holy Cross Temető

Csak évekkel később visszatekintve és összegezve érthetjük meg és értékelhetjük azt, amit Anyánk tett értünk. Anyánkkal kapcsolatos emlékeim abból az időkből a legintenzívebbek, amikor Apánk meghalt, egészen addig, amíg el nem jöttem otthonról. Apánk halálával Anyánk hirtelen három kamasz neveléséért lett egy személyben felelős, akik mind az ő bátorítását és irányítását keresték.

Anyánk szorgalmasan dolgozott és spórolt az anyagi biztonság érdekében, hogy ne legyen tartozásunk - ez a függetlenség érzésével és büszkeséggel töltötte el -, nem akart sebezhető lenni, vagy bárkitől függni.

Bár takarékoskodott, mégis divatos maradt. Mindig olyan összeszedettnek tűnt, mindig a pont megfelelő sálat, kabátot, szoknyát vagy éppen konyhai kötényt viselte.

Mivel mindent megtett, hogy spóroljon, mindnyájunknak része volt kéthetente a

Grand Central Market-ra vezető zöldséges bevásárló túrákban, Los Angeles belvárosába. Az, hogy ki kísérte el, attól függött, hogy melyikünk volt elég idős és épp szabad, hogy vezessen. Anyánk hajthatatlan volt a Grand Central Market-i bevásárlásokat illetően, hogy mindent frissen és jó áron szerezzen be. A helyi zöldséges túl drága volt, és azt hiszem, a Grand Central Market anyánkat Magyarországra emlékeztette, ahol a különböző zöldséges kofáknál való alkudozás és vásárlás a mindennapok része volt. A mi szerepünk abban állt, hogy kövessük Anyát végig a piacon, és vigyük utána a nehéz, zöldségekkel teli csomagokat. Volt kedvenc szárított termék-, zöldséges- és hús-árusa. Anyánk igazi szakértő volt étel vásárlásban. Pontosan tudta, hogy mit akar, és hogy hogyan alkudozzon a hentessel a legjobb darab húsért. Ez a pénteki rutin része volt, amit bár egyikünk sem élvezett, mégis mindegyikünk emlékszik rá.

A másik amivel spórolt, az uzsonnás tasakok voltak. Minden nap újrahasznosított zacskókba rakta az általa elkészített ebédünket. Ezek természetesen elhasználtak és kopottak voltak, mégis Anya szerint pont jók a szendvicsek tárolására. Ha a Loyola High School-ba jársz - ami egy meglehetősen sznob iskola - már az is elég ciki, ha magaddal viszed az ebéded, a zacskót amiben viszed pedig legalább annyira vizslatják, mint a ruhákat, amiben jársz. Azt hiszem, Fred roppant szerencsés volt, hogy kimaradt ebből a barna zacskós tortúrából. A társadalmi nyomás és leginkább a saját befolyásolhatóságom olyan erős volt, hogy inkább vettem új uzsonnás zacskókat Anya tudta nélkül, és kicseréltem, amikor iskolába mentem.

A legjobbak a szombat délelőttök voltak, amikor néztem Anyát a konyhában főzni. Itt beszélgettünk, és itt éreztem magam igazán biztonságban. Lenyűgözött, hogy Anya milyen csodálatos magyar ételeket tudott készíteni pár egyszerű alapanyagból; rántott hús, szilvás gombóc és Dobos-torta voltak a kedvenceink. Különösen arra emlékszem, hogy milyen könnyedén filézte ki a borjúcombot a bécsi szelethez. Frici, István és én még a mai napig emlegetjük Anyánk csodás főztjét. Egyikünk eltette Anyánk gondos kézzel írt szakácskönyvét, és reméljük, ha az időnk és energiánk egyszer engedi, lefordítjuk és kiadatjuk a családnak.

Anyánk erős hite és elkötelezettsége a Katolikus Egyház iránt nagy szerepet játszott abban, hogy jó neveltetést kapjunk. Anyánk sokat adott az oktatásra, Magyarországon egyetemet végzett, négy nyelven beszélt, jól olvasott volt, és szerette a klasszikus zenét. Sokat tett azért, hogy Frici, István és én a Loyola High School-ba járjunk, mert úgy tartotta, hogy a jezsuiták nagyszerű tanárok. Azt hiszem, sokat dolgozott a jezsuiták meggyőzésén azt illetően, hogy milyen szerencsések, hogy mi hárman ösztöndíjas tanulók vagyunk náluk.

Nagyon fontos volt számára a függetlenség és a biztos anyagi helyzet. Továbbra is takarékosan élt, óvatosan bánt a beruházásokkal, és végül az ingatlana jó állapotban maradt meg. Biztos vagyok benne, hogy büszkeséggel és becsülettel töltötte el, hogy felnevelt minket, és nem jelentett számunkra anyagi terhet.

Amerikai élete során a gondolatai és az emlékei Magyarország körül forogtak. Ha nem akart volna közel maradni a gyerekeihez és unokáihoz, egy szempillantás alatt visszament volna Magyarországra. Emlékszem arra a sok Zsuzsa nénivel és nagymamával váltott levélre abból az időből, amikor még 3-4 hétbe telt egy levél kézbesítése. Ezek a levelek jelentették a kapcsolatot azzal az országgal, amelyet úgy szeretett, és amelyet maga mögött hagyott.

Most már Anyánk csatlakozhatott Apánkhoz, hogy együtt sétáljanak át a Lánchídon és a gyönyörű budapesti körutakon.

Békében és örömmel éljen tovább emlékeinkben!

~~~

Fontos dolgok, amiket Anyámtól tanultam

Írta Tarnay Frigyes B.

1945. végén menekültünk el Magyarországról, amikor a kommunista hadsereg csak néhány mérföldre volt az ajtónktól. Néhány hazafi egy ideiglenes szükség vonatot állított fel gyorsan, köztük volt az apám is. Más családokkal együtt mindenünket bedobozoltuk, és elindultunk a határra.

Nem tudtuk, hogy valaha elérjük-e biztonságban, mivel a kommunista hadsereg a nyomunkban volt. Szűkében voltunk az élelmiszernek, és gyakran hagytuk el a vonatot a földekre menve, hogy összegyűjtsünk mindent, amit csak tudtunk, hogy életben maradjunk. Harci gépek szálltak el felettünk, amelyek elől az erdőbe menekültünk. Amikor a fák között feküdtünk és golyók süvítettek el mellettünk, amelyek a fákba csapódtak felettünk, anyánk a testével védett minket. Amire emlékszem, hogy anyám mindig azt tette, amit tennie kellett, félretéve félelmeit és érzéseit, mivel családja megmentése volt a legfontosabb.

Néhány év után Európában rájöttünk, hogy nincs remény a békére és szabadságra, ezért nem térhetünk vissza szeretett szülőföldünkre. Apám köztisztviselő volt, és mind a nácik, mind a kommunisták szókimondó kritikusa volt. Minket is kivégeztek volna, ahogyan azokat is, akik maradtak vagy visszatértek. Ezért mindent magunk mögött hagytunk, az otthonunkat, a rokonainkat és minden tulajdonunkat, mindent, ami kedves volt, mert a szabadság még ennél is kedvesebb volt, majd Amerikába jöttünk, mint otthonukat elhagyni kényszerült személyek. Kérelmeztük az állampolgárságot, és öt évvel később megkaptuk.

Az első évek Amerikában nehezek voltak. Nem volt referenciánk, és az életük derekán mindent elölről kellett kezdeni. Ez rányomta bélyegét a szüleim életére. Apám hirtelen meghalt, és anyám egyedül maradt három kamasz fiúval. Ismét félretette félelmeit és érzéseit, és csak családja túlélésére összpontosított. Keményebben dolgozott, mint valaha, és minden fillért félretett. Nehéz volt munkát kapni és azt megtartani; törte az angolt és akcentusa volt, amit nem igazán értékeltek. Napról napra küzdött, míg ki nem kerültünk a középiskolából. Anyánk megtanított minket a függetlenségre, mivel látta, hogy nem tudja azt megadni, amit más szülők, és majd mindent magunknak kell megkeresnünk. Szeretetének és elkötelezettségének köszönhetően túléltük. 97 éves korában hunyt el, örökségképpen ránk hagyta a család, a kemény munka, a jellem szeretetét és egy ingatlant, amelyet egy szegény asszony rakott össze fillérenként.

A legnagyobb ajándékot adta, amit csak adhatott. Olyan nőt vettem el, mint ő.

Tarnay Frigyes

Frici bácsitól nagypapáról és nagymamáról és mindarról, amit megtettek, hogy csodálatos életet éljünk itt, Amerikában. Nagymamára a csendes hősiesség és a kemény munka volt jellemző: 40 évvel később vállalta, hogy segít engem és testvéremet felnevelni; példája teljesen megváltoztatta az életünket. Soha nem volt egy barackos habos sütemény... sokkal inkább hasonlított barackos túróra... (amit egyébként gyakran fogyasztott reggelire...ahogyan én is ezt a kombinációt fogyasztom reggelire...rá gondolva...)

http://www.drlaura.com/b/Important-Lessons-Learned-from-My-Mother/497104411729081609.html

[Dr. Laura, a nap levele]

Fontos dolgok, amiket Anyámtól tanultam, írta Tarnay Frigyes B.

2013. május 10.

~~~

Gyászbeszéd Tarnay Katalin halálára

Írta fia, Tarnay Frigyes

Istenben való hite volt az ő sziklája, amely megtartotta. Istenfélő, bölcs (ortodox) katolikus volt, aki naponta gyakorolta hitét. Mindegy, milyen szegények voltunk, vagy éppen merre voltunk, megtalálta a módját, hogy elsőáldozók legyünk, majd bérmálkozzunk, ami háborús időkben nem volt egyszerű. Elhozta Istent és a templomot a családunkba, és megmutatta, hogy bízhatunk az ima erejében. Legkorábbi emlékeim a vasárnaphoz fűződnek, amikor a Mátyás templomba mentünk misére Magyarországon, és ott ülünk a szüleinkkel, apánk pedig a misekönyvét olvassa.

A hazánkból való menekülés alkalmával szüleink a Vatikánnal és a Katolikus Misszióval dolgoztak, élelmiszert és ruhát szereztek és osztottak szét a szükségben lévők között. Anyánk irányította a leltárt egy bérelt szobában Innsbruckban, apánk pedig a szétosztást. Gyakran imádkoztunk vacsora előtt azokban a napokban. A beszélgetés mindig akörül forgott, hogy kinek van valóban szüksége segítségre, nem csak anyagi javak tekintetében, illetve akörül, hogy hova menjünk tovább innen. Térjünk vissza a hazánkba vagy keressünk egy másik országot, ahol letelepedhetünk? A vatikáni segítő szervezeteknek az egész világon voltak kapcsolataik, és ennek segítségével tudtuk az újratelepedés reményét megadni nagyon sok családnak. És ők újratelepedtek. Argentína, Brazília, Venezuela, Új-Zéland, Dél-Afrika, Amerika, Kanada, Nagy-Britannia, Olaszország. Csodálatos bélyeggyűjteményre tettünk szert a külföldre letelepedett barátainkkal való levelezésnek köszönhetően.

Amikor apánk nagyon beteg volt, anyánk rengeteget térdelt az ágya mellett olyan hevesen imádkozva, hogy összekulcsolt kezei remegtek. A nagy műtétje alatt végig a kórházi kápolnában imádkozott.

Katolikus nevelést választott fiai számára. Az általános iskolában a szaléziak, a gimnáziumban a jezsuiták tanítottak minket. Amikor apánk meghalt, ő pedig nem tudta tovább finanszírozni tanulmányainkat, az iskola inkább lemondott a tandíjunkról. Ezt csak egyetlen dologgal tudta honorálni: miután elvégeztük az iskolát, egy XVI. századi Újtestamentumot adományozott az iskolának, amely családunké volt már generációk óta. Ezt először a Palo Alto-i zárdában állították ki, azután a Loyola Marymount Egyetemen.

„Tekintsetek a kőszálra, a melyből kivágattattatok, és a kútfő nyílására, a melyből kiásattatok" mondja Ézsaiás.

Ő a kőszál, amelyből kivágattunk.

Családja

Szerette a hazáját és a családját. Nem sok személyes holmit lehet a háborúból való menekülés során megmenteni, de azt biztosította, hogy amit megmentett, az érintetlenül megmaradjon számunkra. Ez az ő családtörténete és a miénk. Születési és halotti anyakönyvi kivonatok, iskolai bizonyítványok, képek és személyes levelek, dobozokban tárolva, rejtve az ő emlékezetének, és hogy az újabb nemzedék felfedezhesse. Unokájának írt levelében visszaemlékezett a háború előtti családi életünkre.

„1938-ban a harcok még messze voltak, és mi egy boldog család voltunk. Azonban 3 évvel később a harc közepén találtuk magunkat.

Boldog, kiegyensúlyozott család voltunk. A budapesti karácsonyfánkon valódi gyertyák égtek, mindössze egyetlen varázslatos perc erejéig. Ezt a percet megosztottuk nagybácsikkal, nagynénikkel és nagyszülőkkel. Az volt a szokás, hogy karácsony estéjén egészen addig a szobában maradtunk, amíg a Csendes éj fel nem csendült. Mivel nem dúskáltunk az anyagi javakban, mindig hálásak voltunk, ha bármit is kaptunk. A budapesti békés napok nemsokára a biztonságunkért való aggodalomba, majd az országból való menekülés előkészületeibe csaptak át, hogy megóvjuk az életünket.

Ezután következett a menekülés a vonattal, melyet később apánk örökített meg. Emlékei között szerepelt a közeli erdőbe való menekülés a vonatról az orosz harci gépek tüzelése elől. Kisgyermekeit testével védte, amikor a golyók a fejünk felett repültek, és faágak zuhantak le körülöttünk. Amikor elfogyott az élelem, a földekre ment zöld almáért és valahogyan abból főzött, hogy legyen mit ennünk.

Zseniális szakács volt, bármiből tudott főzni. Anyjától tanult főzni egy fa-tüzelésű sütőn. Remek varrónő is volt. A háborúban régi szövetekből varrt nekünk ruhát, ahogyan a Muzsika hangjaiban. Mind a hárman ugyanúgy néztünk ki. A Trapp család mindent tőle tanult.

De családi életének legjelentősebb része férje, apánk iránt érzett szeretete volt. Valami egészen különleges volt kettejük között. Csak nagyon ritkán lehetett ezt másoknak látni, amikor volt egy percnyi nyugtuk együtt. Miután apánk elhunyt, mikor mi még fiatalok voltunk, mindenki láthatta, mennyire hiányzott neki - mindennap - 50 éven keresztül...Végre együtt vannak.

Hazája

Ha volt visszatérő momentum az életében, akkor az a hazája iránt érzett szeretete volt. Igazi magyar volt, hazafi, a Kárpátok gyermeke, Attila és Árpád lánya. Úgy tekintett magára, mint száműzetésben lévőre, és ha csak rajta múlt volna, visszatér hazájába, de a körülmények másképp alakultak. Az angol volt a negyedik nyelve, a magyar, a francia és a német után. Mind apám, mind anyám elítélte a szocializmust nem csak a benne rejlő gonosz miatt, hanem mert amikor átvette a hatalmat szeretett országa felett, kétségbeesést, rombolást és emberek számtalan millióinak halálát hozta magával. A vers szépen leírja:

„Nem kérem a hazám,
A világban fogok kóborolni
Jól tudom."6

---

6 Makkai, Adam, ed. Trans. Watson Kirkonnel. "The Exile of Rakoczi", *Quest of the 'Miracle Stag': The Poetry of Hungary. An anthology of Hungarian Poetry in English Translation from the 13th Century to the Present,* CORVINA & M. Szivárvány, Budapest, Atlantis-Centaur, Chicago, October 1996, Hungary, 1997-98 UK and USA., second revised edition in 2000, Tertia, Framo & Atlantis-Centaur.

Tarnay István vezércikkei és visszaemlékezései

„A szavak ereje"

Írta Mary Murphy, a Budapest Times újságírója

Megjelent 2012. január 26-án | 14 megjegyzés

Steve Tarnay | 2012. január 29., 07:45 | Válasz

A felszínen azt látni, hogy Magyarországon demokrácia van. Persze a „kis piros könyv" kikandikál mögüle - és a kettő persze nem egyezik. Ez a válasz a miértre, és így most már mindennek, amit Magyarországon látunk, van értelme.

„A mámor gyászba fordul a gyökerek nélküli, kallódó Magyarországon"

/ *Budapest Times* | Kategória | Levelek a szerkesztőhöz
Tisztelt Szerkesztő!
Megjelent 2013. november 6-án

Nagyra értékelem az Igaz történet a Kárpátokból: Szabadság, szeretet, arany című könyvről írt kritikáját („Az aranyvonat után a család már soha nem lesz ugyanolyan, mint előtte", The Budapest Times, 2013. október 18-24.). A témához szeretném hozzátenni saját tapasztalataimat, amelyek a témát adták, és megmutatták, miről is szól valójában ez a könyv, és mi az, ami valójában mögötte van: a mai magyarok identitásvesztése, ahogyan azt az Előszóban is említettem.

Miután négy éves koromban 1945-ben elhagytam Magyarországot, nyugdíjas koromban tértem vissza azért, hogy az elmúlt nyolc év felét itt töltsem, nagy részét ezen könyv megírásával. Ez idő alatt jöttem rá, mi történt korábbi hazámmal. Az anyaföldemre való visszatérés, a gyökereim és kultúrám felfedezése feletti kezdeti lelkesedésem gyászba fordult.

Ahhoz képest, amit a szüleimtől tanultam, egy másik országot és másik népet találtam. Az emberek önmagukat keresték, idegen nyelven éreztek és beszéltek.

Láttam mindezt az arcukon és a cselekedeteikben. Oly sok karikás szem és letört tekintet, hamar elvirágzott ifjúság; az elnyomás nyomott hagyott az embereken. Megrántják a válluk, mintha csak azt mondanák „Hát igen, az élet már csak ilyen."

Nem mosolyognak, mert nem tudják hogyan kell, és nincs is semmi, ami miatt mosolyoghatnának. Azt mondják „nem lehet" mert a „kis piros könyv" azt tanította, ne gondolkodjanak, csak csinálják, amit mondanak nekik.

Az a mondás járja, hogy „Ami a tiéd az az enyém, de ami az enyém az nem a tied." Nyelvi hanglejtésük bizonytalanságukat mutatja, és önbecsülésük hiánya túl nyilvánvaló. Az olyan szavak igaz magyar jelentése, mint tisztelet és becsület nem léteznek már. Ez a pusztító kör tovább folytatódik, és folytatódni is fog minden generációban, mert nem ismerik a különbséget - már ebbe születtek.

A könyvben, az ENSZ amerikai nagykövete, Henry Cabot Lodge Jr. a forradalom kellős közepén, 1956. november 4-én azt mondta az ENSZ Biztonsági Tanács elnökének: Megragadjuk ezt a pillanatot, és nem hagyjuk Önöket cserben. Az ENSZ azonban megszegte ígéretét, amelynek hatásait a mai napig lehet érezni Magyarországon.

A történelem bebizonyította, hogy az 1956-os forradalom indította el azt, amely mára a magyarok identitásának, kultúrájának és nyelvük valódi jelentésének elvesztésében csúcsosodott ki.

Ha 1956-ban győz a forradalom, Magyarország talpra állt volna a két világháború pusztító eseményei romjaiból, azonban a további, „kis piros könyvvel" eltöltött 35 év, és az ebbe beleszületett generáció már elvesztette Magyarország regenerációs képességét, ezért Magyarország romlásba dőlt - súlyosan veszélybe hozva ezzel egyedi kultúráját, és nyelve a kihalás szélére került.

A könyv egy olyan tipikus, átlagos magyar család kultúráját és értékeit mutatja be, amelyet már ritkán látni manapság. Ezért ajánlom ezt a könyvet a jövő magyar nemzedékének. Ez nekik szól, hogy ismét magukra találjanak, megleljék gyökereiket és segítse őket saját életük alakításában, hogy békében éljenek nyelvükkel és kultúrájukkal.

Ezen önazonossághoz való visszatalálásra példának olyan programok és tervek hozhatóak fel, mint nagyszülő és külföldi tanár csere programok, amelyek már óvodás korban vagy az általános iskola első éveiben elkezdődnének. Az oktatás első évei a legmeghatározóbbak, és a magyar kultúrát ezekben az években lehet a legjobban átvenni a nagyszülőktől és külföldi tanároktól.

A könyv címében az arany a magyar emberek értékrendjére és önazonosságára utal. Az aranyvonat egy valóban izgalmas szellemvonat története, hogy hogyan mentették meg az ország aranytartalékait. Az arany 1946 augusztusában került vissza Magyarországra, bár csillogása és lelke biztonságban rejtve maradt az Egyesült Államokban, Fort Knox trezorjaiban Szent István koronájával együtt.

Tisztelettel: Tarnay István

Tárgymutató

Előszó írta Tarnay István   xi

Megjegyzés az olvasóhoz   xiii

Bevezetés: Válogatás Tarnay E. Frigyes írásaiból, „Aranyhajsza Magyarországról"   xv

    Az MNB földalatti ellenállásának ereje Németországgal szemben   xvi
    A Frankfurtban állomásozó amerikaiak számára készített jelentés 1945-ből   xvii
    Kitüntetések kiemelkedő szolgálatért   xxiv
    A Magyar Nemzeti Bank a háború alatt   xxix

1. fejezet:„A borzalmas valóság, hogy íme itt az utolsó felvonás"   1

    Horthy Miklós   3
    Tarnay E. Frigyes naplója, 1944. október 15.„Egyetlen jel sem mutatott arra, hogy hazánk történelmének talán legvérzivatarosabb napjait éli."   3
    1944. „Az én kis piros repülőm átrepült a békésen csüngő szőlők felett és leesett"   7
    1944. november, Szent István koronájának védelme   9
    „Nem akartam osztozni a kommunista állam áldásaiban"   10

Anyánk levelei: Vitorlázás: a háború szelén   11

    1944 Nov. 11. „Én már nem is tudok sírni"   12
    1944 nov. 21, „magával nekünk ez mélyen fáj, hogy talán soha se fogjunk újra látni a hazánkat."   17
    1944. nov. 24. „Már belefáradtam az örökös rettegésbe -- Sokat és sötéten beszélgettünk--"   19
    1944. nov. 28. „A sok visszavonuló katona kedvetlen, nincs otthonuk már--- csak sötét és szomorú gondolatok jutnak eszembe.--- "   20
    1944. november 29. „A rádió most ontja a borzalmakat az oroszokról."   22
    1944. nov. 29. „Ha meglát egy sereg fázós katonát, megitatja őket borral."   23
    1944. dec. 1, „Annyira nem tudom el se hinni, pedig az eszem azért rendesen mozog."   25
    1944. dec. 3. „Az oroszok beleszorulnak a vizbe!"   28
    A szomorúság csontjainkig hatolt   29
    1944. dec.5. Elérni sürgős dolgokat--   30

2. fejezet: „Mennünk kell" Veszprém és Fertőboz. 1944. dec. 6.   35

"Feszülten figyeltem a rádióra"   35
1944. dec.6., „Nagyon nehéz szívvel hagytam ott anyámékat."   36
1944. december 9   37
1944. december 10. „Árkokban és bokrokban kellett elrejtőzniük"   40
1944. december 14. „A mai orosz támadás alatt rettentő bátornak mutatta magát"   40
1944. december 14.   42
1944. dec. 22, Véres a Vár - „Tankkal tapostákk a tömeget"   46
Fertőboz, Bürökrácia és bátorság   49
„Sült zöld almák"   49
1945. január 15., Az egyezség, „ Fiúk, maguk híresek lesznek."   50
Egyezmény   52
1945. január 20., Szigorúan bizalmas   53

3. fejezet: Ellenséges vonalak között. Spital Am Pyhrn és Frankfurt   55

A halottak csontvázainak békés és csendes társasága   56
1945. február 25., „ Elmenekülnék a világ végére is, de csak Veled megyek innen tovább"   65
1945. március 30., „Az emberem elment."   70
Salzburg, 1945. május 4., „Keresztül kell jutnom a német vonalakon"   71
Tarnay naplója, „ Az SS-tisztek gyanakodva méregettek bennünket,..."   72
1945. május 4.   72
1945. május 5.   75
1945. május 6   76
1945. május 7.   79
Tarnay E. Frigyes Aranyhajsza című történetéből   79
1945. május 8., A háború véget ért   85
Spital am Pyhrn, 1945.május 15., „Nagymama énekelteti őket"   86
1945. május 22., Stars and Stripes, Az amerikaiak „megtalálták" az aranyat   88
1945. június 7., A francia kapcsolat   91
1945, July 1, „A Bank nem kívánhatja, hogy hónapokig távol éljünk a családunktól"   92
1945, Aug. 1. „Ezt a levelet is szélnek eresztem, talán elér Hozzád"   93
1945, augusztus 4., Ellenségnek tekintve   95
Jankovics Rozi (Boci)emlékére   97
Frankfurt, 1945. augusztus 4., Tarnay Frigyes Spital am Pyhrnbe, Torzsay-Biber   97
1945. aug. 24. Az esti „füstben töltött találkozások" a mi Post hotelbeli lakásunkon   104
Tarnay B. Frigyes (a fiú)   105
August 24, „Ezt a békát le kell nyelnem,..."   106
1945. szept. „Nálunk a papa csak mindig elmegy."   115
1945 Nov. 11, „NÉVNAPODRA ----"   117
1945. karácsony. „Hogy milyen fájdalmas tud a szerelem lenni –"   118

4. fejezet: „Egyetlen gramm arany sem hiányzott"   123

1946. március, 31. Soproni jelentés, Az orosz és a német SS vad verseny között.   124
További megjegyzések: [Az 1956-es Aranyhajszából]   127
1946. április 8., Nyilatkozat: A gazdaságért   125
1948. július 24., „A magyar nemzet mélyen lekötelezett neki"   129
Torzsay-Biber Nyilatkozata   130
1949. június 12., Leopold Scheffler német biztosnak   133

5. fejezet: „Most hála Isten kidobtuk az ágyakat, a saját ruganyaimon fekszem, és azóta nincsen bogár."   141

1947. Az élet az orosz „felszabadítás" alatt: „A jó Isten adjon ... a mostaninál nyugalmasabb életet."   149

1948. június 6. „...nyugodtan szoktunk aludni, tiszta a lelkiismeretünk, és ez is egy vagyon a mai világban."   150

1948. november 13., az USA-ból érkezett támogató levél, „Garantálom, hogy ennek a családnak egyetlen tagja... államháztartáson."   159

6. fejezet: „Nem bukhatsz el ebben a csodálatos országban"   161

1949. július 15., Az utazás, napló a vonatról és a katonai hajóról   162
jul. 15. 1949.   163
júl. 17. vasárnap   166
júl. 18. hétfő   166
júl. 19. kedd   167
júl. 20. szerda   167
júl. 21. csütörtök   168
júl. 22. péntek   168
júl. 24. vasárnap   170
júl. 25. hétfő   170
júl. 26. kedd   171
júl. 27. szerda   171
júl. 28. csütörtökre d. e.   171
júl. 29. péntek   172
júl. 31. vasárnap   172
aug. 10.   176
Másnap aug. 12. csütörtök   177
1949. december 2., „nagy lelkesedésről, kiemelkedő lelkiismeretességről ...számítani"-   177
1950. február 10. A káosz közepén, egy vörös rózsa   180
1950. október 3., Levél a testvéremnek: „Ha az Úr lehetőséget ad, hogy újból a saját lábunkra álljunk"   183
1953. May 3, „És míg a kalácsom kel, leülök írni."   183
1954. januárja, „A három utolsó muskétás", levél apánktól Leopold Schefflernek   184
1954. december 9., Leopold Schefflertől, aki „a gyönyörű Budapestről nosztalgiázik"   185
1956. november 4. A magyar forradalom idején „2000 orosz tank"   187
1956. december 8., Válasz az Amerikai Egyesült Államok Elnökének írt levélre   189

7. fejezet: „Ezek a kötelékek még a síron túl is kötnek"   199

1957. április 16., „Az én drága Fricim - nyugodjon békében."   199
A XVI. századi Walder Újszövetség, betlehemi csillagunk   206
1958, „Húsz karácsonnyal ezelőtt a kis Fricit a karácsonyfa alá tettem"   208
1959. április 12., „Ezek a kötelékek még a síron túl is kötnek"   210
1961. december 10., „Nem félek anyától"   212
1965. jún. 12, „Magyar zene következik, amit főleg az itteniek óriási tapssal fogadtak"   214
Tarnay István visszaemlékezései   220
Visszaemlékezés: Írta Tarnay Katalin fiainak 1965. körül   220
2011. december 22., Mise Budapest ostromának és apánk emlékére   221

Függelék 224

Köszönetnyilvánítás 224
Az események időbeli sorrendje 227
Háttér - Családtörténet 231
Házassági engedély 244
Zsuzsi nénénk 247
1944, révfülöpi emlékek, Írta Tarnay B. Frigyes (a fia) 249
1946. január 29. Az MNB korábbi elnökének, Stephen Cottely-nek helyesbítő jelentése 252
„Aranyhajsza Magyarországról" 257
A Forgatókönyv 274
Gyászbeszédek Tarnay Katalin halálára azoktól, akik szerették őt. 279
    Gyászbeszéd 277
    Gyászbeszéd Anya halálára - 2005. január 5. 278
    Fontos dolgok, amiket Anyámtól tanultam 280
    Gyászbeszéd Tarnay Katalin halálára 281
Tarnay István vezércikkei és visszaemlékezései 285

Tárgymutató 287

www.ingramcontent.com/pod-product-compliance
Lightning Source LLC
Chambersburg PA
CBHW081454040426
42446CB00016B/3233